Lo que dicen los jóvenes
y otros acerca de

7 Los HÁBITOS
de los adolescentes altamente
EFECTIVOS

A diferencia de mi libro sobre los 7 hábitos, este libro, escrito por mi hijo Sean, habla directamente a los adolescentes en un estilo entretenido y visualmente atractivo (y Sean, nunca pensé que escucharas una palabra de lo que decía). Tan prejuicioso como esto pueda sonar, es un libro extraordinario, ¡uno que debes leer!

DR. STEPHEN R. COVEY (1932-2012), padre de Sean Covey, autor
del #1 *New York Times* best seller *Los 7 hábitos de la gente altamente efectiva*
y cofundador y ex vicepresidente de Franklin Covey Co.

Desde hace mucho he sido fanático de Stephen Covey y su libro *Los 7 hábitos de la gente altamente efectiva*. De hecho, me gustan tanto sus principios que los enseñamos a nuestras jugadoras cuando termina la temporada, como principios de liderazgo. Cuando vi el libro de Sean, *Los 7 hábitos de los adolescentes altamente efectivos*, me emocionó tener otra arma para llevar a nuestras jugadoras y nuestra cultura a un nivel más alto. Seas adolescente o no, ¡debes leer este libro!

ANSON DORRANCE, entrenador del equipo de fútbol femenino de la Universidad
de Carolina del Norte, veintiuna veces campeón nacional universitario

Crecer no es fácil, pero con la ayuda del libro de Sean Covey, los adultos jóvenes pueden aprender a navegar a través de esta edad complicada y salir al otro lado como un adulto altamente efectivo. *Los 7 hábitos de los adolescentes altamente efectivos* empodera a los adultos jóvenes al recordarles que es perfectamente normal cometer errores, pero con suerte, cuando los adolescentes pierdan el rumbo, este libro les ayudará a navegar las aguas traicioneras de la adolescencia. A través de las experiencias compartidas en este libro, espero que los adolescentes puedan aprender a amarse a sí mismos y finalmente descubrir al adulto efectivo que espera bajo la superficie. Como maestro, me gusta que este libro no solo es un método a seguir para los adultos jóvenes, sino un punto de partida para los maestros que luchan por conectar con sus alumnos, al darles las herramientas para moldear ¡un mundo del que puedan estar orgullosos!

ERIN GRUWELL, fundadora de la Fundación Freedom Writers, autora
del #1 *New York Times* best seller *The Freedom Writers Diary* e inspiración
para el filme *Freedom Writers* (2007)

Recomiendo ampliamente los consejos simples y directos de *Los 7 hábitos de los adolescentes altamente efectivos* a los adolescentes, adultos jóvenes y sus padres. Escucharás nuevas perspectivas sobre cómo mejorar tus relaciones y habilidades de liderazgo que impactarán positivamente tu vida, resultando en una mayor felicidad. Verás que es más fácil de lo que habías pensado empezar a hacer estos cambios hoy. Y más que eso, serás capaz de hacerlo y ser exitoso en todo lo que elijas hacer. Yo misma he leído y practicado estos eternos principios con mis hijas.

DIANA THOMAS, vicepresidenta de entrenamiento,
aprendizaje y desarrollo de McDonald's Corporation, Estados Unidos

Hace quince años, Sean Covey escribió un libro muy poderoso que enseñó a los adolescentes que tenían la habilidad de elegir su comportamiento pero no las consecuencias. ¡Las decisiones que los adolescentes toman pueden cambiar sus vidas para siempre! Toda persona joven debería leer *Los 7 hábitos de los adolescentes altamente efectivos*. ¡Es una lectura obligada para todos mis estudiantes!

SALOME THOMAS-EL, educador laureado y autor de *The Immortality of Influence* y *I Choose To Stay*

Una de las partes determinantes de mi carrera fueron los hábitos que construí para mí misma siendo adolescente. Y eso es por lo que este libro es tan importante. Cuanto más joven seas cuando definas tu dirección y tus metas, y aprendas las herramientas que te ayuden a llegar ahí, mejor estarás. Este libro define lo que significa tener éxito y es una lectura obligada para cualquier adulto joven. Ojalá alguien me lo hubiera mostrado durante esos años formativos de mi vida. ¡Se lo recomiendo a todos!

CHELSIE HIGHTOWER, bailarina de salón profesional en *Dancing with the Stars* y *So You Think You Can Dance*

El libro de Sean ayuda a los adolescentes a convertirse en escaladores en lugar de excursionistas, a vivir con una meta en mente y a enfrentar los obstáculos con una mentalidad sin barreras. Insta a la gente joven a volver extraordinaria su vida" y muestra un camino que los puede llevar a lograrlo. En un mundo con tantas distracciones y tentaciones, las indicaciones que provee son invaluables para una vida de propósito y éxito.

ERIK WEIHENMAYER, ciego, aventurero, orador, autor y cineasta

Si eres adolescente o conoces a alguien que vaya a serlo, dale a leer este libro. Le ayudará a establecer un patrón para tratar con el cambio, la decepción e incluso el éxito. Es verdaderamente un libro poderoso que te cambia la vida.

DEREK HOUGH, coreógrafo ganador de un premio Emmy

¡Los 7 hábitos de los adolescentes altamente efectivos ha hecho que los adolescentes naveguen por la vida mucho más fácilmente que antes! Si quieres vivir una vida de contribución, plantear y lograr metas extraordinarias, y mantenerte enfocado y organizado, practica cada hábito en el libro de Sean. Te ayudará a convertirte en quien quieres ser.

JULIE MORGENSTERN, autora de *Organizing from the Inside Out for Teens*

Este libro sirve como una espada enorme en la batalla por las mentes de nuestros jóvenes. No solo merece ser leído, sino vivido en el día a día. Qué gran explicación de los valores humanos, la ética y sobre todo cómo vivir una vida plena y exitosa.

DRAKE WHITE, artista de música *country*, compositor

Los 7 hábitos de los adolescentes altamente efectivos es una guía valiosa para navegar a través de los conflictos y la incertidumbre de la adolescencia. Me habría gustado que alguien me hubiera dado el libro de Sean Covey durante mis años de adolescente. Este libro es una guía vital para alentar a los adolescentes a través del juego de la vida. Ya sean consejos sobre lograr sus propias metas, descubrir los puertos adecuados, conectarse más con sus padres, este libro lo tiene todo y es una receta para el éxito adolescente y una base sólida para el futuro. ¡Mis hijos tendrán *Los 7 hábitos de los adolescentes altamente efectivos* tan pronto como entren en sus años de adolescencia!

DOMINIQUE MOCEANU, Estados Unidos, medallista de oro olímpica en gimnasia femenina y autora del *New York Times* best seller *Off Balance*

Recomiendo ampliamente el libro de Sean Covey, *Los 7 hábitos de los adolescentes altamente efectivos*, porque enseña a quien lo lea cómo plantear metas, organizarse, priorizar, tomar buenas decisiones y, más que nada, ayuda a construir un buen carácter. Háganme caso, son todas las cosas que les ayudarán a lograr el éxito en sus vidas. Sean hace un gran trabajo con el libro.

JIMMER FREDETTE, ganador de los premios Naismith y Wooden, jugador de la NBA

Los adolescentes enfrentan muchos retos, y es genial que un libro de 7 hábitos esté ahora disponible para ayudar a dirigir a los adolescentes hacia una vida positiva. A través del programa de mi fundación, reconocemos el poder de los sueños e insistimos en la importancia de ejecutar un plan detallado para impulsarte hacia tus metas.

MICHAEL PHELPS, ganador de veintidós medallas olímpicas y fundador de la Fundación Michael Phelps

Ojalá hubiera tenido este libro en mi adolescencia.

SHANNON HALE, autora de *Princess Academy* (ganadora del Newbery Honor) y *La niña ganso*

La vida es una cosa tan preciada y bella que muchas personas dan por sentada. Incluso desde una edad muy temprana, mi hijo pudo dejar un tremendo legado e influir en las vidas de mucha gente para siempre. En su corta vida experimentó y se sobrepuso a una gran dificultad, y lo hizo con un espíritu positivo extraordinario. Exhibió muchos de los hábitos enseñados en *Los 7 hábitos de los adolescentes altamente efectivos*. Si mi hijo hubiera tenido la oportunidad de crecer, sé que este libro habría sido una gran guía y le habría dado las herramientas que necesitara para navegar por la vida. Si tienes la suerte de crecer, cometer errores y aprender de ellos, tener a alguien como Sean para guiarte con este libro es verdaderamente un regalo.

MAYA THOMPSON, fundadora de la Fundación Ronan Thompson

Es un libro fácil de entender, lleno de interesantes anécdotas. Me vi reflejada en el caso personal de Sean sobre el temor de presentarse ante un público, pues soy violinista. Estoy segura de que los jóvenes de todo el mundo también se identificarán con muchas de las situaciones que describe.

EMILY INOUYE, 14 años

Los 7 hábitos de los adolescentes altamente efectivos te dará nuevos puntos de vista sobre el significado de ser poderosamente efectivo. Enseña la importancia de fijar metas y cumplirlas para poder lograr nuestros sueños.

PICABO STREET, miembro del equipo de esquí de EE.UU. y medallista de oro olímpico

¿Cómo? ¿Sean Covey escribió un libro? ¿Hablan en serio?

El maestro de literatura del instituto al que asistió Sean

Los 7 hábitos de los adolescentes altamente efectivos, de Sean Covey, es un *touch-down*. Mientras más pronto desarrolles hábitos buenos y vigorosos, más efectiva será tu vida. Este libro te ayudará a hacer justamente eso.

STEVE YOUNG, lanzador del equipo de fútbol americano
49ers de San Francisco y el Jugador Más Valioso de la NFL

Utilicé una de las anécdotas de tu libro en un discurso que pronuncié en un grupo de liderazgo, y me ayudó a ser elegido gobernador. ¡Muchas gracias, Sean Covey!

LEISY OSWALD, 16 años

La mejor manera de realizarte es tomar las decisiones apropiadas a tiempo. *Los 7 hábitos de los adolescentes altamente efectivos* permite a los jóvenes verse a sí mismos como la fuerza principal en sus vidas, sin importar su extracción o nivel social.

STEDMAN GRAHAM, autor de *You Can Make It Happen*
y fundador de la organización Atletas Contra las Drogas

Los inspiradores ejemplos extraídos de problemas de la vida real con los que jóvenes como yo nos enfrentamos todos los días, así como sus experiencias y casos, me ayudaron a tomar decisiones que me salvaron la vida. Recomiendo mucho este libro a cualquier joven.

JEREMY SOMMER, 19 años

Para un atleta profesional ganar partidos de baloncesto es importante, pero lo es aún más el ganar en el juego de la vida. *Los 7 hábitos de los adolescentes altamente efectivos* proporciona un plan de juego para que los jóvenes se conviertan en jugadores de equipo con sus compañeros de la vida, con la familia y los amigos. Presenta estrategias para llegar a ser una mejor persona y elevar las capacidades individuales.

SHERYL SWOOPES, jugadora profesional de baloncesto femenino

Los jóvenes de hoy son los futuros líderes de nuestras familias, de las comunidades y de la nación. *Los 7 hábitos de los adolescentes altamente efectivos* les enseña el valor del trabajo, a fijar y alcanzar metas y a tomar la iniciativa y las responsabilidades, todas ellas características de los líderes efectivos.

MICHAEL O. LEAVITT, gobernador del estado de Utah, EE.UU.
y ex presidente del Consejo de Gobiernos Estatales

Antes hacía malabarismos con la familia, las actividades escolares, los amigos y las responsabilidades fuera de la escuela. Leer *Los 7 hábitos de los adolescentes altamente efectivos* me ayudó a ser una persona más organizada. Uso muchas de las caricaturas e ilustraciones para recordar anécdotas y ejemplos.

JOY DENEWELLIS, 18 años

Stephen Covey debe estar muy orgulloso de su hijo Sean, que asimiló muy bien sus lecciones. Quienes deseen evitar las tentaciones y la devastación de las drogas, incluyendo el alcohol, deberían ser lo suficientemente prudentes como para poner en práctica *Los 7 hábitos de los adolescentes altamente efectivos.* Escrito para jóvenes por quien hasta hace muy poco era un adolescente, este libro es un medio indispensable para ayudar a los jóvenes a tomar las decisiones adecuadas en tanto se desarrollan en medio del caos de esta era. ¡Cómo habría querido un libro como este para los que fuimos criados durante los años sesenta!

CANDACE LIGHTNER, fundadora de MADD (Mothers Against Drunk Driving, Madres Contra Conducir en Estado de Ebriedad)

«De tal padre, tal hijo» puede ser un cliché, pero Sean ha probado que es cierto. Sean es tan efectivo como su padre en proveer direcciones a los adolescentes para que sus vidas se vuelvan significativas. *Los 7 hábitos* de Sean es un libro que todo adolescente debería leer y emular.

ARUN GANDHI, presidente del Gandhi Worldwide Education Institute

Los ejemplos prácticos de Sean me recuerdan lo importante que es aprovechar al máximo lo que tengo. Practico muchos deportes, aunque no soy muy grande. Este libro me ayudó a darme cuenta de que debo apoyarme en mi velocidad e ingenio si quiero alcanzar mis metas.

BRENT KUIK, 15 años

clave

Sean Covey es vicepresidente de Innovación y Producto de Franklin Covey Co, una empresa de renombre internacional dedicada a ayudar a personas, organizaciones y empresas a alcanzar el máximo grado de efectividad. Licenciado en filología inglesa en la Universidad Brigham Young, tiene además un máster en administración de empresas por la Universidad de Harvard. Es autor de varios libros de autoayuda, entre los que destaca *Los 7 hábitos de los adolescentes altamente efectivos*, que ha vendido millones de ejemplares en todo el mundo y ha sido traducido a más de quince idiomas.

Los 7 hábitos
de los adolescentes
altamente efectivos
en la era digital

SEAN COVEY

DEBOLS!LLO

Penguin
Random House
Grupo Editorial

Título original: *The 7 Habits of Highly Effective Teens*

Primera edición actualizada: septiembre de 2017

© 1998, 2014, Franklin Covey Co.
© 2007, 2011, 2017, Penguin Random House Grupo Editorial, S. A. U.
Travessera de Gràcia, 47-49. 08021 Barcelona
© 1998, Franklin Covey Co., por la traducción
Traducción: Irvin Roffe, de la edición de Fireside, Nueva York, 1998

Franklin Covey y su logo son propiedad exclusiva de Franklin Covey Company.
Usadas con autorización.

Fragmentos de la canción «You've Got To Be Carefully Taught»,
de Richard Rodgers y Oscar Hammerstein II:
Derechos reservados © 1949 por Richard Rodgers y Oscar Hammerstein II.
Derechos renovados. WILLIAMSON MUSIC es dueño de la publicación y derechos adjuntos
en el mundo. Derechos internacionales asegurados. Reproducido con autorización.
Todos los derechos reservados.

Impreso en Colombia - *Printed in Colombia*

ISBN: 978-84-663-4069-4

A MAMÁ

POR TODAS LAS CANCIONES DE CUNA

Y LAS LARGAS CHARLAS POR LA NOCHE

Índice

Índice

¿Quién soy?

Soy tu compañero constante. Soy
tu más grande ayuda, o tu más pesada carga.
Te impulsaré hacia las alturas, o te arrastraré
al fracaso. Estoy completamente bajo tu mando.
De todas formas, la mitad de las cosas que hago
puedes dejarlas a mi cargo y podré cumplirlas
rápida y correctamente.

Es fácil lidiar conmigo: solo es necesario
que seas firme. Muéstrame exactamente cómo
quieres que haga las cosas, y tras unas cuantas
lecciones las desarrollaré automáticamente. Soy
el sirviente de todos los grandes personajes
y, ¡ay!, también de todos los perdedores.
A quienes son grandes, los hice yo así.
A los otros, los conduje al fracaso.

No soy una máquina, aunque funciono
con la precisión de un mecanismo y además
con la inteligencia de un humano. Puedes hacerme
funcionar para obtener resultados o para quedar
en la ruina; para mí, no hay diferencia.

Tómame, entréname, sé firme conmigo,
y pondré el mundo a tus pies. Sé
indulgente conmigo, y te destruiré.

¿Quién soy?

Soy
el hábito.

El mundo ha cambiado totalmente desde que escribí la primera versión de este libro. Entonces no había Facebook ni Twitter. No había *smartphones* o Netflix. ¡Qué aburrido!

Incluso con todos estos cambios, algunas cosas no han cambiado. La elección no ha cambiado. Todavía somos libres de elegir lo que hacemos con nuestras vidas. La importancia de las relaciones no ha cambiado. Las relaciones todavía son lo que más importa. Y los principios, como la responsabilidad, la visión, el trabajo en equipo, el servicio y la renovación, tampoco han cambiado. Todavía nos rigen.

Esa es la razón de que los 7 hábitos no pasen de moda, porque están basados en principios atemporales que perduran. De hecho, cuanto más loco se vuelva el mundo, más esenciales serán los 7 hábitos. Siempre habrá una necesidad de ser proactivos y tomar la iniciativa. Siempre habrá una necesidad de buscar primero comprender a otra persona antes de buscar ser comprendidos. Los 7 hábitos no desaparecerán.

Durante varios años he recibido miles de correos electrónicos y cartas de lectores adolescentes de todo el mundo compartiendo sus problemas y sus triunfos. Al leerlos noté tres temas recurrentes.

Primero, todos tienen problemas con las relaciones, con amigos, novios y novias, padres, tías y tíos, de todo. Así que si tienes problemas con tus relaciones, no estás solo. Bienvenido al club.

Segundo, prácticamente todo adolescente que me escribió quiere cambiar y ser mejor. Quiere dejar de tomar drogas o mejorar en la escuela, o perder peso o salir de la depresión en la que está, o lo que sea. Si tú eres como ellos, también quieres estar mejor.

Tercero, los 7 hábitos en verdad funcionan. ¡Increíblemente bien! Entre otras cosas, te ayudan a triunfar sobre los contratiempos, construir amistades, tomar decisiones más inteligentes sobre parejas y sexo, desempeñarte mejor en la escuela, tomar las riendas de tu vida, desarrollar autoestima y, lo creas o no, incluso a llevarte bien con tus padres.

Una adolescente me escribió sobre cómo aprender el hábito 1, "Sé proactivo", cambió su vida:

> *En los últimos seis meses he pasado por mucho. El amor de mi vida rompió mi corazón y se negó a hablar conmigo. De ahí empezó una amistad con mi mejor amiga. Mis padres decidían divorciarse y luego no. Mi hermano se metió en las drogas. Mi vida se empezó a derrumbar. Entonces mi madre me compró este libro de los 7 hábitos y en verdad cambió mi forma de*

pensar. La parte que más me gustó fue cuando el libro dice que nadie puede hacerte enfadar y/o arruinar tu día a menos que se lo permitas. Siempre habría basado mi día en si cierta persona me hablaba o si sucedía algo o lo que fuera. Ahora no me importa. Cuando algo malo pasa, sonrío de todas formas. Y cuando ÉL no me saluda, saludo a alguien más guapo y trazo yo mi propio día. Es mucho más fácil trazar tu día que permitir que alguien más lo haga. Todos mis amigos han notado una diferencia. En realidad sonrío y soy finalmente feliz.

Sé que tienes que lidiar con muchas cosas difíciles en la vida. Tu cabello tiene días malos. La gente dice cosas desagradables. Los padres se divorcian. La gente que amas muere. Los accidentes suceden. En el mundo en general tienes que vivir con terrorismo, guerras, sida, cáncer, competencia mundial, *bullying* cibernético, drogas, pornografía y grasas trans.

Dicho lo cual, creo que si pudieras elegir cualquier período de la existencia del mundo para vivir, no podrías encontrar un mejor momento que ahora. En serio, ¡hoy es el mejor momento en la historia para haber nacido! Es una vida mejor de la que los egipcios o los romanos o los aztecas o la gente de la dinastía Ming alguna vez experimentó. Piénsalo. Hay más libertad, información, riqueza y oportunidades disponibles, y para más personas que nunca antes.

Considera la información y la tecnología. Por medio de internet, el mundo está al alcance de tu mano. Tienes cientos de canales de televisión y emisoras de radio. Si quieres aprender sobre mitología griega no tienes que ir a la biblioteca o encontrar un experto, como hacían tus padres cuando tenían tu edad, ¡tú lo buscas en Google! Si quieres aprender cómo tocar la guitarra, hornear un pastel de queso o incluso pilotar un helicóptero (no es que lo esté sugiriendo), busca en YouTube y ¡ahí lo tienes!

Con tu *smartphone* puedes revisar el pronóstico del tiempo para toda la semana en Jakarta o tomar fotos de alta definición de tu perro, o ver un mapa de cada calle del mundo civilizado. ¡Imagínate! Y esto no se detiene. La ley de Moore indica que la capacidad de un microchip se duplica cada dieciocho meses. ¡Yo no puedo esperar para tener un coche volador!

La velocidad del cambio está aumentando también. Por ejemplo, India y China están impactando en todo. Compañías como Amazon y Facebook surgieron casi de un día para otro y se convirtieron en potencias globales.

Las oportunidades están en todas partes. ¿Quién hubiera pensado que un programador de veintiocho años llamado Pierre Omidyar se convertiría en un multimillonario casi de la noche a la mañana por escribir el código de una compañía que llamó eBay y unió a compradores y vendedores en internet?

Sip, incluso con los contratiempos de hoy en día, es un gran momento para estar vivo. Hay tanto bien que podemos hacer. Hay tantas personas a las que podemos ayudar. Como dijo un sabio líder: "Este es un momento magnífico para vivir. Es un tiempo en el que nuestra influencia puede multiplicarse más de lo que podría en tiempos más tranquilos".

De igual manera, espero que nunca olvides lo que el tío Ben le dijo a Spiderman: "Un gran poder conlleva una gran responsabilidad". No, no eres Spiderman ni Katniss Everdeen, pero sí tienes gran libertad y oportunidad, más de la que ninguna generación ha tenido, y eso conlleva una gran responsabilidad.

Así que disfruta esta edición de *Los 7 hábitos de los adolescentes altamente efectivos*, actualizada para la era digital. Te encantarán el nuevo lenguaje, las historias y las anécdotas esparcidas a lo largo de este libro. Te deseo lo mejor mientras construyes un futuro tan brillante que tengas que usar gafas de sol.

SEAN COVEY

Los preparativos

Adquirir el hábito
Te hace o te deshace

Paradigmas y principios
Lo que ves es lo que logras

Adquirir el Hábito

TE HACE O TE DESHACE

¡Bienvenido! Me llamo Sean y he escrito este libro. No sé cómo lo has conseguido. Tal vez tu madre te lo ha dado para encarrilarte. O tal ez lo has comprado con tu propio dinero porque el título te llamó la atención. Sin importar cómo ha llegado a tus manos, me alegro de que así fuera. Ahora lo único que te hace falta es leerlo.

Muchos jóvenes leen libros, pero yo no fui uno de ellos. (Sin embargo, leí varios resúmenes.) Y si eres como yo era, tal vez te dispongas a guardarlo. Pero antes de que lo hagas, escúchame. Si te atreves a leer este libro, me comprometo a que sea toda una aventura. De hecho, para hacerlo divertido, incluí muchos dibujos, ideas ingeniosas, grandes citas e increíbles anécdotas reales de jóvenes de todo el mundo… junto con muchas otras sorpresas. ¿Estás dispuesto a darme una oportunidad?

¿De acuerdo? ¡De acuerdo!

Y bien, de vuelta al libro. Este se basa en otro que mi padre, Stephen R. Covey, escribió hace varios años, con el título de *Los 7 hábitos de las personas altamente efectivas*. Sorprendentemente, el libro se convirtió en uno de los grandes best sellers de todos los tiempos. Sin embargo, debe mucho de su éxito a mis hermanos, hermanas y a mí. Y como puedes ver, nosotros fuimos sus conejillos de Indias. Él probó todos

> Primero hacemos nuestros hábitos y luego nuestros hábitos nos hacen a nosotros.
>
> POETA INGLÉS

Niños en los años sesenta ▶

Niños de hoy ◀

sus experimentos psicológicos en nosotros, y por eso es que mis hermanos y hermanas tienen graves problemas emocionales (no es cierto). Afortunadamente, resulté ileso.

¿Por qué, entonces, escribí este libro? Porque la vida para los jóvenes ya no es un juego. Es una jungla. Y si cumplí bien con mi trabajo, este libro puede ser una brújula para ayudarte a navegar. Además, a diferencia del libro de mi padre, que fue escrito para viejos (y que a veces puede ser muy aburrido), el que tienes en tus manos fue escrito especialmente para jóvenes, y siempre es interesante.

Aunque ya soy un adolescente jubilado, recuerdo muy bien cómo fue serlo en plenitud. Juraría que casi siempre era como estar en una montaña rusa emocional. En retrospectiva, de verdad estoy sorprendido de que pude sobrevivir. Apenas. Nunca olvidaré aquella ocasión, en primero de secundaria, cuando me enamoré por primera vez de una niña llamada Nicole. Le pedí a mi amigo Clar que le hablara de mí (por aquel entonces me asustaba mucho hablar directamente con las chicas, por lo que usaba intérpretes). Clar cumplió con su misión, y volvió para informarme.

—¿Y qué pasó? —repuse, sonriendo.

—Dijo: "¿Sean? ¡Está muy gordo!".

Clar se rio. Yo quedé devastado. Tuve ganas de meterme a un agujero, para nunca más salir. Juré detestar a las chicas de por vida. Afortunadamente, predominaron mis hormonas y las chicas jamás dejaron de gustarme.

Sospecho que algunas de las luchas que los jóvenes comparten conmigo también son conocidas para ti:

- *"Hay mucho por hacer, y nunca hay tiempo suficiente. Tengo la escuela, los deberes, un trabajo, amigos, fiestas y encima de todo una familia. Siempre estoy en tensión. ¡Auxilio!"*

- *"¿Y cómo puedo sentirme bien conmigo mismo si no me adapto? En todas partes se me recuerda que hay otro que es más listo, o más guapo, o más popular. No puedo evitar el pensar: 'Si tuviera su cabello, su ropa, su personalidad, su novio, entonces sería feliz'."*

- *"Siento como si mi vida estuviera fuera de control."*

- *"Mi familia es un desastre. Si mis padres me dejaran en paz, podría dirigir mejor mi vida. Me parece que siempre me están regañando, y que yo nunca puedo dejarlos satisfechos."*

- *"Sé que no estoy viviendo del modo en que debería. Ya probé de todo: drogas, bebida, sexo, lo que tú quieras. Pero cuando estoy con mis amigos, sucumbo y hago lo que hacen los demás."*

- *"Comencé a hacer otra dieta. Creo que en este año ya son cinco. Realmente quiero cambiar, pero no tengo la disciplina para continuar. Cada vez que inicio una nueva dieta, tengo esperanzas. Pero por lo general pasa poco tiempo y la dejo. Y entonces me siento terriblemente mal."*

- *"No me está yendo muy bien en la escuela. Si no obtengo buenas calificaciones, nunca podré entrar a la universidad."*

- *"Soy muy susceptible y muchas veces me deprimo, y entonces no sé qué hacer."*

Estos problemas son reales; y no podemos escapar de la vida real. Así que no trataré de evadirlos. Mejor te daré algunos medios para que puedas lidiar con todo eso. ¿Cuáles son? *Los 7 hábitos de los adolescentes altamente efectivos* o, dicho de otro modo, las siete características que tienen en común los jóvenes felices y exitosos de todo el mundo.

En este punto, posiblemente ya te estás preguntando cuáles son estos hábitos, por lo que estaría bien que terminara con el suspense. Aquí están, seguidos de una breve explicación:

Hábito 1: **Ser proactivo**
Hacerte responsable de tu propia vida.

Hábito 2: **Comenzar con un fin en mente**
Definir tu misión y metas en la vida.

Hábito 3: **Poner primero lo primero**
Marcar prioridades y hacer primero las cosas más importantes.

Hábito 4: **Pensar ganar-ganar**
Tener una actitud de que "todos pueden ganar".

Hábito 5: **Busca primero entender, luego ser entendido**
Escuchar sinceramente a los demás.

Hábito 6: **Sinergizar**
Trabajar en conjunto para lograr más.

Hábito 7: **Afilar la sierra**
Renovarte con regularidad.

Como muestra este diagrama, los hábitos se forman uno sobre el otro. Los hábitos 1, 2 y 3 se refieren a ser dueños de nosotros mismos. Los llamamos "victoria privada". Los hábitos 4, 5 y 6 se refieren a relaciones y a trabajar en equipo. Los llamamos "victoria pública". Tienes que estar preparado a nivel personal antes de poder jugar bien en equipo. Por ello la victoria privada es antes que la victoria pública. El último hábito, el 7, es el hábito de la renovación. Nutre a los seis anteriores.

Los hábitos parecen más bien simples, ¿verdad? Pero ¡observa lo poderosos que pueden ser! Una gran manera de comprender lo que son los 7 hábitos es comprender qué *no son*. Así que he aquí los opuestos, o:

Los 7 hábitos de los adolescentes altamente *inefectivos*

Hábito 1: *Reacciona*

Achaca todos tus problemas a tus padres, a tus estúpidos maestros o profesores, a tu pésimo barrio, a tu novio o novia, al gobierno, o cualquier otra cosa que no seas tú. Sé una víctima. No tomes ninguna responsabilidad por tu vida. Actúa de manera salvaje. Si tienes hambre, come. Si alguien te grita, respóndele a gritos. Si tienes ganas de hacer algo que sabes que está mal, entonces hazlo.

Hábito 2: *Comenzar sin un fin en mente*

No tengas planes. Evita las metas a toda costa. Y nunca pienses en el futuro. ¿Para qué preocuparte por las consecuencias de tus actos? Vive el momento. Duerme, desperdíciate y tómalo todo a la ligera, porque mañana nos moriremos.

Hábito 3: *Primero lo último*

Sea lo que sea lo más importante en tu vida, no lo hagas hasta que hayas pasado suficiente tiempo viendo la televisión, hablando interminablemente por teléfono, navegando en internet y charlando. Siempre deja para mañana los deberes. Asegúrate de que las cosas que no son importantes siempre vayan antes de las que sí lo son.

Hábito 4: *Pensar ganar-perder*

Ve la vida como una competencia perversa. Tu compañero de clase te atacará, así que es mejor que lo ataques primero. No permitas que los demás tengan éxito en alguna cosa porque recuerda que, si ellos ganan, tú pierdes. Si te da la impresión de que estás a punto de perder, entonces asegúrate de arrastrar a los demás contigo.

Hábito 5: *Primero hablar, y luego fingir que se escucha*

Naciste con una boca, así que úsala. Asegúrate de hablar mucho. Siempre explica primero tu versión de la historia. Una vez que te asegures de que los demás comprenden tu punto de vista, entonces finge escuchar asintiendo y diciendo "ajá". O, si realmente quieres la opinión de los demás, dala tú primero.

Hábito 6: *No cooperar*

Afrontémoslo: otras personas son extrañas porque son distintas a nosotros. ¿Para qué llevarse bien con ellos? El trabajo en equipo es para los perros. Puesto que tú eres el que siempre tiene las mejores ideas, te irá mejor si haces todo solo. Sé una isla.

Hábito 7: *Desgastarse*

Estate tan ocupado que nunca tengas tiempo para renovarte o superarte. Nunca estudies. Nunca aprendas nada nuevo. Evita a toda costa el ejercicio. Y, además, aléjate de los buenos libros, la naturaleza o cualquier otra cosa que pueda inspirarte.

Como puedes ver, estos hábitos son recetas seguras para el desastre. Sin embargo, a muchos de nosotros nos complacen… muchas veces (incluyéndome a mí). Así, no es ninguna sorpresa que la vida a veces realmente apeste.

¿QUÉ SON EXACTAMENTE LOS HÁBITOS?

Los hábitos son cosas que hacemos repetidamente. Pero la mayor parte del tiempo no somos conscientes de que los tenemos. Están en piloto automático.

Algunos hábitos son buenos, como por ejemplo:
- Hacer ejercicio regularmente.
- Planificar anticipadamente.
- Demostrar respeto hacia los demás.

Algunos son malos, como por ejemplo:
- Pensar negativamente.
- Sentirse inferior.
- Culpar a los demás.

Y algunos no son muy importantes, incluyendo:
- Bañarse por las noches.
- Comer yogur con un tenedor.
- Leer las revistas de la última página a la portada.

Dependiendo de lo que sean, nuestros hábitos pueden hacernos o deshacernos. Nos convertimos en aquello que hacemos repetidamente. Como dijo el escritor Samuel Smiles:

Siembra un pensamiento y cosecharás un acto;
siembra un acto y cosecharás un hábito;
siembra un hábito y cosecharás una personalidad;
siembra una personalidad y cosecharás un destino.

Afortunadamente, somos más fuertes que nuestros hábitos. Por consiguiente, puedes cambiarlos. Por ejemplo, cruza los brazos. Ahora intenta cruzarlos al revés. ¿Cómo lo sientes? Muy extraño, ¿verdad? Pero si los cruzas al revés durante treinta días seguidos, entonces ya no lo sentirás tan extraño. Ni siquiera tendrás que pensarlo. Y adquieres el hábito.

Cada vez que puedas mirarte al espejo y decir: "Eso es algo que no me gusta de mí mismo", podrás cambiar un mal hábito por uno bueno. No siempre es fácil, pero siempre es posible.

No todas las ideas que vienen en este libro funcionarán en tu caso. Pero tampoco necesitas ser perfecto para ver resultados. Solo con vivir algunos de los hábitos parte del tiempo te ayudará a experimentar cambios en tu vida que nunca pensaste que fueran posibles.

Los 7 hábitos pueden ayudarte a:

- Ejercer control sobre tu vida.
- Mejorar tus relaciones con los amigos.
- Tomar decisiones más prudentes.
- Llevarte bien con tus padres.
- Sobreponerte a adicciones.
- Definir tus valores y lo que te es más importante.
- Hacer más cosas en menos tiempo.
- Aumentar tu seguridad.
- Ser feliz.
- Hallar un equilibrio entre la escuela, el trabajo, los amigos y todo lo demás.

Una cuestión final. Este libro es tuyo, así que úsalo. Ve por un lápiz, pluma o plumón para subrayarlo. No temas subrayar, resaltar o poner tus ideas favoritas en un círculo. Toma notas en los márgenes. Garabatea. Vuelve a leer las anécdotas que te inspiren. Memoriza las citas que te den esperanza. Intenta dar los "pasos de bebé" al final de cada capítulo, que están diseñados para ayudarte a comenzar a vivir inmediatamente los hábitos. Obtendrás mucho más de este libro si así lo haces.

Quizá quieras llamar a los teléfonos o visitar las páginas de internet que aparecen al final de este libro, para obtener ayuda o información adicional.

Si eres el tipo de lector al que le gusta saltar de una página a otra buscando dibujos y otras ilustraciones interesantes, también está bien. Pero en algún punto deberías leer el libro del principio al fin, porque los 7 hábitos forman una secuencia. Uno se basa en el anterior. El hábito 1 es antes que el hábito 2 (y así sucesivamente) por una razón determinada.

¿Qué dices? ¡Anda, lee este libro!

PRÓXIMAMENTE

Examinemos diez de las frases más torpes que se hayan dicho.
No te lo puedes perder. ¡Sigue leyendo!

Paradigmas
y **principios**

LO QUE VES ES LO QUE LOGRAS

Lo que sigue es una lista de frases dichas hace muchos años por especialistas en sus respectivas materias. En la época en que se dijeron parecían inteligentes. Al cabo de los años parecen tontas.

Las 10 citas más estúpidas de todos los tiempos:

10 *No existe ninguna razón para que alguien tenga un ordenador en su casa.*

KENNETH OLSEN, PRESIDENTE Y FUNDADOR DE LA EMPRESA DIGITAL EQUIPMENT CORPORATION, EN 1977

9 *Los aviones son juguetes interesantes, pero no tienen ningún valor militar.*

MARISCAL FERDINAND FOCH, ESTRATEGA MILITAR FRANCÉS Y FUTURO COMANDANTE DE LA PRIMERA GUERRA MUNDIAL, EN 1911

8 *[El hombre nunca llegará a la Luna] sin importar los avances científicos que haya en el futuro.*

DOCTOR LEE DE FOREST, INVENTOR DEL TUBO AUDIÓN Y PADRE DE LA RADIO, EN 1967

7 *[La televisión] no podrá conservar ningún mercado que capte después de los primeros seis meses. La gente se cansará de ver una caja de madera todas las noches.*

DARRYL F. ZANUCK,
DIRECTOR DE 20TH
CENTURY-FOX,
EN 1946

> Mantente limpio y transparente; tú mismo eres la ventana por la que ves el mundo entero.
>
> GEORGE BERNARD SHAW
> DRAMATURGO INGLÉS

6 *No nos gusta su sonido. Los grupos de guitarras están pasados de moda.*
COMPAÑÍA DISCOGRÁFICA DECCA AL RECHAZAR A LOS BEATLES, EN 1962

5 *Para la mayoría de la gente, el uso del tabaco tiene efectos beneficiosos.*
DOCTOR IAN G. MACDONALD, CIRUJANO DE LOS ÁNGELES,
CITADO EN LA REVISTA *NEWSWEEK*, EN 1969

4 *Este "teléfono" tiene demasiados defectos para considerarse seriamente como medio de comunicación. Por sí mismo no tiene ningún valor para nosotros.*
MEMORÁNDUM INTERNO DE LA EMPRESA TELEGRÁFICA WESTERN UNION, EN 1876

3 *La Tierra es el centro del universo.*
PTOLOMEO, EL GRAN ASTRÓNOMO EGIPCIO, EN EL SIGLO II D. C.

2 *Nada importante sucedió hoy.*
ESCRITO POR EL REY JORGE III DE INGLATERRA EL 4 DE JULIO DE 1776

1 *Todo lo que podía inventarse, ya se inventó.*
CHARLES H. DUELL, COMISIONADO DE PATENTES DE ESTADOS UNIDOS, EN 1899

Luego de leer esto, permíteme hablarte de otra lista de frases dichas por jóvenes como tú. Ya las oíste antes, y son tan ridículas como las citas anteriores.

"Nadie en mi familia fue a la universidad. Estaría loco si yo pensara que puedo lograrlo."

"No tiene solución. Mi padrastro y yo nunca nos podremos llevar: "Somos muy distintos."

"Ser inteligente es cosa de 'blancos'."

"El profesor me tiene manía."

"Ella es muy guapa; estoy seguro de que es tonta."

"No puedes progresar en la vida si no conoces a la gente adecuada."

"¿Yo? ¿Delgada? ¿Estás bromeando? Mi familia está llena de gordos."

"Es imposible obtener aquí un buen empleo porque nadie contrata a jóvenes."

¿Qué es un paradigma? ¿Qué tienen en común las dos listas de citas? Primero, todas son percepciones de la forma en que son las cosas. Segundo, todas son inexactas o incompletas, aun cuando las personas que las dijeron estaban convencidas de que era la verdad.

Otra palabra para percepciones es *paradigmas*. Un paradigma es la forma en que vemos algo, nuestro punto de vista, marco de referencia o creencia. Como tal vez ya hayas notado, nuestros paradigmas con frecuencia no son acertados y, por consiguiente, crean limitaciones. Por ejemplo, tal vez estés convencido de que no tienes lo que se necesita para entrar en la universidad. Pero recuerda que Ptolomeo estaba igualmente convencido de que la Tierra era el centro del universo.

Y piensa en el caso de quien cree que no puede llevarse bien con su padrastro. Si ese es su paradigma, ¿tendrá oportunidad de llevarse bien con él alguna vez? Posiblemente no, porque esa creencia se lo impedirá.

Los paradigmas son como las gafas. Cuando tienes paradigmas incompletos de ti mismo o de la ida en general, es como usar gafas que no son adecuadas para tu vista. Esas lentes afectan la forma en que ves lo demás. Como resultado, lo que ves es lo que obtienes. Si piensas que eres tonto, esa misma creencia te hará actuar como tonto. Si piensas que tu hermana es tonta, buscarás pruebas para apoyar lo que crees, las hallarás, y ella seguirá siendo tonta ante ti. Por otra parte, si piensas que eres listo, esa creencia hará que veas todo de color rosa.

Carolina una vez me habló de lo mucho que amaba la belleza de las montañas. Cuando visitó a su oculista, para su sorpresa descubrió que su vista era mucho peor de lo que pensaba. Después de ponerse nuevas lentes de contacto, se asombró de lo bien que podía ver. Como ella dice: "Me di cuenta de que las montañas, los árboles y hasta las señales del camino tenían más detalles de los que había imaginado. Fue de lo más extraño. No sabía lo mal que estaba de la vista hasta que experimenté lo bien que podía estar". Con frecuencia así son las cosas. No sabemos qué nos estamos perdiendo porque estamos enredados en nuestros paradigmas.

Tenemos paradigmas de nosotros mismos, de los demás y de la vida en general. Examinemos cada uno de ellos.

PARADIGMAS DE NOSOTROS MISMOS

Haz una pausa ahora mismo y considera la siguiente pregunta: ¿te ayudan o te estorban los paradigmas que tienes de ti mismo?

Cuando mi esposa Rebecca estaba en el colegio Madison de Idaho, se pasó entre las alumnas una hoja de inscripción para el concurso de belleza Miss Madison. Rebecca, junto con otras muchachas, firmó. Linda, que estaba con ellas, pasó la hoja sin firmarla.

—Inscríbete —le instó Rebecca.

—No, ¡qué va!

—¡Vamos! Será muy divertido.

—No, de verdad, no soy de ese tipo.

—¡Claro que lo eres! ¡Creo que te irá muy bien!

Rebecca y las demás siguieron alentando a Linda hasta que finalmente se inscribió.

Por ese entonces, Rebecca no le dedicó ni un pensamiento más a aquella situación. Sin embargo, siete años después, recibió una carta de Linda en la que describía la lucha interna que tuvo que superar ese día, y agradeció a Rebecca por ser la chispa que la ayudó a cambiar su vida. Linda le contó sobre la mala autoimagen que tenía en el colegio, y le sorprendió que Rebecca la considerara candidata a un concurso de talento. Finalmente, aceptó inscribirse tan solo para que Rebecca y las demás compañeras la dejaran en paz.

Linda expresó que se sentía tan incómoda, que al día siguiente habló con el director del concurso y exigió que su nombre fuera eliminado de la lista. Pero, al igual que Rebecca, el director insistió en que Linda participara.

Reticente, ella aceptó.

Pero solo eso fue lo que se necesitaba. Al atreverse a participar en un evento que exigía lo mejor de ella, Linda comenzó a verse a sí misma bajo una luz nueva. En su carta, Linda agradeció a Rebecca desde lo más profundo de su ser por, en esencia, quitarle sus gafas defectuosas y rotas insistiendo en que se probara un nuevo par.

Linda notó que, aunque no ganó ningún premio, había superado un obstáculo aún mayor: la mala percepción que tenía de sí misma. Debido a su ejemplo, sus dos hermanas menores participaron en un concurso en años posteriores. Se convirtió en un gran evento para la familia.

Al año siguiente, Linda ingresó en la sociedad de alumnos y, como Rebecca lo narra, desarrolló una personalidad vivaz y extrovertida.

Linda pasó por lo que se conoce como "cambio de paradigma". Significa que de pronto vemos las cosas de otra forma, como si nos hubiéramos puesto gafas nuevas.

Del mismo modo en que los paradigmas negativos de nosotros mismos pueden imponernos limitaciones, los paradigmas positivos pueden hacer surgir lo mejor que hay en nosotros, como lo ilustra la siguiente anécdota sobre el hijo del rey Luis XVI de Francia:

El rey Luis fue depuesto y aprisionado. Y a su hijo menor, el príncipe, se le condujo a un lugar lejano. Se pensó que si al heredero del trono se le destruía moralmente, nunca podría alcanzar la grandeza que la vida le había otorgado.

Lo llevaron a una comunidad en donde lo expusieron a lo más bajo y vil que la vida podía ofrecer. Lo expusieron a manjares tan deliciosos como para hacerlo un esclavo de su apetito. Constantemente utilizaban a su alrededor un lenguaje soez. Lo expusieron a mujeres vulgares y lujuriosas; a la deshonra y la desconfianza. Se vio rodeado veinticuatro horas al día por todo lo que pudiera arrastrar a su alma hasta lo más ruin que fuera posible. Se le sometió a todo ello durante seis meses, pero el joven ni una sola vez cedió a las presiones. Finalmente, al cabo de tentaciones tan intensivas, se le interrogó. ¿Por qué no se sometía a estas cosas?, ¿por qué no cedía? Todo estaba planeado para darle placer; satisfacer sus apetitos, y además eran deseables; eran suyas. El muchacho respondió: "No puedo hacer lo que me piden, porque nací para ser rey".

El príncipe se aferró al paradigma que tenía de sí mismo de tal forma que nada pudo limitarlo. De forma similar, si tú pasas por la vida con gafas que dicen "Puedo hacerlo" o "Soy importante", esa creencia hará que todo lo demás tenga un giro positivo.

Tal vez en este punto te estés preguntando: "Si el paradigma que tengo de mí mismo está distorsionado, ¿cómo puedo remediarlo?". Una forma de hacerlo es estar en compañía de alguien que crea en ti y te forme. En mi caso, tal persona fue mi madre. Siempre creyó en mí, especialmente cuando dudaba de mí mismo. Decía cosas como: "Claro que deberías aspirar a ser el líder de la clase, Sean", o: "Invítala. Estoy segura de que ella se muere de ganas de salir contigo". Cada vez que necesitaba reafirmación, hablaba con mi madre, y ella me limpiaba las gafas.

Pregunta a cualquier persona con éxito, y la mayoría te dirá que en algún momento alguien creyó en ellos: un profesor, amigo, padre, tutor, hermano, abuela. Se necesita de una sola persona, y no importa quién sea. No temas apoyarte en él o ella y ser nutrido. Acude. Acude a ellos cuando necesites consejo. Trata de verte a ti mismo del mismo modo en que ellos te ven. ¡Qué diferencia puede producir un nuevo par de gafas! Como dijo alguien alguna vez: "Si pudieras contemplar el tipo de persona que Dios quiso que fueras, te elevarías y nunca volverías a ser el mismo".

A veces, quizá no tengas en quién apoyarte y necesites ir solo. Si tal es tu caso, pon especial atención en el siguiente capítulo, que te dará algunas herramientas útiles para ayudar a formar tu autoestima.

PARADIGMAS SOBRE LOS DEMÁS

Tenemos paradigmas no solo de nosotros mismos, sino también de otras personas. Y también pueden estar muy equivocados. Ver las cosas desde un ángulo distinto puede ayudarnos a entender por qué los demás actúan de tal forma.

Beatriz me habló de su cambio de paradigma:

En el colegio tuve una amiga que se llamaba Carmen. Esencialmente era una buena persona, pero al avanzar el año se hizo cada vez más difícil llevarse con ella. Se ofendía fácilmente y con frecuencia se sentía excluida. Era muy susceptible, y no era sencillo estar en su compañía. Llegó al punto de que mis amigas y yo comenzamos a llamarla cada vez menos. Finalmente, dejamos de invitarla.

Ese año me fui casi todo el verano, y al volver hablé con una buena amiga, actualizándome con las noticias. Me estaba hablando de todos los chismes, los distintos romances, quién salía con quién, etcétera, cuando de pronto dijo: "¿Te conté lo de Carmen? Últimamente lo está pasando muy mal porque sus padres se están divorciando de forma muy tormentosa. Se lo está tomando muy a pecho".

Al oír esto, cambió toda mi perspectiva. En vez de sentirme molesta por la conducta de Carmen, me sentí muy mal conmigo misma. Sentí que la había abandonado cuando más lo necesitaba. Con un poco más de información, cambió toda mi actitud hacia ella. Fue una experiencia que realmente me abrió los ojos.

Y pensar que lo único que se necesitó para cambiar el paradigma de Beatriz fue un poco de información. Con demasiada frecuencia juzgamos a los demás sin tener todos los datos a mano.

Mónica tuvo una experiencia similar:

Yo vivía en California, donde tenía muchos amigos. No me fijaba en ninguna persona nueva porque yo ya tenía amigos, y pensaba que deberían arreglárselas solos. Entonces me mudé, yo fui la nueva, y deseé que alguien se fijara en mí y me hiciera parte del grupo de amigos. Ahora veo las cosas de una forma muy distinta. Ahora sé lo que se siente al no tener ninguna amistad.

Desde entonces, seguramente Mónica trató a los nuevos de forma muy distinta, ¿no crees? Considerar la realidad desde otro punto de vista puede producir una gran diferencia en la actitud que tenemos hacia los demás.

FRANK & ERNEST ® de Bob Thaves

La siguiente anécdota de *Reader's Digest* (aportada por Dan P. Greyling) es un ejemplo clásico del cambio de paradigma:

Una amiga mía, al volver a Sudáfrica luego de una larga estancia en Europa, tuvo algo de tiempo libre en el aeropuerto de Londres. Después de comprar un café y un paquete de galletas, se dirigió, tropezando con su propio equipaje, a una mesa libre. Leía el periódico de la mañana cuando escuchó cerca de ella, proveniente de la misma mesa, el ruido peculiar del papel celofán. Tras el periódico, se sorprendió al ver a un joven pulcramente vestido que cogía una de sus galletas. No quería hacer una escena, por lo que ella misma tomó una galleta. Transcurrieron unos minutos. Oyó de nuevo el crujir del papel. El muchacho estaba tomando otra galleta.

Para cuando se acabaron el paquete, ella estaba muy enojada, pero aun así no podía decir nada. Entonces, el joven partió la galleta en dos, le dio una mitad, se comió la otra mitad y se fue.

Un rato después, cuando la llamaron para presentar su tarjeta de embarque, aún estaba furiosa. Imaginad su bochorno cuando abrió su bolsa y vio el paquete de galletas. Ella había estado comiendo las del muchacho.

Consideremos los sentimientos de ella hacia el joven pulcramente vestido antes del giro que cobró el evento: "Qué hombre tan grosero y pedante".

Imaginad sus sentimientos después: "¡Qué bochorno! ¡Qué generoso fue por compartir su última galleta conmigo!".

Entonces, ¿cuál es la cuestión? Simplemente se trata de esto: con frecuencia nuestros paradigmas son incompletos, imprecisos o totalmente equivocados. Por consiguiente, no deberíamos precipitarnos para juzgar, marcar o formarnos opiniones rígidas de los demás o, si a esas vamos, de nosotros mismos. Desde nuestros limitados puntos de vista, pocas veces vemos toda la imagen, y tampoco tenemos todos los hechos. Además, hay que abrir nuestras mentes y corazones a nueva información, ideas y puntos de vista, y estar dispuestos a cambiar nuestros paradigmas cuando sea obvio que están equivocados.

Lo que es más importante, es evidente que si queremos producir grandes cambios en nuestras vidas, la clave es cambiar nuestros paradigmas o las gafas a través de las que vemos el mundo. Cambia las gafas, y seguirá lo demás.

Si lo examinas de cerca, descubrirás que la mayoría de tus problemas (con relaciones, la autoestima y la actitud) son el resultado de uno o dos paradigmas equivocados. Por ejemplo, si tienes una mala relación, digamos con tu padre, es muy posible que ambos tengan un paradigma equivocado el uno del otro. Te podrá parecer que él está totalmente fuera de contacto con el mundo moderno, y que te ve como un niño malcriado y desagradecido. En realidad, posiblemente ambos paradigmas están incompletos y te impiden tener una comunicación real.

Como verás, este libro desafiará muchos de tus paradigmas y, espero, te ayudará a crear paradigmas más precisos y completos. Así que prepárate.

PARADIGMAS SOBRE LA VIDA

Además de tener paradigmas de nosotros mismos y de los demás, también tenemos paradigmas del mundo en general. Por lo general podemos saber cuál es nuestro paradigma al preguntarnos: "¿Cuál es la fuerza que me impulsa en la vida?", "¿En quién pienso todo el tiempo?", "¿Qué o quién es mi obsesión?". Lo que sea más importante para ti se convertirá en tu paradigma, tus gafas o, como a mí me gusta llamarlo, el centro de tu vida. Algunos de los centros de la vida más populares para los jóvenes son los amigos, las cosas materiales, los novios o las novias, la escuela, los padres, los deportes/pasatiempos, los héroes, los enemigos, uno mismo y el trabajo. Todos ellos tienen buenas cosas, pero todos están incompletos de un modo o de otro y, como te demostraré, te confundirán si centras tu vida en ellos. Afortunadamente, hay un centro con el que siempre puedes contar. Lo veremos al final.

Centrado en amigos

No hay nada mejor que pertenecer a un buen grupo de amigos, y nada peor que sentirse excluido. Los amigos son importantes, pero nunca deben ser tu centro. ¿Por qué? Porque ocasionalmente se equivocan. De vez en cuando son falsos. A veces hablan a tus espaldas o desarrollan nuevas amistades y olvidan la tuya. Tienen cambios en el estado de ánimo. Se mueven.

Además, si basas tu identidad en tener amigos, ser aceptado y ser popular, podrás hallarte en la situación de que comprometes tus normas, o las cambias cada fin de semana para adaptarte a las de ellos.

Lo siento, chicos, ¡no podemos hacer **todo** juntos!

Lo creas o no, llegará el día en que los amigos no serán lo más importante en la vida. En el colegio tuve un fabuloso grupo de amigos. Hacíamos todo juntos: nadábamos en ríos prohibidos, nos hartábamos en bufets de comer todo lo que se pudiera, esquiábamos en el mar a oscuras, salíamos con las novias de los demás... lo que tú quieras. Yo quería mucho a estos tipos. Sentía que éramos amigos desde siempre.

Pero al salir del bachillerato y mudarme, me sorprende lo poco que nos vemos. Vivimos muy alejados, y ahora estamos muy ocupados con nuevas relaciones, trabajos y la familia. De adolescente nunca hubiera podido pensar en esto.

Haz tantos amigos como puedas, pero no bases tu vida en ellos. Es un fundamento inestable.

Centrado en cosas

A veces vemos el mundo a través de las gafas de las posesiones o "cosas". Vivimos en un mundo material que nos enseña que "el que muere con más juguetes es el que gana". Debemos tener el coche más rápido, la ropa más bonita, el último *smartphone*, el mejor peinado y muchas otras cosas que supuestamente deben darnos felicidad. Las posesiones también vienen en la forma de títulos y logros, tales como jefe de un equipo de fútbol, el protagonista de la obra de teatro, el presidente de la sociedad de alumnos, el redactor del boletín escolar, o el mejor jugador.

No hay nada malo en lograr y disfrutar cosas, pero nunca debemos centrar nuestras vidas en ellas, porque a fin de cuentas no tienen valor duradero. Nuestra confianza necesita provenir de nuestro interior, y no de afuera, sino de la *cualidad de nuestro corazón*, y no de la *cantidad de cosas* que poseamos. Después de todo, aquel que muere teniendo más juguetes... de todos modos muere.

Conocí a una muchacha que tenía el guardarropa más hermoso y costoso que hubiera visto. Rara vez usaba dos veces el mismo atuendo. Después de conocerla mejor, comencé a notar que gran parte de la confianza en sí misma provenía de su ropa, y que sufría un grave caso de "ojos de ascensor". Parecía que cada vez que hablaba con otra muchacha, la miraba de pies a cabeza para ver si su atuendo era tan bonito como el suyo, lo que generalmente le daba un complejo de superioridad. Estaba centrada en las cosas, lo que a mí realmente me molestaba.

Una vez leí un dicho que describe esto mucho mejor que yo: "Si lo que soy es lo que logro, y lo que logro se pierde, entonces ¿quién soy?".

Centrado en la pareja

Quizá esta sea la trampa en la que más fácil se cae. Quiero decir: ¿quién no ha estado alguna vez centrado en un novio o novia en algún momento?

Imaginemos que Brady centra su vida en su novia, Tasha. Ahora, veamos la inestabilidad que crea en Brady.

ACCIONES DE TASHA	REACCIONES DE BRADY
Hace un comentario hiriente.	"Se me echó a perder el día."
Coquetea con el mejor amigo de Brady.	"Fui traicionado. Detesto a mi amigo."
"Creo que debería salir con otras personas."	"Mi vida está acabada. Ya no me quieres más."

Lo irónico es que mientras más centras tu vida en alguien, menos atractivo eres para esa persona. ¿Cómo es esto? Primero, si estás centrado en alguien, ya no es difícil conseguirle. Segundo, es molesto que alguien forme toda su vida emocional alrededor de ti. Puesto que la seguridad proviene de ti y no de su interior, siempre necesitan tener esas molestas charlas de "qué hacemos ahora".

Si lo que soy
es lo que logro,
y lo que logro se
pierde, entonces
¿quién soy?

ANÓNIMO

Cuando comencé a salir con la que ahora es mi esposa, una de las cosas que más me atrajo de ella es que no centraba su vida en mí. Nunca olvidaré el momento en que me rechazó (con una sonrisa y sin ninguna disculpa) para una cita muy importante. ¡Me encantó! Ella era una persona por cuenta propia, y tenía su fortaleza interna. Sus estados de ánimo eran independientes de los míos.

Créeme: serás un mejor novio o novia si no estás centrado en tu pareja. La independencia es más atractiva que la dependencia. Además, centrar tu vida en otra persona no demuestra que la ames, sino que solo dependes de ella.

Generalmente puedes saber que una pareja está centrada el uno en el otro porque están siempre rompiendo y volviéndose a juntar. Aunque su relación se deteriora, sus vidas emocionales e identidades están tan entrelazadas que nunca pueden desprenderse el uno del otro.

Ten tantos novios o novias como quieras, pero no te obsesiones o te centres en ellos porque, aunque hay algunas excepciones, estas relaciones son por lo general tan estables como un yoyo.

Centrado en la escuela

Entre los jóvenes, centrar la vida en la escuela es más común de lo que crees. Lisa, de Canadá, lamenta haberse centrado durante tanto tiempo en la escuela:

Fui tan ambiciosa y centrada en la escuela que no disfruté de mi juventud. No solo fue poco saludable, sino que también fue egoísta, porque lo único que me preocupaba era yo misma y mis logros.

En secundaria ya estudiaba tanto como un estudiante universitario. Quería ser neurocirujana, solo porque era la cosa más difícil que se me ocurría. Me levantaba a las seis todas las mañanas, y no me acostaba antes de las dos de la madrugada, para tener mejores calificaciones.

Sentía que los maestros y compañeros esperaban eso de mí. Siempre se sorprendían si mis calificaciones no eran perfectas. Mis padres hicieron lo posible por que no me tomara las cosas tan en serio, pero mis propias expectativas eran tan grandes como las de mis maestros y compañeros.

Ahora me doy cuenta de que podría haber logrado lo que quería sin trabajar tanto, y que además me habría podido divertir.

Nuestra educación es vital para nuestro futuro, y debe ser toda una prioridad. Pero debemos tener cuidado en no ofrecernos como voluntarios y que las clases y trabajos se apoderen de nuestras vidas. Los jóvenes centrados en la escuela con frecuencia se obsesionan tanto con obtener buenas calificaciones que olvidan que el verdadero propósito de la escuela es aprender. Como miles de jóvenes han demostrado, nos puede ir extremadamente bien en la escuela, y aun así tener un saludable equilibrio en la vida.

Gracias a Dios que nuestro valor no se mide por nuestras calificaciones.

Centrado en los padres

Tus padres pueden ser la mayor fuente de amor y guía, y debes respetarlos y honrarlos, pero centrar tu vida en ellos y vivir para agradarles, por encima de todo lo demás, puede convertirse en una verdadera pesadilla. (No les digas a tus padres lo que acabo de decir, o podrían quitarte el libro... Solo estoy bromeando.) Lee lo que le sucedió a esta muchacha de Luisiana.

Estudié mucho ese semestre. Sabía que mis padres estarían muy contentos: seis dieces y un nueve. Pero lo único que podía ver en sus ojos era decepción. Lo único que querían saber era por qué un nueve no era un diez. Hice todo lo que pude para no llorar. ¿Qué querían de mí?

Ese fue mi primer año en secundaria, y pasé los dos años siguientes tratando de hacer que mis padres estuvieran orgullosos de mí. Jugaba al baloncesto y esperaba que estuvieran orgullosos, pero nunca venían a verme jugar. En cada semestre recibía mención honorífica, pero tras un rato, lo único que esperaban de mí era solo diez. Iría a la universidad para ser maestra, pero se ganaba poco dinero con eso, y mis padres consideraban que me iría mejor estudiando otra cosa, y eso hice.

Toda decisión que tomara era precedida por las preguntas "¿Qué es lo que querrían papá y mamá que hiciera? ¿Estarían orgullosos? ¿Me amarían?". Pero no importaba lo que hiciera: nunca era suficiente. Basé toda mi vida en las metas y aspiraciones que mis padres pensaban que eran buenas, y eso no me hizo feliz. Viví durante tanto tiempo para agradar a mis padres, que sentí que perdí el control. Me sentí inútil, inválida y sin importancia.

Un día me di cuenta de que de todas formas no obtendría la aprobación de mis padres, y que si no me preocupaba por mí misma, me destruiría. Necesitaba hallar un centro que no dependiera del tiempo, que fuera inmutable y real, un centro que no gritara, desaprobara o criticara. Así, comencé a vivir mi propia vida, según los princi-

Ejemm... Creo que necesito ir a trabajar, mi amor.

pios que yo pensaba que me darían felicidad, como honestidad (conmigo misma y mis padres), fe en una vida más feliz, esperanzas por el futuro y seguridad en mi propia capacidad. Al principio, tuve que fingir que era fuerte, pero tras un tiempo me hice realmente fuerte.

Finalmente me valí por mí misma y me alejé de ellos, y esto hizo que me vieran como era realmente, y por ello me amaron. Se disculparon por todas las presiones que pusieron sobre mí y expresaron su amor. Tenía 18 años cuando mi padre me dijo por primera vez "te quiero", pero fueron las palabras más dulces que había escuchado, y bien valieron la espera. Me sigue preocupando lo que piensen mis padres, y aún me veo influida por sus opiniones pero, finalmente, me hice responsable de mi propia vida y de mis actos, y trato de agradarme a mí misma antes que a los demás.

Otros posibles centros

La lista de posibles centros puede seguir. *Centrado en deportes/pasatiempos* es habitual. ¿Cuántas veces no hemos visto a alguien centrado en deportes que forman su identidad alrededor de ser un gran atleta, solo para sufrir una herida que termina con su carrera? Sucede todo el tiempo. Y al pobre tipo no le queda otra que reconstruir su vida desde cero. Lo mismo sucede con pasatiempos o intereses, como la danza, el debate, el teatro, la música o los clubes.

¿Y qué hay con *centrarse en héroes*? Si formas tu vida alrededor de una estrella de cine o de rock, un atleta famoso o un político poderoso, ¿qué sucede si mueren, hacen algo muy tonto o terminan en la cárcel? ¿Dónde quedas tú?

A veces incluso podemos *centrarnos en enemigos* y formar nuestras vidas alrededor de odiar a un grupo, persona o idea, como el Capitán Garfio, cuya existencia entera giraba alrededor de odiar a Peter Pan. Este es con frecuencia el caso con las pandillas y con los divorcios turbulentos. ¡Qué centro más malo!

Centrarse en el trabajo es una enfermedad que generalmente aflige a personas maduras, pero también ocurre en jóvenes. La adicción al trabajo es impulsada por una necesidad compulsiva de tener más cosas, como dinero, coches, posición social o reconocimiento, que nos nutre durante una temporada, pero que en general no nos satisface plenamente, porque ¡siempre hay un nuevo modelo de iPhone para sustituir a tu viejo móvil!

Otro centro común es *centrarnos en nosotros mismos*, o pensar que el mundo gira alrededor nuestro y de nuestros problemas. Esto con frecuencia resulta en que nos preocupamos tanto de nuestra propia condición que nos desentendemos de las personas que nos rodean y necesitan.

Como puedes ver, todos estos y muchos otros centros en la vida no nos dan la estabilidad que necesitamos. No estoy diciendo que no debamos aspirar a la excelencia en algo como la danza o el debate, o aspirar a desarrollar excelentes relaciones con nuestros amigos y padres. Debemos hacerlo. Pero hay una línea muy fina entre tener una pasión por algo, y basar toda nuestra existencia en ello. Y esa es la línea que no deberíamos cruzar.

Centrado en principios: *lo verdadero*

En caso de que comiences a preguntártelo, hay un centro que realmente funciona. ¿Cuál es? (que suenen los tambores, por favor.) Es *centrarse en principios*. Todos conocemos los efectos de la gravedad. Lanza una pelota hacia arriba y caerá. Es una ley o principio natural. Del mismo modo en que hay principios que rigen el mundo físico, también hay principios que rigen el mundo humano. Los principios no son religiosos. No son de Estados Unidos ni de China. No son tuyos o míos. No están sujetos a discusión. Se aplican igualmente a todos, ricos o pobres, reyes o campesinos, hombres o mujeres. No pueden comprarse ni venderse. Si vives según ellos, obtendrás la excelencia. Si vas en contra de ellos, fracasarás (oye, eso es muy dramático). Es así de simple.

Algunos ejemplos: la honestidad es un principio. El servicio es un principio. El amor es un principio. Trabajar bien es un principio. Respeto, gratitud, moderación, justicia, integridad, lealtad y responsabilidad son principios. Hay muchos y muchos más. No son difíciles de identificar. Del mismo modo en que la brújula siempre señala hacia el norte, nuestro corazón siempre podrá reconocer los verdaderos principios.

Por ejemplo, piensa en el principio del trabajo. Si aún no has pagado el precio, podrás arreglártelas por un tiempo pero finalmente los problemas te alcanzarán.

Recuerdo una vez que se me invitó a jugar en un torneo de golf con mi entrenador de fútbol universitario. Él era un gran jugador de golf. Todos, incluyendo a mi entrenador, esperaban de mí que fuera tan buen golfista como ellos. Después de todo, yo era un atleta universitario, y todos los atletas universitarios deberían ser buenos golfistas. ¿Correcto? No.

¿Sabes qué? Soy pésimo en el golf. Solo lo he jugado algunas veces en mi vida, y ni siquiera sé cómo sostener el palo de golf correctamente.

Yo estaba muy nervioso de que todos supieran lo malo que era en el golf. Especialmente mi entrenador. Así esperaba poder engañarlo, y a todos los demás, para que pensaran que yo en realidad era buen jugador. En el primer hoyo había una pequeña multitud congregada. Yo fui el primero en tirar. ¿Por qué yo? Cuando me acerqué a golpear la pelota, recé por un milagro. *Swooooossssshhhhh*. ¡Funcionó! ¡Un milagro! ¡No podía creerlo! Tuve un buen tiro y la bola fue directo hasta la parte media del campo.

Me volví y sonreí a los demás, y actué como si siempre fuera así: "Gracias. Muchas gracias".

Pude engañarlos. Pero solo me estaba engañando a mí mismo, porque aún faltaban otros 17 hoyos y medio. De hecho, solo necesité de cinco tiros más para que todos, incluyendo mi entrenador, se dieran cuenta de que yo era una calamidad en el golf. No pasó mucho tiempo para que el entrenador intentara enseñarme cómo tirar con el palo. Quedé expuesto. ¡Ay!

No se puede fingir que se juega el golf, que se afina una guitarra o que se habla árabe si no se paga el precio para ser bueno en esto. No hay atajos. El trabajo es un principio. Como dijo Larry Bird, el gran jugador de la NBA: "Si no haces los deberes, no podrás hacer tiros libres".

Los principios nunca fallan

Se necesita fe para vivir según los principios, especialmente cuando se tiene a las personas cerca y se avanza en la vida mintiendo, estafando, siendo indulgente, manipulando y sirviéndonos solo a nosotros mismos. Sin embargo, lo que no se ve es que ir en contra de principios *siempre* nos deja expuestos a fin de cuentas.

Tómese el principio de la honestidad. Si eres un mentiroso, quizá puedas salirte con la tuya un tiempo, incluso durante años. Pero te costará encontrar un mentiroso que logró el éxito a *la larga*. Como observó Cecil B. DeMille acerca de su película clásica *Los diez mandamientos*: "Es imposible que podamos romper las leyes. Contra las leyes, solo podemos rompernos nosotros mismos".

A diferencia de los demás centros examinados, los principios nunca nos fallarán. Nunca hablarán a nuestras espaldas. No desaparecen un día. No sufren de heridas que terminan con carreras deportivas. No favorecen a nadie por el color de la piel, el sexo, la riqueza o los rasgos físicos. Una vida centrada en principios es simplemente el fundamento más estable, inmóvil e indestructible sobre el que podemos formarnos, y todos lo necesitamos.

Para entender por qué los principios siempre funcionan, solo imagina vivir con base en lo opuesto: deshonestidad, holgazanería, indulgencia, ingratitud, egoísmo y odio. No puedo imaginar algo bueno que derive de esto. ¿Tú puedes?

Es imposible que podamos romper las leyes. Contra las leyes, solo podemos rompernos nosotros mismos.

CECIL B. DEMILLE
DIRECTOR DE CINE

Irónicamente, que los principios sean primero es la clave para poder hacer mejor las cosas en los demás centros. Si vives según los principios del servicio, el respeto y el amor, por ejemplo, cuentas con más posibilidades de tener más amigos y de un noviazgo más estable. Que los principios sean primero es también la clave para llegar a ser una persona de carácter.

Decide hoy mismo hacer de tus principios el centro de tu vida o paradigma. En cualquier situación que te veas, pregúntate: "¿Cuál es el principio que está en juego aquí?". Para cualquier problema, busca el principio que lo resuelva. Si te sientes desgastado y con la vida en contra, tal vez deberías intentar el principio del *equilibrio*.

Si nadie confía en ti, el principio de la *honestidad* podría ser la cura que necesitas. En la siguiente anécdota de Walter MacPeek, el principio en juego era la *lealtad*:

Uno de dos hermanos que luchaban en el mismo batallón en Francia cayó por una bala nazi. El que sobrevivió solicitó autorización a su mayor para rescatar a su hermano.

—Posiblemente esté muerto —replicó el oficial—, y no tiene sentido que arriesgues la vida para traer su cuerpo.

Pero finalmente aceptó. En cuanto el soldado llegó a las líneas, con su hermano en hombros, el hombre herido murió.

—¿Ves? —dijo el oficial—. Arriesgaste tu vida por nada.

—No —replicó Tom—. Hice lo que él esperaba de mí, y tuve mi recompensa. Cuando me arrastré hasta él y lo tomé en mis brazos, me dijo: "Tom, sabía que vendrías... Simplemente sentí que vendrías".

En los siguientes capítulos descubrirás que cada uno de los 7 hábitos se basa en uno o dos principios básicos. Y es de ahí de donde obtienen su poder.

En pocas palabras, son los principios los que gobiernan.

* ★ ★ ★

PRÓXIMAMENTE

A continuación hablaremos de cómo hacernos ricos, de un modo en el que posiblemente nunca has pensado. ¡Adelante!

Una palabra sobre los pasos de bebé   Una de las películas favoritas de mi familia es *¿Qué pasa con Bob?*, con Bill Murray y Richard Dreyfuss. Es la historia de un tipo disfuncional, lleno de fobias, inmaduro y con cerebro de hormiga llamado Bob que nunca deja en paz a nadie. Se acerca al doctor Marvin, un famoso psiquiatra, que no encuentra cómo deshacerse de él, y finalmente le da un ejemplar de su libro *Pasos de bebé*. Le dice a Bob que la mejor forma de resolver sus problemas es no abarcar mucho y apretar poco, sino dar "pasos de bebé" para llegar a sus objetivos. ¡Bob está encantado! Ya no tiene que preocuparse por cómo llegar al consultorio del doctor Marvin, lo cual le resulta muy complicado. Ahora, Bob solo tiene que dar pasos de bebé para salir del consultorio, y luego dar pasos de bebé hasta llegar al ascensor, y así sucesivamente.

En adelante sugeriré algunos pasos de bebé al final de cada capítulo: pasos pequeños y fáciles que pueden darse inmediatamente para aplicar lo que se acaba de leer. Aunque pequeños, estos pasos pueden convertirse en poderosos medios para ayudarte a lograr tus metas generales. Así, acompaña a Bob (en realidad es muy simpático si acepta el hecho de que es inamovible) y da algunos pasos de bebé.

1. La próxima vez que te mires al espejo, di algo positivo de ti mismo.

2. Muestra agradecimiento por el punto de vista que alguien te dio hoy. Puedes decir algo como: "Oye, esa idea está muy guay".

3. Piensa en algún paradigma limitante que puedas tener de ti mismo, tal como "No soy extrovertido". Luego, haz algo hoy que contradiga totalmente ese paradigma.

4. Piensa en un ser querido o amigo que actúe de forma extraña últimamente. Piensa en las razones que pudieran hacerlo actuar de ese modo.

5. Cuando no tienes nada que hacer, ¿en qué piensas más tiempo? Recuerda que lo más importante para ti se convertirá en tu paradigma o centro de vida.

¿Qué ocupa mi tiempo y energía? _____

6. ¡La Regla de Oro es la que gobierna! Comienza hoy a tratar a los demás tal como quieres que te traten a ti. No seas impaciente, no te quejes de las sobras, ni hables mal de alguien, a menos que quieras el mismo tratamiento.

7. Busca algún lugar tranquilo en donde puedas estar solo. Piensa en las cosas que te sean más importantes.

8. Escucha cuidadosamente las letras de las canciones que escuchas con más frecuencia. Evalúa si están en armonía con los principios en los que crees.

9. Cuando hagas tus labores en casa o en el trabajo, por la noche, prueba el principio del trabajo. Haz un poco más de lo que se espera de ti.

10. La próxima vez que estés en una situación difícil y no sepas qué hacer, plantéate: "¿Qué principio debería aplicar (por ejemplo, honestidad, amor, lealtad, trabajo, paciencia)?". Luego, sigue el principio y no mires hacia atrás.

La victoria privada

La cuenta bancaria personal
Empezando con quien está en el espejo

Hábito 1: Ser proactivo
Soy la fuerza

Hábito 2: Comenzar con un fin en mente
Controla tu propio destino, o alguien más lo hará

Hábito 3: Poner primero lo primero
Fuerza de voluntad para decir sí o para decir no

La cuenta

bancaria personal

EMPEZANDO CON QUIEN ESTÁ EN EL ESPEJO

¡Bienvenido! Antes de que tengas victorias en las arenas públicas de la vida, debes ganar tus batallas internas. Todo cambio se inicia en ti mismo. Nunca olvidaré cómo aprendí esta lección.

—¿Qué te pasa? Me decepcionas. ¿Dónde está el Sean que conocí una vez en el instituto? —me regañaba el entrenador—. ¿De veras quieres estar aquí?

Yo estaba aturdido:

—Sí, claro.

—No me engañes. Solo estás haciendo los movimientos, pero no pones el corazón en ello. Será mejor que te corrijas, o los lanzadores más jóvenes te pasarán y ya nunca volverás a jugar aquí.

Estaba en mi segundo año en la Universidad Brigham Young (BYU) durante el entrenamiento de fútbol antes de la temporada. Al acabar el bachillerato fui aceptado por varias universidades, pero opté por la BYU porque tenía la tradición de producir los mejores lanzadores de Estados Unidos, como Jim McMahon y Steve Young, que llegaron a ser profesionales y fueron factores importantes en las victorias de

> Comenzaré con el hombre en el espejo.
> Le pediré que cambie su forma de ser,
> y ningún mensaje podría ser más claro. Si quieres hacer del mundo un mejor lugar mírate a ti mismo, y luego produce el cambio.
>
> SIEDAH GARRETT Y
> GLEN BALLARD

sus equipos en la Liga de Campeones. Aunque por entonces yo era un jugador de liga menor, quería ser el siguiente gran profesional.

Cuando el entrenador me dijo que era "pésimo en el campo", me cayó como un cubo de agua fría. Lo que realmente me molestaba era que tenía razón. Aún cuando pasaba largas horas entrenando, no estaba verdaderamente comprometido. No estaba dando todo de mí, y yo lo sabía. Tenía que tomar una decisión muy difícil: renunciar al fútbol, o triplicar mi compromiso. Durante las siguientes semanas libré una guerra dentro de mi mente, y me enfrenté con muchos temores y dudas sobre mí mismo. ¿Tenía lo que realmente se necesita para ser el jugador principal? ¿Podría tolerar la presión? ¿Era lo suficientemente corpulento? Pronto me quedó claro que estaba asustado, que me asustaba competir, estar en el campo, y que temía hacer el intento y quizá fracasar. Y todos estos miedos me impedían dar todo de mí.

Leí una gran cita de Arnold Bennett que describe lo que finalmente decidí respecto al dilema: "La verdadera tragedia es la del hombre que nunca en su vida se impulsa para un esfuerzo supremo, nunca utiliza todo su potencial, nunca llega a su plena estatura".

Como nunca me gustó la tragedia, decidí impulsarme para un esfuerzo mayor. Así, me comprometí a dar todo de mí. Decidí no tener más dudas y poner todo sobre la mesa. No sabía si alguna vez tendría la oportunidad de llegar a ser profesional, pero si no fuese así, por lo menos habría luchado para conseguirlo.

La verdadera tragedia es la del hombre que nunca en su vida se impulsa para un esfuerzo supremo, nunca utiliza todo su potencial, nunca llega a su plena estatura.

ARNOLD BENNETT

Nadie me oyó decir: "Me comprometo". No hubo ningún aplauso. Fue simplemente una batalla privada que libré y gané en mi interior a lo largo de varias semanas.

Una vez que me comprometí plenamente, todo cambió. Comencé a correr riesgos y a mejorar en el campo. Tenía el corazón puesto en ello. Y los entrenadores lo notaron.

Cuando comenzó la temporada y los partidos tuvieron lugar uno tras otro, me quedé en el banquillo. Aunque frustrado, seguí mejorando y trabajando mucho.

El gran partido del año sería a mediados de temporada. Jugaríamos contra el equipo de la Fuerza Aérea a nivel nacional, transmitido por la cadena de televisión nacional. Una semana antes del partido, el entrenador me pidió que fuera a su oficina y me dijo que yo sería el jugador clave del partido. Sobra decir que fue la semana más larga de mi vida.

Finalmente llegó el gran día. Al iniciarse el partido, tenía la boca tan seca que apenas podía hablar. Pero tras unos minutos me tranquilicé e hice que nuestro equipo ganara. Incluso fui nombrado "el jugador más importante del partido" por la TV. Después, muchas personas me felicitaron por la victoria y el desempeño. Eso fue maravilloso. Pero realmente no entendían.

No sabían la historia real. Pensaban que la victoria había ocurrido en el campo, ese día, frente al público. Yo sabía que había sucedido meses antes, en la primacía de mi propia mente, cuando decidí enfrentar mis temores, dejar de tener dudas e impulsarme para un esfuerzo supremo. Derrotar a la Fuerza Aérea fue un desafío mucho más fácil que vencerme a mí mismo. Las victorias privadas son siempre antes que las victorias públicas. Como dice el dicho: "Conocemos al enemigo, y está en nuestro interior".

Vamos, olvídate de las tablas de multiplicar. ¡Hagamos algo de álgebra!

DE DENTRO HACIA FUERA

Gateamos antes de caminar. Aprendemos aritmética antes que álgebra. Necesitamos componernos a nosotros mismos antes de poder componer a los demás. Si quieres producir un cambio en tu vida, el lugar inicial está en ti mismo, y no en tus padres, tu pareja o tu profesor. Todo cambio se inicia en ti. Todo va de dentro hacia fuera. No de fuera hacia dentro.

Veamos lo que escribió un obispo anglicano:

Cuando era joven y libre y mi imaginación
no tenía límites, soñaba con cambiar
el mundo.

A medida que fui envejeciendo y haciéndome
sabio, descubrí que el mundo no cambiaría.
Entonces, limité un tanto mis ambiciones
y decidí cambiar solo a mi país.
Pero esto también parecía imposible.

A medida que fui envejeciendo y llegando
al crepúsculo de mi vida, en un desesperado
y último intento, acepté solo cambiar
a mi familia, acercándolos más a mí.
Pero, por desgracia, ninguno de ellos
compartía mi deseo.

Y ahora, mientras estoy recostado en mi lecho de muerte,
entiendo repentinamente que si solo hubiera cambiado
primero yo mismo, luego, por mi ejemplo,
hubiera cambiado a mi familia; con su inspiración
y ánimo, hubiera sido capaz de mejorar a mi país,
y quién sabe si, quizá,
hubiera podido cambiar el mundo.

De eso trata precisamente este libro. Cambiar de dentro hacia fuera, empezando con la persona que está en el espejo. Este capítulo ("La cuenta bancaria personal") y lo que se describe sobre los hábitos 1, 2 y 3 tratan sobre ti y tu carácter, o la victoria privada. Los siguientes cuatro capítulos, "La cuenta bancaria relacional" y los hábitos 4, 5 y 6 tratan acerca de relaciones, o la victoria pública.

Antes de iniciar con el hábito 1, examinemos cómo puedes comenzar inmediatamente a formar confianza en ti mismo y lograr una victoria privada.

La cuenta bancaria personal

La forma en que te sientes contigo mismo es como una cuenta bancaria. Llamémosla cuenta bancaria personal (CBP). Es como una cuenta de ahorro o de ahorros en un banco, puedes hacer depósitos y reintegros con las cosas que piensas, dices y haces. Por ejemplo, cuando me comprometo ante mí mismo, me siento en control. Es un depósito. Por otra parte, cuando no cumplo con una promesa que me hice, me siento decepcionado y hago un reintegro.

Así, pregúntate algo: ¿Cómo está tu CBP? ¿Cuánta confianza y fe tienes en ti mismo? ¿Tienes saldo o estás en quiebra? Los síntomas que aparecen a continuación podrían ayudarte a evaluar tu posición.

Posibles síntomas de una mala CBP

- Sucumbes fácilmente a la presión de tus compañeros.
- Luchas con sentimientos de depresión e inferioridad.
- Te preocupas demasiado por lo que piensan los demás de ti.
- Actúas de forma arrogante para ocultar tus inseguridades.
- Te autodestruyes al abusar de las drogas, la pornografía, el vandalismo o las pandillas.
- Sientes envidia fácilmente , en especial cuando alguien cercano a ti tiene éxito.

Posibles síntomas de una CBP saludable

- Defiendes tu posición y te resistes a la presión de tus compañeros.
- No te preocupa demasiado el ser popular.
- Ves la vida como una experiencia en general positiva.
- Confías en ti mismo.
- Estás impulsado por metas.
- Te alegran los éxitos de los demás.

Si tu cuenta bancaria personal está en malas condiciones, no te desalientes. Basta con que empieces hoy mismo a hacer depósitos de uno, cinco, diez o veinte euros. Finalmente, recuperarás tu confianza. Los depósitos pequeños durante un largo período es la forma de obtener una CBP saludable y rica.

Con la ayuda de varios grupos de jóvenes compilé una lista de seis depósitos que pueden ayudarte a mejorar tu CBP. Desde luego, con cada depósito, hay un reintegro igual y opuesto.

DEPÓSITOS CBP	REINTEGROS CBP
Cumplir con promesas hechas a nosotros mismos	Romper promesas personales
Realizar pequeños actos generosos	Ver solo por uno mismo
Ser amable con uno mismo	Darse de golpes
Ser honesto	Ser deshonesto
Renovarse	Desgastarse
Aprovechar nuestros talentos	Descuidar nuestros talentos

⊛ CUMPLIR LAS PROMESAS QUE TE HACES A TI MISMO

¿Has tenido amigos o compañeros que pocas veces te cumplen? Dicen que te llamarán y no lo hacen. Prometen recogerte para ir al partido y lo olvidan. Tras un tiempo, ya no confías en ellos. Sus compromisos no significan nada. Lo mismo ocurre cuando haces y rompes continuamente promesas ante ti mismo, tales como "comenzaré a levantarme a las seis de la mañana" o "haré los deberes en cuanto llegue a casa". Tras un tiempo, ya no confías en ti mismo.

Debemos tratar los compromisos con nosotros mismos con la misma seriedad con que los tratamos ante las personas más importantes de nuestras vidas. Si sientes que ya no ejerces el control en tu vida, concéntrate en aquello que sí puedes controlar: *tú mismo*. Hazte una promesa y cúmplela. Empieza con compromisos pequeños, que sepas que puedas cumplir, como alimentarte de modo más saludable. Después de formar la confianza en ti mismo, puedes pasar a depósitos más difíciles y más cuantiosos, tales como romper con un novio que te maltrata o no enfadarte con tu hermana por haber usado tu ropa nueva.

⊛ REALIZAR PEQUEÑOS ACTOS DE AMABILIDAD

Un psiquiatra escribió que si alguna vez nos sentimos deprimidos, lo mejor es hacer algo por los demás. ¿Por qué? Porque nos mantiene dirigidos hacia fuera, y no hacia el interior. Es difícil sentirse deprimido al servir a los demás. Irónicamente, un efecto secundario de ayudar a los demás es que nosotros mismos nos sentimos muy bien.

Recuerdo que una vez estaba en un aeropuerto, esperando mi vuelo. Me sentía muy emocionado porque tenía un boleto de primera clase. En primera clase los asientos son más anchos, la comida tiene buen sabor y el personal del avión es realmente agradable. De hecho, tenía el mejor asiento: el 1A. Antes de embarcar noté que una mujer joven arrastraba varias maletas, además de cargar con un bebé. Como acababa

de leer un libro sobre hacer actos generosos al azar, escuché que mi conciencia me decía: "Eres un cerdo. Dale tu billete". Luché contra esto durante un rato, pero finalmente quedé convencido:

—Disculpe, pero creo que este billete de primera clase le servirá más a usted. Sé lo difícil que es volar con bebés. Cambiemos billetes.

—¿Está seguro?

—Sí. De verdad que no hay problema. De todos modos, yo trabajaré durante todo el vuelo.

—Muchas gracias. Realmente es muy generoso —me dijo, e intercambiamos los billetes.

Al embarcar, me sorprendió lo que me hizo sentir ver cómo ocupaba el asiento 1A. De hecho, bajo tales circunstancias, el asiento 24B o el que estuviera ocupando no me pareció tan malo. En cierto momento, durante el vuelo, sentí curiosidad por ver cómo le estaba yendo y no pude resistirlo. Dejé el asiento, fui a la sección de primera clase y me asomé por la cortina que separa la clase turista de aquella. Ahí estaba con su bebé, ambos dormidos en un cómodo y ancho asiento 1A. Me sentí maravillosamente bien. Creo que debo seguir haciendo este tipo de cosas.

La dulce anécdota que me contó una joven llamada Tawni es otro ejemplo del goce del servicio:

Hay una chica en nuestro barrio que vive en un piso con sus padres y no tienen mucho dinero. Durante los últimos tres años, cuando la ropa me queda pequeña, mi madre y yo se la regalamos. Yo le digo algo como: "Pensé que te gustaría", o "Me gustaría que usaras esto".

Cuando usaba algo que le había regalado, me gustaba mucho. Cuando ella decía: "Gracias por la nueva blusa", yo le respondía: "¡Ese color te queda muy bien!". Intenté ser sensible para no hacerla sentir incómoda, o dar la impresión de que pensaba que era pobre. Me hace sentir bien el saber que estoy ayudándola a tener una mejor vida.

No te encierres en ti mismo y saluda a la persona más solitaria que conozcas. Escribe una nota de agradecimiento a alguien que produjo una diferencia en tu vida, como un amigo, un maestro o el entrenador. La próxima vez que estés en un peaje, paga por el coche que esté detrás de ti. El dar otorga vida no solo a los demás, sino también a ti mismo. Me encanta lo siguiente de *El hombre que nadie conoce*, de Bruce Barton, que ilustra muy bien esta cuestión:

Existen dos mares en Palestina. Uno es fresco, y los peces viven en él. El verdor adorna sus orillas. Los árboles extienden sus ramas sobre él y hacen crecer sus raíces sedientas para beber de sus aguas curativas.

[...] El río Jordán forma este mar con aguas bullentes, bajando desde las colinas. Así, ríe a la luz del sol. Y los hombres construyen sus casas cerca de él, y los pájaros anidan; y todo tipo de vida es más feliz por el solo hecho de que existe.

El río Jordán fluye hacia el sur y desemboca en otro mar. Aquí no hay peces, no hay hojas que se muevan, no hay cantos de aves, tampoco risas de niños. Los viajeros eligen otra ruta y pasan por la zona solo si es necesario. El aire es pesado sobre sus aguas, y los hombres, las bestias y las aves no pueden beber. ¿Qué es lo que produce esta gran diferencia entre mares vecinos? No es el río Jordán. Lleva las mismas aguas buenas a ambos. Tampoco el suelo sobre el que están, como tampoco el lugar que los rodea. Esta es la diferencia: el mar de Galilea recibe, pero no encierra al Jordán. Por cada gota que entre, otra gota sale. El dar y recibir son en igual medida.

El otro mar es más atrevido, guardando celosamente lo que entra. No es tentado por ningún impulso de generosidad. Cada gota que recibe, la guarda. El mar de Galilea da y vive. El otro mar no da. Se le conoce como Mar Muerto.

Existen dos tipos de personas en el mundo. Hay dos mares en Palestina.

SER BENÉVOLO CONTIGO MISMO

Ser amable significa muchas cosas. Significa no esperar ser perfecto mañana por la mañana. Si tardas un poco más, como nos ocurre a muchos de nosotros, debes ser paciente y darte tiempo para desarrollarte.

Significa aprender a reírnos de las cosas tontas que hacemos. Tengo un amigo, Carlos, que es extraordinario cuando se trata de reírse de sí mismo, y nunca toma la vida con demasiada seriedad. Siempre me ha sorprendido cómo esta actitud de esperanza atrae a multitud de amigos. Ser amable también significa perdonarte cuando te equivocas. ¿A quién no le ha pasado? Debemos aprender de nuestros errores, pero tampoco debemos castigarnos por eso. El pasado es tan solo eso: el pasado. Averigua cuál fue el error, y por qué. Haz reparaciones si es necesario. Luego olvídalo y continúa. No hagas hechizos.

"Una de las claves para la felicidad —dice Rita Mae Brown— es tener mala memoria."

A un barco que navega durante varios años se le adhieren miles de percebes que están en la quilla y finalmente lo hacen pesar demasiado, convirtiéndose en una amenaza para su seguridad. De tal modo, este barco necesita que se le quiten los percebes, y el modo menos caro y fácil es que el barco atraque en un puerto de agua dulce, sin agua salada. En poco tiempo los percebes se aflojan y se caen. El barco entonces puede volver al mar, aliviado de su carga.

> Sé siempre una versión de primera clase de ti mismo, en lugar de una versión de segunda clase de otra persona.
>
> JUDY GARLAND
> CANTANTE Y ACTRIZ

¿Cargas con percebes en forma de errores, lamentaciones y dolor por tu pasado? Tal vez necesites entrar en agua fresca durante un rato. Deshacerte de las cargas y darte una segunda oportunidad podría ser el depósito que necesitas en este momento.

Como canta Bruno Mars: "La vida es demasiado corta para tener remordimientos… Solo tienes una vida, así que vive lo mejor que puedas".

SER HONESTO

El otro día busqué la palabra *honesto* en Google y estos son algunos de los términos que hallé: virtuoso, incorruptible, moral, con principios, amante de la verdad, firme, sincero, real, correcto, bueno, decente, genuino. No son malas palabras con las que podríamos estar asociados, ¿verdad?

La honestidad viene en muchas versiones: primero está la honestidad con nosotros mismos. ¿Lo que ve la gente es el artículo genuino, o nuestra imagen viene a través de espejos y humo? Descubrí que cada vez que me engaño y trato de ser algo que no soy realmente, me siento inseguro y hago un reintegro en la CBP. Me encanta cómo lo dice la cantante Judy Garland: "Sé siempre una versión de primera clase de ti mismo, en lugar de una versión de segunda clase de otra persona".

Luego está la honestidad en nuestras acciones. ¿Eres honesto en la escuela, con tus padres y con tu jefe? Si fuiste deshonesto en el pasado, y creo que todos lo fuimos, intenta ser honesto ahora, y nota cómo ello te hace sentir bien. Recuerda que no puedes hacer las cosas mal y sentirte bien. Esta anécdota de Jeff es un buen ejemplo:

En mi primer año de universidad había tres muchachos en la clase de geometría a quienes no les iba bien en matemáticas. Yo era muy bueno en la materia. Les cobraba tres dólares por cada examen que les ayudaba a aprobar. Los exámenes eran de opción múltiple, así que escribía en un papel las respuestas correctas y se las daba.

Al principio sentía que estaba ganando dinero, una especie de buen trabajo. Nunca pensé en cómo podría perjudicarnos a todos. Tras un rato me di cuenta de que no debía continuar, porque no los estaba ayudando realmente. No estaban aprendiendo, y con el tiempo solo empeorarían. Y, ciertamente, engañar no me estaba ayudando tampoco.

Se necesita valor para ser honesto cuando todos los demás se salen con la suya haciendo trampas en las pruebas, mintiendo a sus padres y robando en el trabajo. Recuerda que todo acto de honestidad es un depósito en tu CBP y te dará fuerza. Como dice el dicho: "Mi fuerza es como la fortaleza de diez hombres, porque mi corazón es puro". La honestidad es siempre la mejor política, aun cuando esto no esté de moda.

RENOVARSE

Necesitas tomar tiempo para ti mismo, para renovarte y descansar. Si no lo haces, perderás la chispa de la vida.

Seguro que has visto la película *Avatar*, el filme más taquillero de todos los tiempos. ¿Por qué fue tan exitoso? Además de efectos especiales innovadores y una gran cinematografía, creo que la historia llega a la meta porque todos necesitamos practicar lo que está predicando.

La historia sucede en el año 2154, en Pandora, una luna boscosa en el sistema estelar de Alfa Centauri, y gira en torno al personaje de Jake Sully, un antiguo marine, ahora paralizado, confinado a una silla de ruedas, atrapado e irrealizado. Al ser capaz de vivir mentalmente a través de su *avatar*, una réplica de tres metros de los nativos azules, se siente vivo porque puede correr y disfrutar de un cuerpo funcional, incluso si es solo en su mente. Pero pronto se vuelve mucho más que eso. Al conocer a los nativos, Jake se enamora de Neytiri, una nativa Na'vi. Cuanto más tiempo pasa con Neytiri y su pueblo, más ve la belleza y la paz, así como el poder de su mundo, un mundo que los humanos de Jake, ruidosos y sedientos de recursos naturales, han venido a saquear y robar.

El mensaje para nosotros es sobre rejuvenecer, sobre desconectarnos, sobre tomar el tiempo para escuchar el mundo natural alrededor de nosotros. Es sobre ponernos en un *tiempo fuera* autoimpuesto durante un rato.

Ahora, no tienes que convertirte en un tipo casi humano, azul, de tres metros para encontrar la paz; pero como Jake Sully, encontrar tu

propio lugar para escapar, tu propio santuario de alguna manera, es esencial. Ve a sentarte a algún lado y mira las nubes. Encuentra el tronco de un árbol y escucha al viento o a los pájaros, o incluso el latido de tu corazón. Si no tienes acceso a un increíble y brillante Árbol de las Almas, como Jake, quizá puedas encontrar una azotea, un banco en un parque, algún pedazo de campo en alguna parte, solo un lugar para estar solo. Puede que esto suene un poco sentimental, pero confía en mí, los humanos viven actualmente en un ataque constante de cosas y todos necesitamos dar un respiro y desconectarnos de vez en cuando, solo para renovar nuestros espíritus.

Theodore, de Canadá, tenía su propio escondite:

> *Cada vez que me siento muy tenso, o cuando no me estoy llevando bien con mis padres, voy al sótano. Ahí tenía un palo de hockey, una pelota y una pared de cemento en la que podía desahogar mis frustraciones. Tiraba la pelota durante media hora y volvía a subir, sintiéndome como nuevo. Fue muy bueno para mi forma de jugar hockey, pero fue aún mejor para mis relaciones familiares.*

Adrián me contó de su refugio. Cada vez que se ponía tenso, entraba en el auditorio de su colegio por una puerta trasera. Solo en el auditorio silencioso, oscuro y amplio, se escapaba del ruido, lloraba a gusto o descansaba.

Allison encontró su propio jardín:

> *Mi padre murió en un accidente industrial, cuando yo era pequeña. No conozco los detalles, porque siempre tuve miedo de hacer demasiadas preguntas a mi madre sobre esto. Tal vez se deba en realidad a que creé esta imagen perfecta de él en mi mente, y no quiero que cambie. Para mí, es el ser humano perfecto que me protegería si estuviera aquí. Él está conmigo todo el tiempo en mis pensamientos, e imagino cómo actuaría y me ayudaría si estuviera aquí.*
>
> *Cuando realmente lo necesito voy a la buhardilla de mi escuela primaria. Tengo esta sensación tonta de que si puedo llegar al lugar más alto, podré encontrarlo. Así, subo hasta arriba de la buhardilla y me*

quedo ahí. Hablo con él en mis pensamientos, y puedo sentir cómo me responde. Quiero que me toque, pero desde luego no puede hacerlo. Voy ahí cada vez que algo realmente me molesta, y hablo de mis penas con él.

Además de hallar un refugio, hay muchas otras formas de renovarte y formar tu CBP. El ejercicio puede hacerlo, como ir a caminar, correr, bailar, o dar puñetazos a una bolsa de boxeo. Algunos jóvenes hablan de ver películas antiguas, tocar un instrumento, pintar con los dedos o hablar con amigos que les dan ánimos. Muchos otros descubrieron que escribir diarios hace maravillas.

El hábito 7, Afilar la sierra, trata sobre cómo debemos tomar tiempo para renovar nuestro cuerpo, corazón, mente y alma. Hablaremos más al respecto cuando lleguemos a ese punto. Así que ten paciencia.

APROVECHAR TUS TALENTOS

Descubrir y luego desarrollar un talento, pasatiempo, o interés especial puede ser uno de los más grandes depósitos que puedes hacer en tu CBP.

¿Por qué, cuando pensamos en talento, se nos aparecen imágenes de los talentos "tradicionales", como el atleta, el bailarín o el académico que gana premios? A decir verdad, los talentos son muy variados. No vayas a lo pequeño. Puedes tener el don de la lectura, escribir, o la oratoria. Puedes tener el don de ser creativo, aprender rápido o poder aceptar a los demás tal como son. Puedes tener capacidades organizativas, musicales o de liderazgo. No importa dónde estén tus talentos, sea ajedrez, teatro o coleccionar algo, hacer lo que te guste y para lo que tengas talento, es maravilloso. Es una forma de autoexpresión. Y, como lo describe esta joven, forma autoestima.

Tal vez te mueras de risa si te digo que tengo talento y amor hacia las hierbas. No hablo de la hierba que se fuma, sino de hierbas y flores que crecen en todas partes. Me di cuenta de que siempre me fijaba en ellas, en tanto que los demás querían cortarlas.

Así, comencé a recogerlas y finalmente pude hacer con ellas hermosas imágenes, tarjetas postales y objetos de arte. Pude alegrar a más de un alma triste con una de mis tarjetas personalizadas. Con frecuencia se me pide hacer arreglos florales para otros, y hablar de mis conocimientos sobre cómo conservar plantas. Me dio mucha felicidad y confianza el hecho de saber que tengo un don especial y el aprecio hacia algo que la mayoría ignora. Pero esto va aún más lejos: me ha enseñado que si hay tantas cosas en las simples hierbas, debe de haber muchas más cosas en todo lo demás de la vida. Me hizo ver a profundiddad. Me convirtió en una exploradora. Y en realidad soy tan solo una muchacha normal.

Mi cuñado Bryce me contó cómo desarrollar un talento le ayudó a formar la confianza en sí mismo, y a hallar una carrera en la que pudiera producir una diferencia. Su historia tiene como escenario la cordillera montañosa Teton que se extiende sobre las planicies de Idaho y Wyoming. El monte Grand Teton, el mayor de la cordillera, se alza 4.199 metros sobre el nivel del mar.

De muchacho, Bryce tenía un lanzamiento de pelota de béisbol perfecto. Hasta su trágico accidente. Un día, mientras jugaba con un rifle BB, accidentalmente se disparó al ojo. Temiendo que la cirugía pudiera afectar de modo permanente su visión, los médicos dejaron la esquirla en su ojo.

Meses después, cuando Bryce volvió a jugar béisbol, comenzó a ser eliminado siempre. Había perdido su percepción de la profundidad y gran parte de su visión en un ojo, y ya no podía jugar la bola. Dijo: "Yo era un jugador estrella un año antes, y ahora ni siquiera podía darle a la pelota. Estaba convencido de que nunca más podría hacer otra cosa. Fue un gran golpe a mi seguridad".

Los dos hermanos mayores de Bryce eran buenos en muchas cosas, y él se preguntaba qué haría ahora, dada su nueva limitación. Puesto que vivía cerca de las montañas Teton, decidió probar con el alpinismo. Así, fue a la tienda local del ejército y compró cuerda de nailon, un piolet, estacas y otros artefactos necesarios. Estudió libros sobre alpinismo y aprendió a hacer nudos, ponerse el arnés y cómo ascender. Su primera experiencia real en montañismo fue subir por la chimenea de un amigo. Poco después comenzó a escalar algunas de las cumbres menores que rodean al monte Grand Teton.

Bryce pronto notó que tenía talento para ello. A diferencia de muchos de sus compañeros montañistas, su cuerpo era fuerte y ligero, y parecía estar perfectamente formado para la ascensión en rocas.

Después de entrenar durante varios meses, Bryce finalmente escaló el monte Grand Teton solo. Le llevó dos días. Alcanzar su meta fue excelente para formar seguridad en sí mismo.

Era difícil conseguir compañeros de ascensión, por lo que Bryce comenzó a entrenarse solo. Viajaba a los Teton, corría hasta la base de la ascensión, escalaba, y luego volvía. Lo hizo con tanta frecuencia que llegó a ser muy bueno. Un día, un amigo suyo, Kim, le dijo:

—Oye, tú podrías romper el récord del monte Grand Teton.

Le explicó a Bryce: un alpinista veterano, llamado Jock Glidden, había fijado el récord en el monte al escalar hasta la cima y de vuelta en cuatro horas y 11 minutos. "Eso es absolutamente imposible", pensó

Bryce. "Me gustaría conocer algún día a este tipo." Pero conforme Bryce continuó haciendo estas ascensiones, sus tiempos se hicieron cada vez más rápidos y Kim siguió diciéndole:

—Tú podrías ir tras el récord. Tienes capacidad.

En una ocasión, Bryce finalmente conoció a Jock, el superhombre con el récord invencible. Bryce y Kim estaban en la tienda de Jock cuando Kim, por sí mismo un buen montañista, dijo a Jock:

—Él está pensando en batir tu récord.

Jock miró hacia el cuerpo de Bryce, de 62 kilos, y rio vivamente, como diciendo: "Ni lo sueñes, enano". Bryce se sintió devastado, pero rápidamente se recuperó. Y Kim siguió diciéndole: "Puedes hacerlo. Sé que puedes".

En la madrugada del 26 de agosto de 1981, llevando una pequeña mochila anaranjada y una chamarra ligera, Bryce corrió hasta la cima del Grand Teton y volvió en cuestión de tres horas, 47 minutos y cuatro segundos. Se detuvo solo dos veces: una para sacarse piedras de los zapatos, y otra para firmar el registro en la cima, para comprobar que estuvo ahí. ¡Se sintió maravillosamente! ¡En verdad pudo romper el récord!

Unos cuantos años después, Bryce recibió una sorpresiva llamada de Kim:

—Bryce, ¿te enteraste? Rompieron tu récord.

Desde luego, también le dijo:

—Podrías recuperarlo. ¡Sé que puedes hacerlo!

Un hombre llamado Creighton King, que recientemente había ganado el maratón Pike's Peak en Colorado, corrió hasta la cima y volvió en tres horas, 30 minutos, nueve segundos.

El 26 de agosto de 1983, exactamente dos años después de su última hazaña en la montaña y diez días después de que se rompió su récord, Bryce estaba en el estacionamiento a las faldas del monte Grand Teton, con zapatos nuevos, listo y ansioso para romper el récord de King. Iban con él algunos amigos, parientes, Kim y un equipo de la emisora de televisión local para filmar su carrera.

Como antes, sabía que la parte más difícil de la ascensión sería el aspecto mental. No quería convertirse en uno de los dos o tres que mueren cada año intentando escalar el monte.

El periodista deportivo Russel Weeks describe la carrera hacia el Grand Teton de este modo:

"Desde el estacionamiento se inicia una carrera de unos 15 o 16 kilómetros por senderos, a través de un cañón, subiendo por dos morrenas glaciares, dos vados, una grieta entre dos picos, y luego una ascensión de 200 metros por el muro oeste del monte, hasta la cima. La diferencia de altitudes entre el estacionamiento y la cima es de unos 5.000 metros. Las guías especializadas de alpinismo afirman que los últimos 200 metros de la ascensión duran tres horas".

Bryce comenzó a correr. Al ascender por la montaña, el corazón le martillaba y le ardían las piernas. La concentración fue intensa. Escalando los últimos 200 metros en 12 minutos, llegó a la cúspide en una hora y 53 minutos, y puso su tarjeta de verificación bajo una roca. Sabía que si quería romper el récord de King, debía hacerlo al bajar. El descenso se hizo tan empinado en algunos momentos que llegó a dar pasos de entre tres y cinco metros. Pasó junto a algunos amigos que luego le dijeron que tenía el rostro morado por falta de oxígeno. Un grupo de alpinistas aparentemente sabía que quería romper el récord, porque al pasar le gritaron, animándolo.

Entre vítores, Bryce volvió al estacionamiento con las rodillas sangrando, los zapatos deshechos y un horrendo dolor de cabeza, tres horas, seis minutos y 25 segundos después de salir. ¡Había hecho lo imposible!

Se corrió la voz rápidamente y Bryce llegó a ser conocido como el mejor montañista del lugar.

—Me dio una identidad —dice Bryce—. Todos quieren ser famosos por algo, y yo también. Mi capacidad para escalar me dio algo sobre lo que podía trabajar y fue una gran fuente de autoestima. Fue mi forma de expresarme a mí mismo.

Hoy en día, Bryce es fundador y presidente de una compañía muy famosa que produce mochilas de alto rendimiento para montañistas y corredores de montaña. Lo que es más importante, Bryce se gana la vida haciendo lo que más le gusta, y en lo que mejor es, y utiliza este talento para bendecir su vida y la de muchos otros. Por cierto: sigue teniendo el récord (que esto no te dé ideas extrañas). Además, Bryce sigue teniendo la esquirla en el ojo.

Así, amigos míos, si necesitáis una inyección de confianza, comenzad a hacer algunos depósitos en vuestra CBP a partir de hoy. Sentiréis los resultados instantáneamente. Recordad que no necesitáis escalar una montaña para hacer un depósito. Hay un millón de formas más, que también son más seguras.

* ★ ⋆

Próximamente

A continuación hablaremos de las muchas formas en que tú y tu perro sois distintos. Sigue leyendo, y entenderás a qué me refiero.

PASOS DE BEBÉ

Cumple las promesas que te haces a ti mismo

1. Despiértate a la hora que planificaste durante tres días seguidos.

2. Busca una tarea fácil que se necesite hacer ese día, como lavar la ropa o leer un libro para los deberes de literatura. Decide cuándo lo harás. Luego, cumple con tu palabra y hazlo.

Realiza actos de servicio al azar

3. En algún momento de hoy, haz una buena acción anónima, como arreglar el portátil de tu madre. sacar la basura o hacer la cama de otra persona.

4. Organiza un ataque positivo en las redes sociales. Ponte de acuerdo con tus amigos para atacar a alguien por redes sociales con palabras amables y cumplidas.

Aprovecha tus talentos

5. Anota un talento que te gustaría desarrollar este año. Escribe los pasos específicos que te llevarán a lograrlo.

El talento que quiero desarrollar este año:_____

Cómo puedo llegar a hacerlo:_____

_____

_____

6. Haz una lista de los talentos que más admiras en otras personas.

Persona: Talentos que admiro:

PASOS DE BEBÉ

Sé amable contigo mismo

Piensa en algún aspecto de tu vida en el que te sientas inferior. Ahora respira hondo y anímate diciendo: "No es el fin del mundo".

Trata de pasar todo un día sin hablar negativamente de ti. Cada vez que te sorprendas menospreciándote, deberás sustituirlo con tres pensamientos positivos sobre ti mismo.

Renuévate

Elige alguna actividad divertida que te anime y hazla hoy mismo. Por ejemplo, pon música y baila.

¿Te sientes aletargado? Levántate ahora mismo y da una vuelta rápida a la manzana.

Sé honesto

La próxima vez que tus padres te pregunten sobre lo que estás haciendo, explícales detalladamente. No excluyas información para engañar o distorsionar.

Por un solo día intenta no exagerar ni usar eufemismos.

Ser
proactivo

**Soy
la fuerza**

Crecer en mi casa era a veces muy difícil. ¿Por qué? Porque mi padre siempre me hacía tomar la responsabilidad de todas las cosas de mi vida.

Cada vez que yo decía algo como: "Papá, mi novia a veces me vuelve loco", sin excepción replicaba: "¡Vamos, Sean! Nadie puede volverte loco a menos que se lo permitas. Es tu elección. Tú elegiste volverte loco".

> La gente es tan feliz como ella misma decide.
>
> ABRAHAM LINCOLN
> PRESIDENTE DE EE.UU.

O si decía: "Mi nuevo maestro de biología es un desastre, nunca aprenderé nada", mi padre respondía: "¿Y por qué no vas con tu maestro y le das algunas sugerencias? Cambia de maestro. Toma clases particulares si es necesario. Si no aprendes biología, Sean, será tu propia culpa, y no de tus profesores".

Nunca me soltaba. Siempre me desafiaba, asegurándose de que nunca culpara a los demás por mi propia forma de actuar. Afortunadamente, mi madre me permitía culpar a los demás y a otras cosas por mis problemas, porque de otro modo me habría vuelto realmente loco.

Muchas veces le respondía a gritos: "¡Estás equivocado, papá! No elegí volverme loco. Ella ME HIZO volver loco. Ahora, déjame en paz".

Como ves, la idea de mi padre de que somos responsables de nuestras vidas fue para mí, siendo adolescente, una píldora muy amarga. Pero, en retrospectiva, veo la sabiduría en lo que él hacía. Quería que aprendiera que existen dos tipos de personas en este mundo, los *proactivos* y *los reactivos*, quienes toman la responsabilidad de sus vidas y quienes culpan; aquellos que hacen que las cosas sucedan, y aquellos a quienes las cosas les suceden.

El hábito 1, Ser proactivo, es la clave para desarrollar los demás hábitos, y por eso es el primero. El hábito 1 dice: "Yo soy la fuerza, yo soy el capitán de mi vida. Puedo elegir mi actitud. Soy responsable de mi propia felicidad o infelicidad. Yo estoy en el asiento del conductor de mi destino y no soy solo un pasajero".

Ser proactivo es el primer paso hacia lograr la victoria privada. ¿Te imaginas hacer álgebra antes de aprender a sumar y restar? Nunca sucederá. Lo mismo ocurre con los 7 hábitos. No puedes tener los hábitos 2, 3, 4, 5, 6 y 7 antes del hábito 1. Eso se debe a que hasta que sientes que estás a cargo de tu propia vida, ninguna cosa es posible, ¿o no?

Proactivo o reactivo...
Tú eliges

Cada día tú y yo tenemos unas 100 oportunidades de elegir si ser proactivos o reactivos. En cualquier día dado, el clima es malo, no puedes hallar un empleo, tu hermana se pone tu blusa, pierdes una elección en la escuela, tu amigo habla a tus espaldas, alguien te dice cosas desagradables, tus padres no te dan permiso para usar el coche (sin que haya razón), te multan en un estacionamiento y suspendes un examen. ¿Qué harás al respecto? ¿Tienes el hábito de reaccionar a este tipo de cosas cotidianas, o eres proactivo? La decisión es tuya. Realmente lo es. No necesitas responder en la forma en que lo hacen los demás, o como la gente piensa que deberías actuar.

Reactivo ▼

Proactivo ▲

¿Cuántas veces, estando conduciendo, alguien se te atraviesa, haciendo chirriar los frenos? ¿Qué haces? ¿Gritas e insultas? ¿Haces gestos obscenos con la mano? ¿Esto arruina tu día? ¿Pierdes el control de la vejiga?

¿O simplemente lo olvidas? Ríete de eso. Continúa.

La decisión es tuya.

Las personas reactivas toman decisiones con base a impulsos. Son como una botella de refresco. Si la vida las sacude un poco, la presión se acumula y de pronto explotan.

—¡Oye, imbécil! ¡Sal de mi carril!

Las personas proactivas toman decisiones con base en valores. Piensan antes de actuar. Reconocen que no pueden controlar todo lo que les sucede, pero sí pueden controlar lo que pueden hacer al respecto. A diferencia de los reactivos, que están llenos de gas carbónico, los proactivos son como el agua. Sacúdelos todo lo que quieras, quítales la tapa y nada pasa. No hay burbujas, no hay presión, no hay chorros de líquido. Son calmados, frescos y siempre ejercen el control.

—No dejaré que ese tipo me altere y me arruine el día.

Una excelente forma de comprender la mente proactiva es comparar las respuestas proactivas y las reactivas ante situaciones que suceden todo el tiempo.

Escena 1:

Ves fotos en Facebook de tu mejor amiga en una fiesta la noche que te dijo que estaba ocupada y no podía salir contigo. Ella no sabe que has visto las fotos. Solo cinco minutos antes, esta misma amiga te hablaba de cosas bonitas. Te sientes herida y traidicionada.

Decisiones reactivas
- Dile las cosas a la cara, y luego pégale.
- Entra en depresión profunda porque te sientes muy mal por lo que dijo.
- Decide que es una mentirosa de dos caras, y aplícale la ley del hielo durante dos meses.
- Difunde terribles rumores sobre ella. Después de todo, ella te lo hizo a ti.

Decisiones proactivas
- Perdónala.
- Habla con ella y dile calmadamente lo que sientes.
- Ignórala y dale una segunda oportunidad. Date cuenta de que tiene debilidades, igual que tú, y que en ocasiones tú también hablas a sus espaldas, sin que por ello tengas malas intenciones.

Escena 2:
Tienes un empleo en una tienda desde hace un año, y siempre has sido muy eficiente y muy comprometido con el trabajo. Hace tres meses llegó un nuevo empleado. Recientemente, recibió el tan codiciado turno de la tarde del sábado, el que tú tanto esperabas.

Decisiones reactivas
- Pasa la mitad de tus horas de ocio quejándote con todos sobre lo injusta que fue esta decisión.
- Vigila al nuevo empleado, y descubre sus debilidades.
- Convéncete de que tu jefe está conspirando contra ti y quiere echarte.
- Comienza a trabajar más despacio mientras estás en tu turno.

Decisiones proactivas
- Habla con tu jefe y pregúntale por qué el nuevo empleado obtuvo el mejor turno.
- Sigue siendo un empleado trabajador.
- Entérate de lo que puedes hacer para mejorar tu desempeño.
- Si decides que estás en un empleo sin perspectivas, comienza a buscar uno nuevo.

ESCUCHAR TU PROPIO LENGUAJE

Generalmente puedes notar la diferencia entre las personas proactivas y las reactivas por el tipo de lenguaje que usan. El lenguaje reactivo por lo común suena así:

"Ese soy yo. Siempre he sido así." Lo que realmente están diciendo es: *No me hago responsable de mis actos. No puedo cambiar. Estoy predeterminado a ser así.*

"Si mi profesor de química no fuera tan estúpido, las cosas serían distintas." Lo que realmente están diciendo es: *La escuela es la causa de todos mis problemas, no yo.*

"Muchas gracias; me arruinaste el día." Lo que realmente están diciendo es: *No puedo controlar mis propios estados de ánimo. Tú sí.*

"Si fuera a otro colegio, tuviera mejores amigos, ganara más dinero, viviera en un piso distinto, tuviera un novio… entonces sería feliz." Lo que realmente están diciendo es: *No controlo mi propia felicidad, sino las "cosas". Debo tener cosas para ser feliz.*

Puedes notar que el lenguaje reactivo nos quita el poder y se lo da a alguien o algo. Como mi amigo John Bytheway explica en su libro *Lo que me hubiera gustado saber en el colegio,* cuando eres reactivo es como dar a otra persona el mando a distancia de tu vida y decirle: "Toma, cambia mi estado de ánimo cada vez que quieras". El lenguaje proactivo, por otra parte, te devuelve el mando a distancia. Quedas entonces libre para elegir en qué canal quieres estar.

LENGUAJE REACTIVO	LENGUAJE PROACTIVO
Lo intentaré	*Lo haré*
Es que soy así	*Puedo mejorar*
No hay nada que pueda hacer	*Analicemos todas las opciones que tenemos*
Tengo que hacerlo	*Elijo hacerlo*
No puedo hacerlo	*Tiene que haber alguna forma*
Me arruinaste el día	*No voy a dejar que tu mal humor me contagie*

● **EL VIRUS DE LA VICTIMITIS**

Algunas personas sufren de un virus contagioso al que llamo "victimitis". Quizá ya lo conozcas. La gente infectada con victimitis piensa que los demás están en contra de ellos y que el mundo les debe algo, lo cual no es cierto. Me gusta como lo establece el escritor Mark Twain: "No andes diciendo que el mundo te debe la vida. El mundo nada te debe. Él llegó primero".

Hace tiempo jugué al fútbol con un tipo que, desafortunadamente, se infectó con la enfermedad. Sus comentarios me volvían loco:

"Podría comenzar, pero los entrenadores tienen algo contra mí."

"Estaba a punto de interceptar el balón, pero algo me lo impidió."

"Pude haber corrido mejor las 40 yardas, pero los zapatos se me desataron."

"Sí, claro —pensaba—. Y yo sería presidente si mi padre no fuera calvo." Nunca me sorprendió que nunca jugara. En su mente el problema siempre estaba "fuera". Nunca consideró que tal vez su actitud era el problema.

Adriana, una estudiante de Chicago con mención honorífica, creció en una casa plagada de victimitis:

Soy negra, y estoy orgullosa de ello. El color de la piel nunca me impidió nada y aprendí mucho de maestros y asesores blancos y negros. Pero en mi casa es distinto. Mi madre, quien domina en la familia, tiene 50 años, proviene del sur de Estados Unidos y sigue actuando como si la esclavitud acabara de ser abolida. Le parece una amenaza que me vaya bien en la escuela, como si yo me estuviera uniendo a los "blancos". Sigue diciendo cosas como: "Ese tipo nos impide hacer esto y lo otro. Nos mantiene encerrados, y no nos deja hacer nada".

Y siempre le contesto: "Nadie te está impidiendo hacer nada, solo tú misma, porque sigues pensando de ese modo". Hasta mi novio sigue cayendo en la actitud de "el hombre blanco que me impide hacer todo". Cuando recientemente intentaba comprar un coche y la venta no se hizo, dijo, frustrado: "El hombre blanco no quiere que obtengamos nada". Casi perdí los estribos, y le dije que esa forma de pensar era tonta. Pero esto solo hizo que él sintiera que yo estaba del lado del blanco.

Sigo convencida de que la única persona que nos puede impedir hacer las cosas es uno mismo.

Además de sentirse víctimas, los reactivos:
- Se ofenden fácilmente.
- Culpan a los demás.
- Se enojan y dicen cosas que después lamentan.

- Se quejan y lloran.
- Esperan a que las cosas les sucedan.
- Cambian únicamente cuando no les queda otra.

VALE LA PENA SER PROACTIVO

Los proactivos son de un tipo totalmente distinto. Las personas proactivas:

- No se ofenden fácilmente.
- Toman la responsabilidad de sus decisiones.
- Piensan antes de actuar.
- Vuelven a hacer el intento cuando sucede algo malo.
- Siempre hallan la forma de que las cosas sucedan.
- Se centran en las cosas en las que pueden hacer algo, y no se preocupan por aquello donde no tienen ningún control.

Recuerdo que una vez conseguí un nuevo empleo, y trabajaba con un tipo llamado Rafael. No sabía cuál era el problema, pero por alguna razón yo no le caía bien y quería que me enterara de ello. Me decía cosas ásperas e insultantes. Hablaba constantemente a mis espaldas y hacía que los demás se pusieran en mi contra. Pasado el tiempo, cuando regresé de vacaciones, un amigo me advirtió:

—Sean, si supieras lo que Rafael dice de ti. Será mejor que vigiles.

En ciertos momentos quise hacer papilla a este tipo, pero de algún modo logré mantener la calma e ignorar sus ataques estúpidos. Cada vez que me insultaba, me propuse tomar como desafío personal tratarlo bien a cambio. Tenía fe en que las cosas finalmente funcionarían, si actuaba de este modo.

En cuestión de meses las cosas comenzaron a cambiar. Rafael se dio cuenta de que no entraría en su juego, y se portó mejor. Incluso una vez me dijo:

—Intenté ofenderte, pero nunca te sientes insultado.

Después de estar en la empresa durante un año, nos hicimos amigos y comenzamos a respetarnos mutuamente. De haber reaccionado ante sus ataques —lo cual era mi instinto felino—, estoy seguro de que hoy no seríamos amigos. Con frecuencia basta con una sola persona para crear una amistad.

María descubrió por ella misma los beneficios de ser proactiva:

Un día en el colegio, durante una clase, hablamos sobre la proactividad, y me pregunté cómo aplicarla. Otro día, trabajando en la caja de un supermercado, marcaba las cosas que un tipo estaba comprando, cuando de pronto me dijo que lo que acababa de marcar no era suyo. Mi primera reacción fue decirle: "¡Idiota!", y luego poner la barra entre las cosas que él había comprado y las del otro cliente. "¿Por qué no me lo dijiste antes?" Así, tuve que borrar todo, llamar al supervisor para que diera autorización, mientras que él estaba ahí, creyéndose muy gracioso. Mientras tanto, yo comenzaba a cabrearme más y más. Por si fuera poco, todavía se quejó por el precio que le marqué por el brócoli.

Para mi horror, descubrí que tenía razón. Había puesto el código equivocado en la caja para el brócoli. Ahora estaba todavía más cabreada y sentí la tentación de insultarlo por mi propio error. Pero entonces saltó a mi mente: "Sé proactiva".

Así, le dije:

—Tiene razón, señor. Fue mi culpa. Corregiré el precio. Solo me tomará unos segundos.

También recordé que ser proactiva no significa prestarse a abusos, por lo que le recordé cortésmente que para evitar en el futuro este tipo de cosas, debía poner la barra que separa las cosas que compran los demás.

Me sentí muy bien. Me disculpé, pero también dije lo que quería decir. Se trataba de algo simple, pero me dio mucha más confianza en este hábito.

En este punto seguramente estás dispuesto a dispararme y decir: "Vamos, Sean. No es tan fácil". No discutiré eso. Ser reactivo es mucho más fácil. Es fácil perder la calma. Eso no requiere de ningún control. Y también es fácil quejarse. Indudablemente, ser proactivo es más difícil.

Pero recuerda que no necesitas ser perfecto. En la realidad, tú y yo no somos totalmente proactivos o reactivos, sino posiblemente nos encontramos en un punto medio. La clave es adquirir el hábito de ser proactivo para que puedas viajar en piloto automático y ni siquiera necesites pensar en ello. Si eliges ser proactivo 20 de 100 veces cada día, intenta serlo ahora 30 de cada 100 veces. Luego 40. Nunca subestimes la gran diferencia que producen los pequeños cambios.

SOLAMENTE PODEMOS CONTROLAR UNA COSA

El hecho es que no podemos controlar todo lo que nos sucede. No podemos controlar el color de nuestra piel, quién ganará la liga, dónde nacimos, quiénes son nuestros padres, si nos darán la beca, o cómo nos tratan los demás. Pero hay una cosa que sí *podemos* controlar: *cómo reaccionamos a lo que nos sucede.* ¡Y esto es lo importante! Es por eso que necesitamos dejar de preocuparnos por las cosas que no podemos controlar, y comenzar a pensar en las que sí podemos.

Imagínate dos círculos. El interior es tu círculo de control. Incluye cosas sobre las que podemos ejercer control, tales como nosotros mismos, nuestras actitudes, nuestras decisiones, nuestras reacciones a todo lo que nos sucede. Alrededor del círculo de control está el de no control. Incluye las miles de cosas sobre las que nada podemos hacer.

Ahora bien, ¿qué sucede si gastamos nuestro tiempo y energía preocupándonos por cosas que no podemos controlar, como un comentario grosero, un error del pasado, o el clima? ¡Exacto! Sentiremos que tenemos aún menos control, que somos víctimas. Por ejemplo, si tu hermana te molesta y siempre te quejas de sus debilidades (algo sobre lo que no tienes control), entonces eso no arreglará el problema. Solo te hace achacarle tus problemas y perder el poder sobre ti mismo.

Renata me contó una anécdota que ilustra bien todo esto. Una semana antes de un esperado partido de voleibol, se enteró de que la madre de una jugadora del equipo contrario se había burlado de la capacidad de juego de Renata, quien, en vez de ignorar los comentarios, se cabreó y pasó el resto de la semana enfurecida. Cuando llegó el día del partido, su único objetivo era demostrar a esta señora que era buena jugadora. Para no hacer un relato de episodios, te diré que Renata jugó muy mal, pasó gran parte del tiempo en el banquillo y su equipo perdió el partido. Estaba tan centrada en algo que no podía controlar (lo que se había dicho de ella), que perdió control de lo único que podía, es decir, de ella misma.

Las personas proactivas, por otra parte, se centran en otras cosas: en las que pueden controlar. Así, al actuar experimentan tranquilidad interior y tienen más poder sobre sus vidas. Aprenden a sonreír y a vivir con las muchas cosas en las que nada pueden hacer. Tal vez no les gusten, pero saben que no tiene sentido preocuparse.

CONVERTIR LOS CONTRATIEMPOS EN TRIUNFOS

La vida a veces nos da malas cartas para jugar, y depende de nosotros controlar cómo respondemos. Cada vez que tenemos un fracaso, es una oportunidad para convertirlo en un triunfo, como lo ilustra esta anécdota de Brad Lemley de la revista *Parade*:

"No es lo que te sucede en la vida, sino lo que haces al respecto", o así lo dice W. Mitchell, un millonario, el famoso orador, ex alcalde, paracaidista y navegante de ríos. Y logró todo esto después de sus accidentes.

Si conocieras a Mitchell te parecería difícil de creer. El rostro de este tipo es un rompecabezas de injertos de piel de todos colores, los dedos de sus manos son muñones, o ni siquiera eso, y sus piernas paralizadas están inmóviles e inútiles bajo sus pantalones. Mitchell dice a veces que la gente trata de adivinar cómo fue herido. ¿Un accidente de coche?¿Una guerra? La verdadera historia es más asombrosa de lo que cualquiera podría imaginar. El 19 de junio de 1971, estaba en la cúspide del mundo. Un día antes había comprado una hermosa motocicleta. Esa misma mañana había piloteado solo un avión por primera vez. Era joven, sano y popular.

"Esa tarde me subí a la motocicleta para ir a trabajar —recuerda—, y en un cruce choqué con un camión de lavandería. La motocicleta cayó, me aplastó el codo y me fracturó la pelvis; el tanque de combustible de la motocicleta se abrió. La gasolina se derramó, el calor del motor la encendió y se me quemó el 65 por ciento del cuerpo."

Afortunadamente, un hombre de reacciones rápidas de una empresa de coches de segunda mano cercano roció a Mitchell con un extintor y le salvó la vida.

Aun así, Mitchell tenía el rostro quemado, los dedos estaban negros, calcinados y torcidos, y sus piernas no eran más que carne al rojo vivo. Era común que los que lo visitaban por primera vez se desmayaran al verlo. Estuvo inconsciente durante dos semanas.

Durante cuatro meses se le practicaron 13 transfusiones, 16 operaciones de injerto de piel y muchas otras cirugías. Cuatro años después, tras pasar meses en rehabilitación y años aprendiendo a adaptarse a sus nuevas limitaciones, sucedió lo impensable. Mitchell sufrió en un extraño accidente aeronáutico, y quedó paralizado de cintura para abajo. "Cuando le cuento a los demás que fueron dos accidentes separados —me dice—, apenas pueden creerlo."

Tras el accidente que le dejó paralizado, Mitchell recuerda que conoció a un paciente de 19 años en el gimnasio del hospital.

"Él también habría quedado paralizado. Había sido montañista, esquiador, una persona activa en deportes al aire libre, y estaba convencido de que su vida había acabado. Finalmente, fui con él y le dije: '¿Sabes? Antes de que todo esto me sucediera, había diez mil cosas que podía hacer. Ahora hay nueve mil. Puedo pasarme el resto de mi vida lamentándome por las mil que perdí, pero prefiero centrarme en las nueve mil que me quedan'."

Mitchell dice que su secreto es doble. Primero está el amor y aliento de amigos y parientes, y lo segundo es una filosofía personal que recabó de varias fuentes. Se dio cuenta de que no era necesario tener la noción social de que se debe ser guapo y sano para ser feliz. "Yo me encargo de mi propia nave espacial", dice enfático. "Aquí es hacia arriba, y aquí es hacia abajo. Podría elegir considerar esta situación como un fracaso o como un punto de partida."

Me gusta cómo lo dice Helen Keller: "Se me dio mucho. No tengo tiempo para pensar en aquello que me fue negado".

Aunque la mayoría de nuestras desgracias no sean tan serias como las de Mitchell, todos sufriremos algunas. Tal vez nos deje una novia, perdamos una elección en el colegio, seamos agredidos por una pandilla, o que no seamos aceptados en el colegio que queríamos, o podríamos caer gravemente enfermos. Espero y creo que serás proactivo y fuerte en esos momentos cruciales.

Considéralo una oportunidad para crecer.

Te voy a contar uno de mis grandes infortunios. Dos años después de llegar a ser el lanzador estelar de la universidad, sufrí una herida grave en la rodilla, perdí el equilibrio y caí hacia atrás. Recuerdo vívidamente cómo el entrenador me llamó a su despacho justo antes de iniciarse la temporada, para decirme que darían el puesto a otra persona.

Me sentí fatal. Había trabajado toda mi vida para llegar hasta esta posición. Era mi último año en la universidad. Se supone que esto no debía suceder.

Como jugador de reserva, debí tomar una decisión. Podía quejarme, hablar mal del nuevo jugador y sentir lástima por mí mismo. O podía aprovechar al máximo la situación.

Afortunadamente, decidí afrontar la situación. Ya no estaba anotando puntos, pero podría ayudar de otras formas. Así, me tragué el orgullo y comencé a apoyar al nuevo jugador y al resto del equipo. Trabajé mucho y me preparé para cada juego como si yo fuera el jugador. Y, lo que es más importante, opté por mantener mis ánimos en alto.

¿Fue fácil? Para nada. Muchas veces me sentí un fracaso. Sentarme juego tras juego, después de ser el lanzador estelar, fue humillante. Y mantener una buena actitud fue una lucha constante.

¿Fue la decisión correcta? Definitivamente sí. Me senté en el banquillo todo el año, pero contribuí al equipo de otros modos. Y, lo que es más importante, asumí la responsabilidad de mi actitud. Ni siquiera puedo describirte la diferencia tan positiva que esta decisión tan singular produjo en mi vida.

● SOBREPONERSE AL ABUSO

Una de las mayores dificultades es lidiar con el maltrato. Nunca olvidaré la mañana que pasé con un grupo de jóvenes que habían sufrido abusos sexuales de niños, y que fueron víctimas de violación o que fueron maltratados emocional o físicamente de otros modos.

Elena me contó esta historia:

Fui abusada sexualmente a los 14 años. Sucedió cuando estaba en una feria. Un chaval del colegio se me acercó y me dijo: "Necesito hablar contigo, ven conmigo un par de minutos". Nunca sospeché nada, porque este chaval era mi amigo y siempre fue muy agradable. Dimos una larga caminata y terminamos en las tribunas del colegio. Fue ahí donde me forzó y me violó.

Me dijo todo el tiempo: "Si se lo dices a alguien, nadie te creerá. De todos modos, tú querías que esto te sucediera". También me dijo que mis padres se avergonzarían de mí. Lo mantuve en secreto durante dos años.

Finalmente, estaba asistiendo a una sesión de ayuda en donde personas que sufrieron abusos contaron sus anécdotas, y de pronto una chica paró y narró una historia similar a la mía. Cuando dijo el nombre del muchacho que abusó de ella, comencé a llorar, porque era el mismo que me había violado. Resultó que éramos seis las que fuimos víctimas suyas.

Afortunadamente, Elena ya se está recuperando y halló una tremenda fortaleza al formar parte de un grupo de jóvenes que trata de ayudar a otras víctimas de abusos. Al superarlo, ella también impidió que otras personas fueran heridas por el mismo joven.

Desafortunadamente, la historia de Ana es también muy común:

Con cinco años un familiar abusó sexualmente de mí. Demasiado atemorizada para contárselo a alguien, intenté enterrar mi enfado y mi dolor. Ahora que me he reconciiado con lo que sucedió, veo mi vida en retrospectiva y puedo ver cómo afectó todo. Había intentado ocultar algo terrible, y terminé ocultándome a mí misma. No fue sino hasta 13 años después cuando finalmente enfrenté la pesadilla de mi niñez.

Muchas personas han pasado por la misma experiencia que yo, o por algo parecido. La mayoría lo oculta. ¿Por qué? Algunos temen por sus vidas. Otros quieren protegerse a sí mismos o a alguien más. Pero sea cual sea la razón, ocultarlo no es la solución. Solo deja una herida tan profunda en el alma que parece no haber modo de curarla. Afrontarlo es la única forma de cerrar esa herida sangrante. Busca a alguien con quien puedas hablar; alguien con quien te sientas cómoda, alguien en quien puedas confiar. Es un proceso largo y difícil, pero una vez que lo pasas, solo entonces puedes comenzar a vivir.

Si tú sufriste abusos, no es tu culpa. Y la verdad debe ser dicha. El abuso cunde en el secreto. Al decírselo a otra persona, puedes dividir inmediatamente tu problema a la mitad. Habla con un ser querido, un amigo en quien confíes, ve a una sesión de ayuda, o visita a un terapeuta profesional. Si la primera persona con la que hablas de tus problemas no es receptiva, no te des por vencida. Sigue hablando de ello hasta que halles a alguien que te ayude. Hablar de tu secreto con otra persona es un importante paso para el proceso de curar y perdonar. Sé proactiva. Toma la iniciativa para hacerlo. No necesitas vivir con esta carga un día más. (Puedes consultar los teléfonos de ayuda en tu comunidad, para obtener ayuda o información.)

CONVERTIRSE EN UN AGENTE DEL CAMBIO

Una vez pregunté a un grupo de jóvenes quiénes eran sus modelos. Una chica habló de su madre. Un chaval, de su hermano. Y así sucesivamente. Hubo alguien que se quedó en silencio. Le pregunté a quién admiraba. Me dijo, suavemente: "No tengo ningún modelo". Lo único que quería hacer era asegurarse de no ser como las personas que supuestamente deberían ser sus modelos. Por desgracia, tal es el caso de muchos jóvenes. Vienen de familias con problemas, y tal vez no tienen a nadie a quien seguir como inspiración.

Lo que más asusta de esto es que los malos hábitos como el abuso, el alcoholismo y la dependencia a menudo se transmiten de padres a hijos y, como resultado, las familias disfuncionales se repiten a sí mismas.

Por ejemplo, si tú sufriste maltratos de niño, las estadísticas muestran que es muy probable que tú también abuses de tus hijos. A veces estos problemas se remontan a generaciones atrás. Tal vez provengas de una larga línea de adictos al alcohol o a las drogas. Tal vez provengas de una larga línea de dependencia de la asistencia social. Tal vez nadie en tu familia estudió en una universidad o siquiera el bachillerato.

Las buenas noticias son que puedes detener ese círculo vicioso. Dado que eres proactivo, puedes impedir que estos malos hábitos se transmitan. Puedes convertirte en un "agente del cambio" y heredar buenos hábitos a las futuras generaciones, comenzando con tus propios hijos.

Una joven tenaz, llamada Hilda, me habló de cómo se convirtió en un agente de cambio en su familia. Nunca se valoró la educación en su hogar, e Hilda podía notar las consecuencias. Dice:

> Que fracase o tenga éxito no será obra de nadie más que mía. Yo soy la fuerza.
>
> ELAINE MAXWELL

"Mi madre trabajaba en una fábrica de ropa, ganaba muy poco dinero, y mi padre ganaba poco más que el sueldo mínimo. Los oía discutir por el dinero y por cómo pagar el alquiler. Ninguno de mis padres llegó más allá del sexto año de primaria".

Hilda recuerda que, de niña, su padre no podía ayudarla con los deberes, porque no sabía leer en inglés. Esto fue muy difícil para ella.

Cuando Hilda cursaba la secundaria, su familia regresó de California a México. Hilda entendió al poco tiempo que ahí había pocas opciones educativas para ella, por lo que pidió volver a Estados Unidos para vivir con su tía. Durante los siguientes años hizo grandes sacrificios para seguir estudiando.

"Era difícil estar en un cuarto pequeño con mi primo —dice—, y debía compartir mi cama y trabajar para pagar el alquiler, así como ir a la escuela, pero valió la pena.

"Aun cuando tuve un hijo y me casé durante el bachillerato, seguí yendo a la escuela y trabajando para terminar mi educación. Quería demostrar a mi padre, sin importar nada, que él se equivocaba cuando decía que nadie de nuestra familia llegaría a tener una profesión."

Hilda dentro de poco obtendrá un título universitario en finanzas. Y quiere que sus valores educativos se transmitan a sus hijos: "Aún hoy, cada vez que puedo, cuando no estoy en la escuela, me siento en el sofá y le leo a mi hijo. Le estoy enseñando a hablar inglés y español. Y trato de ahorrar para su educación. Algún día necesitará que le ayude en los deberes, y yo estaré ahí para ayudarlo y leerle".

Entrevisté a otro muchacho de 16 años, llamado Shane, del Medio Oeste, que también es un agente de cambio en su familia. Shane vive con sus padres y dos hermanos en un sector de clase baja. Aunque sus padres siguen juntos, constantemente discuten y se acusan el uno al otro por tener amantes. Su padre lleva un camión, y nunca está en casa. Su madre fuma hierba con su hija de 12 años. El hermano mayor repitió dos años de secundaria, y finalmente abandonó. En cierto momento, Shane perdió la esperanza.

Justo cuando pensó que había llegado al fondo, tuvo una clase de desarrollo de personalidad en la escuela (que enseñaba los 7 hábitos), y comenzó a ver que había cosas que podía hacer para ejercer control sobre su vida y crearse un futuro.

Afortunadamente, el abuelo de Shane era propietario del piso de la planta alta del edificio donde vivía su familia, y Shane le pagó un alquiler de 100 dólares al mes para vivir en ese piso. Ahora tiene su propio santuario y puede cerrarle el paso a aquello que no quiere que venga del piso de abajo. Dice Shane:

"Las cosas ya han mejorado para mí. Me trato a mí mismo mejor, y me demuestro respeto. Mi familia no se respeta mucho. Aunque nadie en mi familia llegó a la universidad, fui aceptado en tres universidades distintas. Todo lo que hago ahora es por mi futuro. Mi futuro será distinto. Sé que no me quedaré sentado con mi hermana de 12 años para fumar hierba".

Tienes en tu interior el poder para elevarte por encima de todo lo que te fue transmitido. Tal vez no tengas la opción de cambiarte de casa para escaparte de todo como lo hizo Shane, pero puedes, figurativamente, pasarte a otro lugar en tu mente. Sin importar cuán grave sea tu predicamento, puedes convertirte en un agente de cambio y crear una nueva vida para ti mismo y para todo lo subsiguiente.

DESARROLLA TUS MÚSCULOS PROACTIVOS

El siguiente poema es un gran resumen de lo que significa tomar la responsabilidad de la propia vida, y cómo una persona puede pasar gradualmente de un marco de referencia reactivo a otro proactivo.

AUTOBIOGRAFÍA EN
CINCO BREVES CAPÍTULOS

Hay un hoyo en la acera
Portia Nelson

I

Camino por la calle.
Hay un profundo hoyo en la acera.
Caigo.
Estoy perdida… Indefensa.
No es mi culpa.
Salir me lleva una eternidad.

II

Paso por la misma calle.
Hay un profundo hoyo en la acera.
Finjo que no lo veo.
Vuelvo a caer.
No puedo creer que estoy en el mismo lugar.
Pero no es mi culpa.
Me lleva mucho tiempo salir.

III

Paso por la misma calle.
Hay un profundo hoyo en la acera.
Puedo verlo.
Sigo cayendo en él. Es un hábito.
Pero tengo los ojos abiertos.
Sé dónde estoy.
Es mi culpa. Salgo inmediatamente.

IV

Paso por la misma calle.
Hay un profundo hoyo en la acera.
Doy un rodeo.

V

Camino por otra calle.

Tú también puedes tomar la responsabilidad de tu propia vida y alejarte de agujeros y trampas desarrollando tus músculos proactivos. ¡Es un hábito "revolucionario" que te ahorrará problemas con más frecuencia de la que podrías imaginarte!

¡Nada puede contra el "hombre proactivo"!

ES POSIBLE

Ser proactivo en realidad significa dos cosas. Primero, puedes tomar la responsabilidad de tu vida. Segundo, asumes una actitud "puedo hacer". Puedo hacer es muy distinto de "no puedo hacer". Echa un vistazo.

PERSONAS "ES POSIBLE"	PERSONAS "NO ES POSIBLE"
Toman la iniciativa para que las cosas sucedan	Esperan a que algo les les suceda
Piensan en soluciones y opciones	Piensan en problemas y barreras
Actúan	Otros toman decisiones por ellos

Si piensas en términos de "es posible", y si eres creativo y persistente, te sorprenderá lo que puedes lograr. En la universidad se me decía que para cumplir con los requisitos de idiomas, "tendría" que tomar una clase que no me interesaba, y que para mí no tenía ningún significado. Sin embargo, en vez de tomar esta clase, decidí crear la mía propia. Así, preparé una lista de libros para leer, las tareas que haría y busqué a un maestro que me apoyara. Luego fui con el director de la escuela y presenté mi caso. Aceptó mi idea y terminé mis requisitos de idiomas asistiendo a un curso hecho por mí mismo.

La aviadora estadounidense Elinor Smith una vez dijo: "Desde hace mucho tiempo noté que las personas con logros pocas veces se quedan en su lugar y esperan a que las cosas les sucedan. Salieron e hicieron que las cosas pasaran".

Esto es verdad. Para llegar a las metas de tu vida necesitas tomar la iniciativa. Si te sientes mal porque nadie te invita a salir, no te quedes sentado, quejándote; haz algo al respecto. Busca la forma de relacionarte. Sé amistoso y trata de sonreír mucho. Invita tú a los demás a salir. Tal vez no sepan que eres fantástico.

No esperes a que el trabajo perfecto te caiga en las manos; búscalo. Envía tu currículum, crea redes sociales, ofrécete como voluntario para trabajar sin sueldo. Si estás en una tienda y necesitas ayuda, no esperes a que el vendedor te encuentre, búscalo.

Muchas personas confunden el "es posible" con ser insistente, agresivo o irritante. Es incorrecto. El "es posible" es valiente, persistente e ingenioso. Otros piensan que las personas "es posible" tienen sus propias reglas. No es así. Los pensadores "es posible" son creativos, emprendedores y extremadamente ingeniosos.

Pia, una compañera de trabajo, me contó la siguiente historia. Aunque ocurrió hace muchos años, el principio del "es posible" es el mismo:

Yo era una periodista novata en una gran ciudad europea, trabajando a tiempo completo como reportera para la agencia de noticias United Press International. No tenía mucha experiencia y siempre estaba nerviosa porque temía no poder cumplir con las expectativas que se tenían de los periodistas varones, más veteranos y maduros. Los Beatles iban a llegar a la ciudad, y para mi sorpresa fui nombrada para cubrir su visita (mi editor no sabía que eran muy famosos). Por ese entonces eran los más populares en Europa. Cientos de chicas se desmayaban en sus conciertos, y yo iba a cubrir su rueda de prensa.

La conferencia resultó ser muy emocionante y me sentí muy bien ahí, pero, claro, todos escribirían el mismo artículo. Necesitaba algo más interesante, algo que realmente llegara a primera plana. No podía desperdiciar esta oportunidad. Uno por uno, todos los periodistas experimentados regresaron a sus salas de redacción para escribir sus artículos, y Los Beatles se fueron a sus camerinos. Yo me quedé en mi lugar. Debía pensar en alguna forma de hablar con ellos. No había tiempo que perder.

Fui al recibidor del hotel, cogí el teléfono y marqué a la planta alta. Supuse que estarían ahí. Respondió su manager. "Habla Pia Jensen, de United Press International. Quisiera hablar con Los Beatles", dije, muy confiada (¿qué podía perder?).

Para mi sorpresa, dijo: "Sube".

Temerosa, y sintiendo que había ganado la lotería, entré en el ascensor y subí a la suite. Me llevaron a un lugar tan grande como un salón, y ahí estaban Ringo, Paul, John y George. Me tragué el nerviosismo y la inexperiencia, e intenté actuar como una reportera cosmopolita.

Pasé las dos horas siguientes riendo, escuchando, hablando, escribiendo y divirtiéndome como nunca. Me trataron de maravilla, y me dieron toda la atención del mundo.

A la mañana siguiente, mi artículo apareció en la primera plana del principal diario del país. Mis entrevistas extensas con cada uno de Los Beatles aparecieron como información principal en la mayoría de los diarios del mundo, pocos días después. Cuando Los Rolling Stones llegaron a la ciudad después de eso, ¿adivinas a quién enviaron? A mí, una reportera joven, mujer y sin experiencia. Utilicé el mismo recurso con ellos, y volvió a funcionar; poco tiempo después noté todo lo que podía lograr siendo agradablemente insistente. En mi mente se fijó un patrón y me convencí de que todo era posible. Con esta actitud, generalmente obtenía los mejores artículos y mi carrera periodística tuvo toda una nueva dimensión.

George Bernard Shaw, el dramaturgo inglés, sabía todo lo que se puede saber sobre "es posible". Escucha cómo lo dijo: "Las personas siempre culpan de lo que son a las circunstancias. Yo no creo en circunstancias. Quienes avanzan en este mundo son los que se elevan y buscan las circunstancias que quieren, y si no pueden hallarlas, las producen".

Veamos cómo Diana pudo crear las circunstancias que quería:

Sé que es poco común que una chica quiera trabajar en una biblioteca, pero realmente quería ese empleo, más que nada, y no estaban contratando a nadie. Iba todos los días a la biblioteca y leía, hablaba con mis amigos, y, para no estar en casa, ¿qué mejor lugar para trabajar que uno que ya conocía? Aunque no tenía un empleo ahí, conocí a los empleados y me ofrecí como voluntaria para eventos especiales, y en poco tiempo ya era de las personas habituales en el lugar. Me sirvió de mucho. Cuando finalmente abrieron una plaza, yo fui su primera elección y hallé uno de los mejores empleos que tuve en mi vida.

DALE A LA PAUSA

Cuando alguien te trata mal, ¿de dónde obtienes el poder para resistirte a contraatacar? Para comenzar: dale al botón de pausa. Sí, oprime el botón de pausa a tu vida, del mismo modo en que lo harías con el mando a distancia. "Si recuerdo bien, el botón de pausa está en la parte media de la frente." A veces la vida se mueve tan rápido que reaccionamos en forma instantánea a todo, simplemente por costumbre. Si puedes aprender a hacer una pausa, ejercer control y pensar de qué modo reaccionar, tomarás decisiones más prudentes. Es cierto: tu infancia, padres, genes y tu entorno *influyen en ti* para que actúes de cierto modo, pero no pueden obligarte a hacer todo. No estás predeterminado; *eres libre para elegir.*

Mientras tu vida esté en pausa, abre tu caja de herramientas (con la que naciste) y utiliza tus cuatro herramientas humanas para decidir qué hacer. Los animales no tienen estas herramientas, y por eso eres más inteligente que tu perro. Estas herramientas son el autoconocimiento, la conciencia, la imaginación y la voluntad independiente. Podrías llamar a esto tus herramientas de precisión.

 AUTOCONOCIMIENTO: *Puedo apartarme de mí mismo y observar mis pensamientos y acciones.*

 CONCIENCIA: *Puedo escuchar mi voz interna para distinguir lo que está bien de lo que está mal.*

 IMAGINACIÓN: *Puedo contemplar nuevas posibilidades.*

 VOLUNTAD INDEPENDIENTE: *Tengo el poder de elegir.*

Ilustremos estas herramientas imaginando a una joven llamada Rosa y a su perro, Woof, cuando salen a pasear:

—Ven, amigo. ¿Qué te parece si salimos? —dice Rosa, mientras Woof salta por todas partes, moviendo la cola.

Ha sido una semana difícil para Rosa. No solo acaba de terminar con su novio Eric, sino que ella y su madre apenas se dirigen la palabra.

Mientras pasea por la calle, Rosa comienza a pensar en la semana anterior. "¿Sabes qué? —murmura para sí misma—, romper con Eric realmente fue muy difícil. Posiblemente por eso me porté tan grosera con mamá, y desahogué en ella todas mis frustraciones."

¿Ves lo que está haciendo Rosa? Está tomando distancia de ella misma y evalúa y mide sus acciones. Este proceso se conoce como **autoconocimiento**. *Es una herramienta que todos los humanos poseen. Utilizando su conciencia de sí misma, Rosa pudo reconocer que permitía que su ruptura con Eric afectara la relación con su madre.*

Esta observación es el primer paso para cambiar la forma como trató a su madre.

Mientras tanto, Woof ve a un gato e instintivamente corre frenético tras él.

Aunque Woof es un perro leal, no tiene ninguna conciencia de sí mismo. Ni siquiera sabe que es un perro. Es incapaz de tomar distancia de sí mismo y decir: "¿Sabes? Desde Suzy (su amiga vecina se mudó), desquito mi enojo con todos los gatos del barrio".

Mientras continúa con su paseo, los pensamientos de Rosa comienzan a deambular. Apenas si puede esperar para el concierto de la escuela del día siguiente, cuando actuará como solista. La música es su vida. Rosa se imagina a sí misma cantando en el concierto. Se ve a sí misma deslumbrando al público, y luego haciendo una reverencia para recibir una estridente ovación de todos sus amigos y maestros... y, desde luego, de los muchachos más guapos.

*En esta escena, Rosa utiliza otra de sus herramientas humanas, la **imaginación**. Es un don notable. Nos permite escapar de nuestras actuales circunstancias y crear nuevas posibilidades en nuestras mentes. Nos da la oportunidad de visualizar nuestros futuros y soñar lo que nos gustaría hacer.*

Mientras Rosa tiene visiones de grandeza, Woof está muy ocupado en escarbar en la tierra para encontrar un gusano.

La imaginación de Woof está tan viva como una roca. Cero. No puede pensar más allá del momento. No puede contemplar nuevas posibilidades. ¿Podrías imaginarte a Woof pensando: "Algún día haré que Lassie parezca poca cosa"?

—Hola, Rosa, ¿qué estás haciendo? —saluda Heide, que se acerca a ella y le habla desde su coche.

—Hola, Heide —responde, sorprendida, al volver a poner los pies en la tierra—. Me has asustado. Estoy sacando a pasear a Woof.

—Oye, oí hablar de ti y de Eric. Qué mal rollo.

A Rosa le molesta que Heide hable de Eric. No es asunto suyo. Aunque tiene la tentación de ser tajante con Heide, sabe que es nueva en la escuela y busca desesperadamente amigas. Rosa siente que ser cálida y amistosa es lo correcto.

—Sí, cortar con Eric fue difícil. ¿Cómo te está yendo, Heide?

Rosa acaba de utilizar su herramienta humana llamada **conciencia**. *Es una "voz interna" que siempre nos ayuda a distinguir lo bueno de lo malo. Cada uno de nosotros la tiene. Y crecerá o se encogerá dependiendo de si seguimos sus indicaciones.*

Mientras tanto, Woof se detiene para hacer una "escala técnica" en la valla del señor Newman, que está recién pintada.

Woof no tiene absolutamente ningún sentido moral del bien y del mal. Después de todo, es un perro. Y los perros harán todo lo que sus instintos les pidan hacer.

El paseo de Rosa con Woof termina. Al abrir la puerta de su casa, oye que su madre la llama desde la sala:

—¿Dónde has estado, Rosa? Te he estado buscando.

Rosa ya se decidió a no perder la calma, así que, aunque quiere gritarle "Déjame en paz", responde, serena:

—Salí a pasear con Woof, mamá. ¡Woof, Woof! Ven aquí de inmediato —grita Rosa cuando Woof sale corriendo por la puerta para perseguir al repartidor de periódicos.

En tanto que Rosa utiliza la cuarta herramienta humana, la voluntad independiente, para controlar su enojo, Woof, a quien se le dijo que no persiguiera al repartidor de periódicos, es vencido por sus instintos. La fuerza de voluntad es el poder para actuar. Nos dice que tenemos el poder de elegir, controlar nuestras emociones y sobreponer nuestros hábitos e instintos.

Como puedes ver en el ejemplo anterior, usamos o no usamos nuestras cuatro herramientas humanas todos los días. Mientras más las usamos, más fuertes se hacen y más poder tenemos para ser proactivos. Sin embargo, si no las utilizamos, entonces tendemos a reaccionar por instinto, como un perro, y no a actuar por elección como un humano.

HERRAMIENTAS HUMANAS EN ACCIÓN

Daniel Reed una vez me habló de su respuesta proactiva a una crisis familiar, que cambió su vida para siempre. Daniel fue criado en uno de los peores barrios de East Oakland, el cuarto en una familia de siete hijos. Nadie en la familia Reed había estudiado el bachillerato y Daniel no sería el primero. Daniel se sentía muy inseguro de su futuro. Su familia luchaba. Su calle estaba llena de pandillas y traficantes de drogas. ¿Alguna vez podría salir? Aún viviendo con sus padres, en una quieta noche de verano antes de su último año del colegio, Daniel oyó varios disparos.

—Era cosa de todos los días oír disparos, y por eso no le puse atención —comentó Daniel.

De pronto, uno de sus amigos, que había sido herido en la pierna, entró al edificio y comenzó a gritar que Kevin, el hermano menor de Daniel, acababa de recibir un tiro y había muerto.

—Estaba desquiciado, alterado, herido, y acababa de perder a alguien a quien no volvería a ver en mi vida —me contó Daniel—. Apenas tenía 13 años. Y lo mataron en una trifulca. No puedo explicar cómo siguió la vida después de eso. Fue cuesta abajo para toda la familia.

La reacción natural de Daniel fue matar al asesino. Después de todo, Daniel fue criado en las calles y esa era la única forma de compensar a su hermano muerto. La policía seguía tratando de encontrar quién lo hizo, pero Daniel lo sabía. En una brumosa noche de agosto, unas cuantas semanas después de la muerte de Kevin, Daniel consiguió una pistola calibre .38 y salió a las calles para vengarse de Tony *Tono Gordo* Davis, el vendedor de *crack* que mató a su hermano.

—Estaba oscuro. Davis y sus amigos no pudieron verme. Ahí estaban, sentados, hablando, riendo, divirtiéndose, y yo estaba a unos 15 metros de ellos, oculto tras un coche con un arma cargada. Estaba ahí, pensando: "Bastaría con tirar de este gatillo y matar al tipo que asesinó a mi hermano". Gran decisión.

En este punto, Daniel oprimió el botón de pausa y se calmó. Utilizando su *imaginación*, pensó en su pasado y su futuro.

—Pensé en mi vida en cuestión de segundos. Sopesé mis opciones. Pensé en las posibilidades de escapar, de que no me atraparan, de que la policía investigara quién era yo. Pensé en las veces en que Kevin venía a verme jugar al fútbol. Siempre me dijo que yo llegaría a ser un jugador profesional. Pensé en mi futuro, en ir a la universidad. Pensé en lo que quería hacer con mi vida.

Manteniendo la pausa, Daniel escuchó a su *conciencia*.

—Tenía un arma en la mano, estaba conmocionado, y creo que mi lado bueno me aconsejó que me detuviera, fuera a casa y siguiera en el colegio. Si me vengaba, estaría tirando por la borda mi futuro. Yo no iba a ser mejor que el tipo que mató a mi hermano.

Utilizando *voluntad independiente*, Daniel en vez de sucumbir a su enfado y tirar su vida por la borda, paró, volvió a casa y juró que terminaría la universidad por su hermano muerto.

Nueve meses después, Daniel se graduó con título honorífico. Los demás estudiantes de la escuela no podían creerlo. Cinco años después, Daniel llegó a ser estrella de fútbol universitario, además de recibir un título.

Como Daniel, cada uno de nosotros afrontará uno o dos desafíos extraordinarios; y podemos decidir si hacer frente a esos desafíos o ser avasallados por ellos.

Elaine Maxwell resume toda esta cuestión de forma excelente:

"Si tengo éxito o si fracaso no será obra de nadie más que mía. Yo soy la fuerza; puedo vencer cualquier obstáculo ante mí, o puedo perderme en el laberinto. Es mi decisión; mi responsabilidad; gane o pierda, solo yo tengo la llave de mi destino".

Es como uno de esos antiguos anuncios de Volkswagen: "En el camino de la vida, hay pasajeros y hay conductores… ¡Se necesitan más conductores!".

Así, te preguntaré: "¿Estás en el asiento del conductor de tu vida, o eres solo un pasajero? ¿Estás dirigiendo tu sinfonía, o simplemente estás tocando? ¿Estás actuando como una botella de refresco, o como una jarra de agua?".

Una vez dicho todo, *¡la decisión es tuya!*

PRÓXIMAMENTE

En los siguientes capítulos te llevaré a un paseo que nunca olvidarás y que se llama el gran descubrimiento. Vamos.
¡Es una emoción por minuto!

La próxima vez que alguien te haga algo, respóndele con el signo de la paz.

Pon atención a las palabras que digas este día. Registra cuántas veces usas lenguaje reactivo, como "Tú me empujas a hacerlo", "Tengo que hacerlo", "Por qué no pueden ellos", "No puedo"..., etc.

El lenguaje reactivo que más uso: _____

_____

_____

Haz algo hoy que siempre quisiste hacer pero nunca te atreviste. Abandona tu zona de confort y hazlo. Invita a alguien a salir, alza la mano en clase, o únete a un equipo.

Deja un mensaje en tu móvil, o un posit, que diga: "No permitiré que:

decida cómo me sentiré". Pega la nota en tu taquilla, en tu espejo o en tu agenda, y consúltala con frecuencia.

En la próxima fiesta no te quedes sentado, esperando a que la diversión llegue a ti. Búscala. Preséntate ante una persona desconocida.

La próxima vez que recibas una calificación que consideres injusta, no te enfades ni llores; pide una cita con el maestro para discutirlo, y ve qué puedes aprender.

Si te enfadas con tus padres o con algún amigo, sé el primero en disculparte.

PASOS DE BEBÉ

Identifica algo en tu círculo de no control que siempre te preocupe. Ahora decide olvidarte de ello.

Cosa que no puedo controlar y que siempre me preocupa:

_____

_____

Si alguien te envía un mensaje grosero, presiona el botón de pausa. No respondas cuando estés enfadado. No presiones enviar. Cálmate primero. Luego decide cómo gestionarlo mejor.

Utiliza tus herramientas de conciencia de ti en este momento, preguntándote: "¿Cuál es mi peor hábito?". Decídete a hacer algo al respecto.

Mi peor hábito: _____

_____

Qué haré al respecto: _____

_____

_____

_____

HÁBITO ②

Comenzar con un **fin** en **mente**

Controla tu
propio destino
o alguien más lo hará

—**¿Podría,** por favor, decirme cómo salir de aquí?

—Eso depende mucho de a dónde quieras ir —respondió el gato.

—No me importa a dónde —dijo Alicia.

—Entonces, no importa hacia dónde vayas —dijo el gato.

DE *ALICIA EN EL PAÍS DE LAS MARAVILLAS*

Se te acaba de pedir que montes un rompecabezas. Dado que ya has montado muchos antes, te emociona comenzar. Sacas las mil piezas, las pones en una mesa grande. Luego coges la tapa de la caja para ver qué vas a montar. Pero ¡no hay ninguna imagen! ¡Está en blanco! ¿Cómo podrás montar el rompecabezas sin saber cómo es? Ojalá pudieras ver durante un solo segundo la imagen completa. Eso es lo único que necesitas. ¡Qué diferencia! Sin ella, no tienes una indicación siquiera de por dónde comenzar.

Ahora piensa en tu propia vida y tus mil piezas. ¿Tienes un fin en mente? ¿Tienes una clara imagen de qué quieres ser dentro de un año? ¿Dentro de cinco años? ¿O vas a ciegas?

El hábito 2, Comenzar con un fin en mente, significa desarrollar una clara imagen del lugar al que quieres llegar en tu vida. Significa decidir cuáles son tus valores y fijar metas. El hábito 1 dice que eres el conductor de tu vida, y no el pasajero. El hábito 2 dice que, puesto que tú eres el conductor, debes decidir a dónde ir y hacer un mapa a fin de poder llegar.

"Espera un momento, Sean —podrías estar pensando—. No sé cuál es el fin que tengo en mente. No sé qué es lo que quiero ser cuando crezca." Si te hace sentir mejor, yo ya soy adulto, y aún no sé qué quiero ser. Al decir que debes comenzar teniendo un fin en mente, no estoy hablando de decidir cada detalle de tu futuro, como elegir tu carrera o decidir con quién te casarás. Simplemente estoy hablando de pensar más allá del día de hoy, y decidir qué dirección quieres darle a tu vida, para que cada paso que des esté siempre en la dirección correcta.

Comenzar con un fin en mente: qué significa

Tal vez no te des cuenta de ello, pero lo haces todo el tiempo. Es decir, comenzar con un fin en mente. Dibujas un plano antes de construir una casa. Lees una receta antes de hacer un pastel. Haces una descripción general antes de escribir un trabajo (o por lo menos así lo creo). Es parte de la vida.

Tengamos una experiencia de comenzar con un fin en mente en este momento, utilizando tu herramienta de la imaginación. Busca un lugar en donde puedas estar solo, sin interrupción.

Muy bien. Ahora, despeja tu mente de todo. No te preocupes por la escuela, amigos, familia, o el acné de tu frente. Concéntrate conmigo, respira profundo y abre tu mente.

En tu imaginación, visualiza a alguien que se acerca a ti desde una distancia de media manzana. Al principio no puedes ver quién es. Conforme esta persona se acerca más y más, de pronto descubres, aunque no lo creas, que eres tú mismo. Pero no eres tú como eres hoy, sino como *te gustaría ser* dentro de un año.

Ahora piénsalo bien.

¿Qué has hecho con tu vida durante el último año?

¿Cómo te sientes contigo mismo?

¿Cuál es tu aspecto?

¿Qué características posees? (Recuerda que eres tú como te *gustaría ser* dentro de un año.)

Ahora ya puedes flotar de vuelta a la realidad. Si realmente hiciste el experimento, es posible que te pusieras en contacto con tu yo más profundo. Tienes ya una idea de lo que te es más importante, y lo que te gustaría lograr para el próximo año. Eso se llama "Comenzar con un fin en mente". Y no duele.

Como Jim comprendió, esta es una poderosa forma de ayudarte a hacer realidad tus sueños:

> *Descubrí algo que realmente me ayuda cuando me siento frustrado o deprimido. Voy a algún lugar a donde pueda permanecer a solas, cierro los ojos y visualizo mentalmente dónde quiero estar, y a dónde quiero llegar cuando sea adulto. Trato de ver toda la imagen de la vida de mis sueños, y luego automáticamente comienzo a pensar en lo que se necesita para llegar ahí, qué necesito cambiar. Inicié esta técnica cuando estaba en tercero de secundaria, y hoy estoy a punto de hacer realidad algunas de estas visualizaciones.*

De hecho, pensar más allá de hoy puede ser muy emocionante y, como lo afirma este estudiante que acaba de terminar bachillerato, te ayuda a hacerte cargo de tu propia vida:

HÁBITO 2

Nunca planeé una sola cosa. Hago las cosas en cuanto surgen. La idea de tener un fin en mente nunca, lo que se llama nunca, entró en mi mente. Pero me gusta mucho aprender, porque de pronto me veo a mí mismo pensando más allá del aquí y el ahora. No solo estoy planeando mi educación, también pienso en cómo quisiera criar a mis hijos, cómo quiero enseñar a mi familia, y qué tipo de vida hogareña tener. Me estoy haciendo cargo de mí mismo y sin ir hacia donde sopla el viento.

¿Por qué es tan importante poseer un fin en mente? Te daré dos buenas razones. La primera es que estás en un cruce crítico de la vida, y los caminos que elijas hoy podrán afectarte para siempre. Lo segundo es que si no decides tu propio futuro, alguien lo hará por ti.

LAS ENCRUCIJADAS DE LA VIDA

Examinemos la primera razón importante. De modo que estás aquí. Eres joven. Eres libre. Tienes toda la vida ante ti. Estás en el crucero de la vida y tienes que elegir qué caminos tomar:

¿Quieres ir a la universidad?

¿Cuál será tu actitud frente a la vida?

¿Deberías ingresar en ese equipo?

¿Qué tipo de amigos quieres tener?

¿Te unirás a una pandilla?

¿Con quién quieres salir?

¿Quieres tener sexo antes del matrimonio?

¿Beberás, fumarás, tomarás drogas?

¿Qué valores elegirás?

¿Qué clase de relación quieres tener con tu familia?

¿Qué quieres defender?

¿Cómo podrías contribuir en tu comunidad?

Los caminos que elijas hoy pueden moldearte para siempre. El que tengamos que tomar tantas decisiones cruciales, siendo tan jóvenes y llenos de hormonas, es algo que nos asusta y al mismo tiempo nos emociona, pero así es la vida. Imagina una cuerda de 80 metros que se extiende ante ti. Cada metro representa un año de tu vida. La adolescencia dura solo siete años, un tramo corto de la soga, pero esos siete afectan a los 61 restantes, para bien o para mal, de forma muy intensa.

¿Qué pasa con los amigos?

Tomemos como ejemplo los amigos que elijas. ¡Qué poderosa influencia pueden ejercer sobre tu actitud, reputación y dirección! La necesidad de ser aceptado y ser parte de un grupo es muy importante. Pero con demasiada frecuencia elegimos a nuestros amigos con base en quién nos acepte. Y eso no siempre es bueno. Por ejemplo, para ser aceptado por los que consumen drogas, lo único que necesitas hacer es consumirlas tú mismo.

Es difícil, pero a veces es mejor no tener amigos durante un tiempo, que tener los amigos equivocados. El grupo equivocado puede llevarte por todo tipo de caminos en los que realmente no te gustaría estar. Y volver sobre tus pasos puede ser un viaje largo y difícil.

Puede resultar energizante el conectar con otras personas en internet o a través de aplicaciones, especialmente cuando tienes dificultades para conectarte con la gente en persona. La historia de Ben es así:

El otoño pasado me metí mucho en los juegos en línea y era una buena forma de conectarme con otras personas a las que les gustaba lo mismo que a mí, cosas que la gente llamaba de nerds. No conocía a tanta gente en mi nueva escuela, pero tenía esta comunidad en línea realmente increíble apoyándome.

Había temas en el chat sobre los que todos los usuarios comentaban y había algunas personas realmente interesantes ahí. Me sentía seguro al hablar finalmente con gente que no se burlaba de mí por mis juegos y pensé en conocer a un grupo de ellos en persona. Luego recordé que había oído historias en las noticias sobre los acosadores en línea y el acoso, y eso me espantó un poco. Solo me di cuenta de que tenía que ser listo, quiero decir, todas estas personas con las que hablaba sonaban bien, nada peligrosas, pero sabía que no debía dar información personal cuando las conociera, porque vamos, ¡no sabía quiénes eran! Así que les dije que no me sentía cómodo encontrándonos y la mayoría de ellos estuvieron de acuerdo en que eso estaba bien, así que solo lo dejamos como una amistad en línea. Solo una vez me espantó realmente una persona: un usuario me preguntó mi dirección y mi foto, pero antes de que me empezara a estresar, me di cuenta de que podía tener el control de la situación. Lo bloqueé y nunca supe de él otra vez. En realidad, tener esta comunidad en línea me ha dado más seguridad y he empezado a hacer más amigos en mi nueva escuela.

No sobran los cuidados cuando se trata de compartir información personal en línea y Ben parece que lo entiende. Incluso si chateas por webcam con alguien o los sigues en Instagram y ellos parecen agradables y atractivos, no hay forma de saber que no son unos completos psi-cópatas en persona.

¿Qué hay de mandar mensajes explícitos o fotos sexuales de ti, incluso a alguien a quien ya conoces y en quien confías? Puede pare-cer gracioso en ese momento, pero quién sabe lo que esa persona a la que se las mandas hará después. ¿Qué tal que tu novio o novia y tú termináis, y ellos acaban compartiendo tus mensajes o tus fotos para hacerte daño? ¡Auch! Parece que una vez a la semana algún famoso o un político se mete en problemas por esa clase de cosas. Si mantienes tu objetivo en mente y evitas esta clase de situaciones, hay mucho menos riesgo de que alguien se aproveche de ti.

En resumen, tan solo sé listo cuando escojas a tus amigos y tus parejas. Sé selectivo con la gente en quien confías, porque mucho de tu futuro recae en la gente con la que te juntas.

Si tienes problemas para hacer buenos amigos, recuerda que ellos no siempre deben tener tu misma edad. Una vez hablé con alguien que parecía tener muy pocos amigos en la escuela, pero tenía un abuelo que lo escuchaba y que era su gran amigo. Esto parecía llenar el hueco de amistad que tenía en su vida. En pocas palabras, sé prudente al ele-gir a tus amigos, porque gran parte de tu futuro depende de con quién te relacionas.

¿Qué pasa con el sexo?

Sí, ¿qué pasa con el sexo? ¡Hablemos de una importante decisión con enormes consecuencias! Si esperas hasta el "calor del momento" para elegir qué camino seguir, entonces será demasiado tarde. Tu decisión ya fue tomada. Necesitas decidir ahora mismo. El camino que elijas afectará tu salud, tu autoestima, lo rápido que crezcas, tu reputación, con quién te casarás, tus hijos en el futuro, y mucho más. Piensa en esta decisión… cuidadosamente. Una forma de hacer esto es imaginar cómo quieres sentirte en tu boda. ¿Cómo sientes que tu futura pareja está lle-vando su vida en este momento?

En una reciente encuesta, se clasificó al cine como uno de los pasa-tiempos favoritos de los jóvenes. A mí me encanta, así que en eso estoy contigo. Pero sería cuidadoso con los valores que promueve. Las pelícu-las mienten, especialmente cuando se trata de cuestiones como el sexo. Glorifican el acostarse con alguien y tener aventuras de una sola noche, sin reconocer los riesgos y consecuencias potenciales. Las películas no te muestran la realidad, que puede alterar tu vida, de contraer enfermeda-des como el sida u otras enfermedades venéreas, o quedar embarazada y tener que lidiar con todo lo que eso conlleva. No te hablan de cómo es vivir con sueldo mínimo, porque tuviste que salir del bachillerato (y el padre de la criatura desapareció hace mucho y no envía dinero), o cómo es pasar tus fines de semana cambiando pañales y cuidar de un bebé en lugar de ir con tu equipo de voleibol, ir a bailar, o simplemente ser joven.

Somos libres para elegir nuestros caminos, pero no podemos elegir las consecuencias de esto. ¿Alguna vez has ido a un tobogán de agua? Puedes elegir el tobogán por el que quieras bajar, pero una vez ahí, ya no puedes detenerte. Tienes que vivir con las consecuencias… hasta el final. Una joven de Illinois me habló de esta anécdota:

Pasé por un mal año, en segundo de bachillerato, e hice de todo: beber, consumir drogas, tipos mayores, malas compañías, etcétera. Principalmente porque me sentía frustrada e infeliz. Solo duró un año, pero aún sigo pagando los errores que cometí. Nadie lo olvida y es difícil tratar con un pasado del que no estás orgullosa. Siento como que siempre me perseguirá. Todo tipo de gente va donde mi novio y le dice: "Oí decir que tu novia bebe, fuma y es fácil". Cosas de ese tipo. Pero lo peor es posiblemente el hecho de que cada vez que tengo un problema de alguna clase, inmediatamente pienso: "Quizá si no hubiera hecho eso, todo estaría bien".

¿Qué pasa con el colegio?

Lo que hagas con tu educación escolar también puede moldear tu futuro de forma muy importante. La experiencia de Krista nos muestra lo gratificante que puede ser comenzar con un fin en mente:

En primer año de bachillerato decidí tomar un curso avanzado de historia de Estados Unidos. Al final del año escolar tendría la oportunidad de hacer el examen nacional y obtener créditos para la universidad. Durante todo ese año escolar el profesor nos bombardeó con trabajos. Era difícil mantener el ritmo, pero estaba decidida a que me fuera bien en la clase, y también a aprobar el examen nacional. Con este fin en mente, fue fácil dedicar todos mis esfuerzos a cada trabajo.

Uno de ellos fue particularmente difícil. El profesor pidió a cada estudiante que viera un documental sobre la guerra civil y escribiera algo sobre cada segmento. La serie duró diez días, y cada segmento duraba dos horas. Como estudiante activa de bachillerato, era difícil tener tiempo, pero lo logré. Entregué el trabajo y descubrí que fui una de los pocos estudiantes que pudo ver la serie.

Finalmente llegó el día del examen. Todos estábamos nerviosos y el aire se sentía tenso. El examinador anunció: "Comenzad". Respiré hondo y finalmente abrí el sobre de la primera sección del examen: opción múltiple. A cada pregunta, gané más confianza. ¡SABÍA las respuestas! Terminé esta sección varios minutos antes de que el maestro dijera: "Dejad los lápices".

A continuación debíamos escribir un ensayo. Nerviosa, abrí el sobre con las instrucciones, y examiné rápidamente las preguntas. Respondí una que tenía que ver con la guerra civil, utilizando referencias de mis lecturas, así como del documental. Me sentí calmada y confiada al terminar el examen.

Varias semanas después recibí mis resultados por mail: ¡Aprobada!

¿QUIÉN LLEVA LAS RIENDAS?

La otra razón por la cual debes crear una visión es que si no la tienes, alguien lo hará en tu lugar. Como dice Jack Welch, ex adolescente y actual ejecutivo comercial: "Controla tu propio destino, o lo hará alguien más".

"¿Quién?", podrías preguntar.

Tal vez tus amigos, tus padres o los medios de comunicación. ¿Quieres que tus amigos te digan qué debes defender? Tal vez tengas buenos padres, pero ¿quieres que ellos dibujen los planos de tu vida? Sus intereses podrían ser muy distintos de los tuyos. ¿Quieres adoptar los valores que se muestran en las telenovelas, en las revistas o en el cine?

Ahora podrías estar pensando: "Pero no me gusta pensar mucho en el futuro. Me gusta vivir el momento, e ir con la corriente". Estoy de acuerdo en parte con vivir el momento. Debemos disfrutarlo y no tener la cabeza demasiado en las nubes. Pero estoy en desacuerdo con ir con la corriente, dejar tu vida a la inercia. Si decides ir con la corriente, terminarás hacia donde la corriente va, que generalmente es cuesta abajo, y que termina en un pantano y una vida de infelicidad. Como una hoja al viento. Terminarás haciendo lo que hacen los demás, que podría no ser tu objetivo. "El camino hacia ninguna parte es en realidad una vida a ninguna parte."

Sin tener tu propio fin en mente, con frecuencia sigues a cualquiera que está dispuesto a dirigir, incluso hacia cosas que no te llevarán muy lejos. Me acuerdo de una experiencia que tuve una vez en una carrera de diez kilómetros. Yo estaba con algunos corredores, esperando el inicio de la carrera, pero nadie sabía dónde estaba la línea de partida. Entonces algunos corredores comenzaron a caminar como si lo supieran. Todos, incluyéndome a mí, comenzamos a seguirlos. Supusimos que sabían hacia dónde iban. Tras caminar poco más de un kilómetro, de pronto nos dimos cuenta de que, como un rebaño de borregos, seguíamos a algún tipo que no tenía idea de a dónde ir. Resultó que la línea de partida estaba justo donde estábamos antes.

Nunca supongas que el rebaño sabe hacia dónde va, porque generalmente no es así.

El enunciado de misión personal

Si es importante vivir con un fin en mente, ¿cómo poder hacerlo? El mejor modo que conozco es escribir un enunciado de misión personal, que es como un credo personal que afirma lo que es tu vida. Es como un plano de tu vida. Los países tienen constituciones que funcionan exactamente como un enunciado de misión. Y la mayoría de las empresas, como Microsoft y Coca-Cola, tienen sus enunciados de misión. Pero creo que funcionan mejor con las personas en lo individual.

¿Por qué no escribes tu propio enunciado de tu misión personal? Muchos jóvenes lo hacen. Como verás, son de todo tipo y variedad. Algunos son largos y otros son breves. Algunos son poemas, y otros son canciones. Algunos adolescentes usan su cita favorita como enunciado de misión. Otros tienen una película o fotografía.

Te mostraré algunos enunciados de misión de jóvenes.

La primera es de una joven llamada Beth Haire:

Antes que nada, siempre seré fiel a Dios.

No subestimaré el poder de la unidad familiar.

*Nunca abandonaré a un verdadero amigo,
y también apartaré tiempo para mí misma.*

*Cruzaré mis puentes en cuanto llegue a ellos
(divide y vencerás).*

*Iniciaré todos los desafíos con optimismo,
en vez de hacerlo con dudas.*

*Siempre conservaré una autoimagen positiva y mucha autoestima,
sabiendo que todas mis intenciones se inician
con la autovaloración.*

El enunciado de June viene de una cita de su artista favorita, Taylor Swift:

Para mí, no tener miedo no es la ausencia de miedo. Es no estar completamente libre de miedo. Para mí, no tener miedo es tener miedos. No tener miedo es tener dudas. Muchas. Para mí, no tener miedo es vivir a pesar de las cosas que me aterran.

Steven Strong me mostró esto:

Religión
Educación
Superación
Productividad
Ejercicio
Temple
Objetividad

Conocí a un muchacho llamado Adam Sosne, de Carolina del Norte, que conocía los 7 hábitos y estaba en "ascuas" con sus planes para el futuro. No es ninguna sorpresa que tuviera un enunciado de misión, que me mostró:

E N U N C I A D O D E *M* I S I Ó N

- Ten confianza en ti mismo, y en todos los que te rodean.

- Sé generoso, cortés y respetuoso con los demás.

- Fija metas que puedas alcanzar.

- Nunca pierdas de vista estas metas.

- Nunca des por hechas las cosas simples de la vida.

- Aprecia las diferencias de los demás, y considera sus diferencias como una gran ventaja.

- Haz preguntas.

- Aspira cada día a lograr la independencia.

- Recuerda que antes de que puedas cambiar a otro, primero debes cambiarte a ti mismo.

- Habla con tus actos, y no con tus palabras.

- Dedica tiempo a ayudar a los que son menos afortunados que tú, o a quienes tuvieron un mal día.

Lee este enunciado de misión todos los días.

¿Qué puede hacer por ti un enunciado de misión? Toneladas de cosas. Lo más importante que hará es abrirte los ojos a lo que realmente es importante, y te ayudará a tomar decisiones apropiadas. Una alumna de segundo de bachillerato me indicó cómo produjo una gran diferencia en su vida el escribir su enunciado de misión:

Durante mi primer año de bachillerato no podía concentrarme en nada porque tenía novio. Quería hacer todo para él y que fuera feliz, y entonces, naturalmente, surgió el tema del sexo: yo no estaba preparada para esto, y se convirtió en un asunto que constantemente ocupaba mi mente. Sentí que no estaba lista y que no quería tener sexo, pero todos los demás me decían: "Hazlo".

Entonces participé en una clase de desarrollo de personalidad en la escuela, donde me enseñaron a escribir un enunciado de misión. Comencé a escribir y luego me di cuenta de que escribía y escribía, y seguía añadiendo cosas. Me dio dirección, y sentí que tenía un plan y una razón para hacer lo que hacía. Realmente me ayudó a apegarme a mis normas y no hacer algo para lo que todavía no estaba lista.

Un enunciado de misión personal es un árbol con raíces muy profundas. Es estable y no va de un lugar a otro, pero también está vivo y crece continuamente.

Necesitas un árbol con raíces profundas para ayudarte a sobrevivir a todas las tormentas de la vida que te zarandeen. Y como quizá ya has notado, la vida es cualquier cosa menos estable. Piénsalo. La gente es voluble. Tu novio te ama un minuto, y al siguiente rompe contigo. Eres el mejor amigo de alguien un día, y al siguiente habla a tus espaldas.

Piensa en todos los eventos que no puedes controlar. Debes moverte. Pierdes el trabajo. El país está en guerra. Tus padres se están divorciando.

Las modas van y vienen. Los suéteres son populares un año, y al siguiente no lo son. La música rap es lo importante. El rap finalmente no sirve para nada.

En tanto que todo a tu alrededor cambia, un enunciado de misión personal puede ser el árbol de profundas raíces que nunca se mueve. Puedes lidiar con el cambio y los vaivenes de la vida si tienes un tronco firme y sólido al que puedes aferrarte.

DESCUBRIENDO TUS TALENTOS

Una importante parte de desarrollar un enunciado de misión personal es descubrir para qué eres bueno. Una cosa que tengo segura es que todos tenemos algún talento, don, algo que hacemos bien. Algunos talentos, como cantar como un ángel, atraen mucha atención. Pero hay muchos otros, tal vez no tan atractivos, pero igual de importantes, si no es que más: cosas como ser hábil para escuchar, hacer reír a los demás, dar, perdonar, dibujar, o simplemente ser agradable.

Otra verdad es que todos florecemos en momentos distintos. Así, si floreces tardíamente, no te preocupes. Te llevará un rato descubrir tus talentos.

Descubriendo tus talentos

Tras esculpir una hermosa estatua, se preguntó a Miguel Ángel cómo podía hacerlo. Respondió diciendo que la escultura ya estaba en el bloque de granito desde un principio; él simplemente quitaba lo demás.

Del mismo modo, Victor Frankl, un famoso psiquiatra judeo-austríaco que sobrevivió a los campos de concentración de la Alemania nazi, pensaba que no inventamos nuestros talentos en la vida, sino que más bien los detectamos. En otras palabras, nacemos ya con los talentos, y solo necesitamos descubrirlos.

Nunca olvidaré mi experiencia cuando hallé un talento que pensé que nunca tendría. Para cumplir con un trabajo del taller de literatura del profesor Williams, en el primer curso de literatura, le entregué, muy emocionado, mi primer cuento de instituto, titulado: "El viejo y el pescado". Era la misma historia que mi padre me contaba por las noches, cuando era niño. Yo pensaba que la había inventado. No se molestó en decirme que lo había plagiado directamente de la novela *El viejo y el mar* de Ernest Hemingway. Quedé azorado cuando me devolvió mi cuento con la anotación: "Parece un poco trillado. Como *El viejo y el mar* de Hemingway". "¿Y quién es este Hemingway?", pensé. "¿Y por qué plagió a mi padre?" Fue un mal inicio para cuatro años de clases de literatura más bien aburridas, que para mí eran tan divertidas como un montón de tierra. No fue sino hasta la universidad, en una clase sobre cuento con un notable profesor, cuando comencé a detectar mi pasión por la literatura. Aunque no lo creas, incluso me licencié en literatura. Al profesor Williams le habría dado un infarto.

El gran descubrimiento

Se trata de una actividad* muy divertida que ayuda a ponerte en contacto con tu yo más profundo y te prepara para escribir un enunciado de misión. Al pasar por esto, responde a las preguntas con sinceridad. Puedes escribir las respuestas en el libro, si así lo quieres. Si no te sientes de humor para escribirlas, simplemente piénsalas. Cuando termines, tendrás una mejor noción de lo que te inspira, lo que te gusta hacer, a quién admiras y hacia dónde quieres llevar tu vida.

---

*Para hojas de trabajo adicionales para el gran descubrimiento, por favor llama al 91 270 50 00, de Madrid, España.

EL
GRAN
DESCUBRIMIENTO

¡Empieza aquí!

1 Piensa en la persona que haya marcado una diferencia positiva en tu vida. ¿Qué cualidades tiene esa persona que te gustaría desarrollar?

2 Imagínate dentro de 20 años. Estás rodeado por las personas más importantes de tu vida. ¿Quiénes son y qué haces tú?

3 Si colocásemos una viga de acero (de 30 centímetros de ancho) entre dos edificios de 100 metros de alto. ¿Por cuánto dinero estarías dispuesto a caminar sobre esta viga? ¿Caminarías sobre esta viga por mil euros? ¿Por un millón de euros? ¿Para salvar a tu mascota? ¿Para salvar a tu hermano/a? ¿Para ser famoso? Piénsalo detenidamente...

6 Describe un momento de tu vida en el cual hayas estado profundamente inspirado/a.

_____

_____

_____

_____

5 Haz una lista de las diez cosas que más te gusta hacer, como cantar, bailar, leer revistas, dibujar, leer libros, soñar despierto... ¡cualquier cosa que te encante hacer!

1 _____

2 _____

3 _____

4 _____

5 _____

6 _____

7 _____

8 _____

9 _____

10 _____

4 Si pudieses pasar un día en una gran biblioteca estudiando algo que desees, ¿qué estudiarías?

7 Dentro de 5 años, el periódico de tu ciudad escribe un artículo sobre ti, y desean entrevistar a tres personas: tu padre o madre, tu hermano o hermana, y un/a amigo/a. ¿Qué desearías que dijeran sobre ti?

_____

_____

_____

Piensa en algo que te represente: una rosa, una canción, un animal... ¿Por qué te representa eso? **8**

_____

_____

_____

9 Si pudieras pasar una hora con una persona que haya vivido alguna vez, ¿quién sería? ¿Por qué esa persona? ¿Qué le preguntarías?

_____

_____

_____

Cifras
Palabras
Pensamiento creativo
Deportes
Hacer que las cosas
    sucedan
Percibir necesidades
Mecánico/a
Artístico/a
Trabajar con
    personas
Memorizar cosas
Tomar decisiones
Construir cosas
Aceptar a los demás
Predecir qué va a pasar

Hablar
Escribir
Bailar
Escuchar
Cantar
Humor
Compartir
Música
Conocimientos generales

10 Todo el mundo tiene uno o más talentos. ¿Cuáles son tus talentos? Utiliza los talentos enumerados arriba o escribe tus propios talentos.

**Comenzar con
tu enunciado
de misión**

Ahora que dedicaste el tiempo necesario a pasar por el gran descubrimiento, tienes ya un buen punto inicial para desarrollar un enunciado de misión. He hecho una lista de cuatro métodos fáciles para ayudarte a escribir tu propio enunciado de misión. Podrías hacer el intento con alguno de ellos, o combinar los cuatro en cualquier forma que te parezca adecuada. Son tan solo sugerencias, así que puedes sentirte libre de utilizar tu propio método.

Método 1: La colección de citas. Escribe de una a cinco citas favoritas en una hoja de papel. La suma de estas citas se convertirá en tu enunciado de misión. Para algunos, las grandes citas son muy inspiradoras, y este método les funciona muy bien.

Método 2: La tormenta de ideas. Durante 15 minutos, escribe lo más rápido que puedas sobre tu misión. No te preocupes por lo que salga. No corrijas lo que escribas. Simplemente sigue escribiendo y no dejes de hacerlo. Vierte todas tus ideas en el papel. Si te atoras, reflexiona sobre las respuestas que diste al gran descubrimiento. Entonces pondrás en marcha tu imaginación. Cuando tu mente esté lo suficientemente despejada, tómate otros 15 minutos para corregir, arreglar y poner orden en tu explosión de ideas.

El resultado es que en tan solo 30 minutos tendrás un borrador de tu enunciado de misión. Luego, durante las siguientes semanas, podrás revisarlo, añadirle algo, esclarecerlo, o hacer cualquier cosa que necesites, para sentirte inspirado por él.

Método 3: El retiro. Resérvate un rato largo, como toda una tarde, y ve al lugar que más te guste y donde puedas estar solo. Piensa mucho en tu vida y en lo que quieres hacer con ella. Revisa tus respuestas al gran descubrimiento. Obtén ideas de los ejemplos de enunciado de misión que hay en este libro. Tómate tu tiempo y construye tu propio enunciado de misión utilizando cualquier método que te parezca bueno.

Método 4: El gran perezoso. Si realmente eres perezoso, utiliza el lema del ejército de Estados Unidos: "Sé todo lo que puedas", y tómalo como enunciado de misión personal. (Solo estoy bromeando.)

Un gran error es pasar demasiado tiempo tratando de hacer un enunciado de misión perfecto, y no se empieza nunca. Sería mejor que comenzaras con un borrador imperfecto, y lo corrigieras después.

Otro gran error es tratar de hacer que el enunciado de misión sea como los de los demás. Eso no funciona. Los enunciados de misión pueden tener muchas formas: poemas, canciones, citas, una imagen, muchas palabras, una sola palabra, un *collage* de fotografías de revistas. No existe una sola forma correcta de hacerlo. No lo estás escribiendo para los demás, sino para ti mismo. No lo estás escribiendo para tu profesor de literatura, y no será valorado por nadie. Este es tu documento secreto. ¡Hazlo cantar! La pregunta más importante que puedes hacerte es: "¿Realmente me inspira?". Si respondes que sí, entonces lo has hecho bien.

Una vez escrito, ponlo en un lugar en donde puedas tenerlo a la mano, como en tu teléfono o en el espejo. Luego consúltalo con frecuencia o, lo que es mejor, memorízalo.

Aquí hay dos ejemplos más de enunciados de misión de jóvenes, cada uno muy distinto en estilo y extensión:

ENUNCIADO DE MISIÓN
DE WHITNEY NOZISKA

Cuidar:
— Del mundo
— De la vida
— De las personas
— De mí misma

Amar:
— A mí misma
— A mi familia
— A mi mundo
— Al conocimiento
— Al aprendizaje
— A la vida

Luchar:
— Por mis creencias
— Por mis pasiones
— Por los logros
— Por hacer el bien
— Por ser honesta conmigo misma
— Contra la apatía

Mover:
— El barco, no dejar que el barco me sacuda a mí
— Ser una roca

SER RECORDADA

Este otro fue escrito por Katie Hall. Es breve, pero para ella lo significa todo:

Mi
ENUNCIADO
DE MISIÓN

NADA MENOS

HÁBITO 2

TRES ADVERTENCIAS

Al comenzar con un fin en mente y desarrollar un enunciado de misión personal, ten cuidado con posibles problemas.

Advertencia #1: Etiquetas negativas. ¿Alguna vez has sido marcado por los demás de forma negativa? ¿Por tu familia, maestros o amigos?

"Vosotros, los que sois de ese barrio, sois todos iguales. Siempre os metéis en problemas."

"Eres el tipo más perezoso que conozco. ¿Por qué no te levantas y haces algo, para variar?"

"Ahí va Suzy. Es una perdida."

Estoy seguro que tu escuela tiene sus propias etiquetas. En mi escuela estaban los vaqueros, los cerebritos, los cabezas huecas, los guapos, los fiesteros, los matados, las nenas, los tarados, los gorilas y muchos otros grupos. Yo estaba marcado en la categoría de los gorilas. El término "gorila" significaba que te gustaban los deportes, estabas metido en ti mismo y tenías un cerebro de hormiga.

Las etiquetas son una fea forma de prejuicio. Si divides la palabra "prejuicio", ¿qué obtienes? Prejuzgar. ¿No es interesante? Cuando marcas a alguien lo estás pre-juzgando; eso significa sacar conclusiones de alguien sin conocerlo. No sé contigo, pero no soporto que alguien me juzgue injustamente si no me conoce.

Tú y yo somos demasiado complejos para ser encajonados en categorías, como si fuéramos ropa en un almacén, como si hubiera solo muy pocos tipos distintos de personas en el mundo, en vez de millones de individuos únicos en su tipo.

Si fuiste etiquetado falsamente, puedes vivir con eso. El verdadero peligro surge cuando comienzas a creer tú mismo en las etiquetas, porque estas son como paradigmas. Lo que ves es lo que obtienes. Por ejemplo, si se te etiquetó como perezoso, y comienzas a creer que de verdad lo eres, se convertirá en una creencia que se cumplirá a sí misma. Actuarás con base a la etiqueta. Sólo recuerda: no eres ninguna etiqueta.

Advertencia #2: El síndrome "estoy perdido". Otra cosa que debes cuidar es cuando cometes un error, o tres, y te sientes tan mal por lo que hiciste, que piensas: "Estoy perdido. Lo eché a perder. ¿A quién le importa qué sucederá ahora?". En este punto, con frecuencia comenzarás a autodestruirte, y a abandonar todo.

Déjame decir esto: nunca estás perdido. Parece que muchos jóvenes pasan por un momento en donde pierden algo, experimentan, y hacen un montón de cosas de las que no están orgullosos... Casi como si probaran las fronteras de la vida. Si has cometido errores, entonces eres normal. Todo joven los comete. Todo adulto los comete. Pero recobra la compostura tan pronto como puedas, y estarás bien.

Con mucha frecuencia, al querer ser más popular y ser parte del grupo, perdemos de vista las cosas que son mucho más importantes.

Advertencia #3: La pared equivocada. ¿Alguna vez has trabajado mucho para obtener algo que querías, para descubrir una vez que lo tienes que te sientes vacío? Con mucha frecuencia, al querer ser más populares y ser parte del grupo, perdemos de vista las cosas que son mucho más importantes, como el respeto hacia nosotros mismos, la verdadera amistad y la tranquilidad. Con frecuencia estamos tan ocupados ascendiendo por la escalera del éxito, que nunca nos tomamos el tiempo necesario para ver si la escalera está apoyada contra la pared adecuada. No tener un fin en mente es el problema. Pero tener un fin en mente que nos hace ir hacia la dirección equivocada puede ser un problema aún mayor.

Antes jugaba al fútbol con un tipo que era increíble. Tenía todo a su favor, incluyendo ser el capitán del equipo y poseer el cuerpo más fuerte de todos. En cada juego emocionaba a sus admiradores con heroicos esfuerzos y espectaculares hazañas atléticas. Sus admiradores lo veneraban, los muchachos lo idolatraban y las mujeres lo adoraban. Lo tenía todo. O así parecía.

Pero aun cuando brillaba en el campo, no le estaba yendo bien en el mundo exterior. Él lo sabía. Y yo también, porque crecí con él. Conforme aumentaba su fama, lo vi alejarse de los principios y perder su dirección. Se había ganado la admiración de la multitud, pero comprometió algo mucho más importante: su personalidad. Realmente no importa cuán rápido vamos o cuán bien nos vemos, si nos dirigimos hacia la dirección equivocada.

¿Cómo puedes saber si tu escalera está apoyada contra la pared correcta? Detente, tómate un momento ahora mismo y pregúntate: "¿La vida que llevo me dirige hacia la dirección adecuada?". Sé totalmente sincero al hacer esta pausa y escuchar a tu conciencia, a esa voz interna. ¿Qué te está diciendo?

Nuestras vidas no siempre necesitan cambios de dirección de 180 grados. Es más frecuente que necesitemos solo pequeños desplazamientos. Pero los pequeños cambios pueden producir enormes diferencias en el destino. Imagina lo siguiente: si quisieras volar de Madrid a Estocolmo, en Suecia, e hicieras un cambio de ruta de un grado hacia el este, terminarías en Helsinki, y no en Estocolmo.

A POR EL OBJETIVO

Una vez que tienes tu misión en su lugar, puedes fijar objetivos. Los objetivos son más específicos que el enunciado de misión, y te puede ser útil dividir la misión en trozos más pequeños. Si tu misión personal era comerte toda una pizza, entonces tu objetivo puede ser cómo rebanarla.

A veces, cuando oímos la palabra *objetivo* nos sentimos culpables. Nos recuerda todos los objetivos que deberíamos fijar, y aquellos que echamos a perder. Olvídate de todos los errores que cometiste en el pasado. Sigue el consejo de George Bernard Shaw: "Cuando era joven, observé que nueve de cada diez cosas que hacía eran fracasos. No quería ser un fracaso, así que hice diez veces más trabajo".

He aquí cinco claves para fijar objetivos.

Clave #1: *Calcula el coste*

¿Cuántas veces nos fijamos objetivos cuando estábamos de buen humor, pero luego nos dimos cuenta de que no teníamos la fuerza para cumplirlos? ¿Por qué sucede esto? Porque no habíamos considerado el coste.

Imaginemos que te fijas el objetivo de obtener mejores notas en el colegio este año. Hasta aquí, todo bien. Pero ahora, antes de que comiences, calcula el coste. ¿Qué se necesita? Por ejemplo, tendrás que pasar más tiempo estudiando matemáticas y gramática, y menos tiempo con tus amigos. Algunas noches tendrás que quedarte estudiando hasta tarde. Buscar más tiempo para hacer los deberes también significará dejar de ver televisión o leer tu revista favorita.

Ahora, después de determinar el coste, considera los beneficios. ¿Qué podrían traerte las buenas notas? ¿Una sensación de logro? ¿Una beca para la universidad? ¿Un mejor empleo? Ahora pregúntate: "¿Estoy dispuesto a hacer el sacrificio?". Si no es así, entonces no lo hagas. No hagas compromisos que sabes que no cumplirás porque harás reintegros de tu cuenta bancaria personal.

Un mejor modo es hacer que el objetivo se divida en partes más pequeñas. En lugar de fijarte el objetivo de obtener mejores notas en todas tus clases, puedes fijarte el objetivo de obtener mejores notas en solo dos clases. Luego, al siguiente semestre, céntrate en otra parte. Considerar el coste siempre añadirá un toque de necesario realismo a tus objetivos.

Clave #2: *Ponlo por escrito*

Alguna vez se dijo: "Un objetivo no escrito es solo un deseo". No hay en esto ningún pero que valga, porque un objetivo escrito tiene diez veces más valor.

Una joven llamada Tania dijo que escribir sus objetivos le ayudó a elegir a su pareja adecuada. Tania había pasado por una relación emocionalmente nociva con un tipo llamado Tomás, que duró algunos años y en la que se sentía atrapada. Ella se había hecho muy dependiente de él, y se sentía miserablemente mal. Un día, una visita de una amiga especial le dio la chispa interna que necesitaba para producir el cambio. Este es un fragmento del diario de Tania cuando tenía 18 años:

Apenas ayer tuve la suficiente fortaleza y voluntad para dejar a Tomás y el entorno en el que estaba desde hacía dos años y medio. Tuve que dar un giro de 180 grados para poder hallar la fortaleza interna para lograrlo. Dibujé una imagen mental del lugar donde quería estar dentro de cinco años, y cómo quería sentirme. Tenía una visión de ser mi propia persona, de tener la fuerza para tomar buenas decisiones en mi vida, y, sobre todo, estar con alguien en una relación buena y estable. Pensé una lista de las cualidades que quiero en una relación y creo que las escribiré para consultarla en el futuro.

Cualidades de una relación/futuro marido:

1. Respeto
2. Amor incondicional
3. Honestidad
4. Lealtad
5. Que me apoye en mis metas en la vida
6. Íntegro (naturaleza espiritual)
7. Divertido/buen sentido del humor
8. Que me haga reír todos los días
9. Que me haga sentir íntegra, y no despedazada
10. Buen padre/bueno con los niños
11. Que sepa escuchar
12. Que tenga tiempo para mí, y que quiera lo mejor para mí en la vida.

Ahora que ya tengo esta lista, cuento con una referencia a la cual acudir para saber cómo guiar mi futuro. Me da esperanza al leerla, y me recuerda que hay una mejor manera de vivir.

Tania conoció después a un chico fantástico, con quien se casó, y que cumplió con sus requisitos. A veces sí ocurren los finales felices.

Como Tania descubrió, hay algo mágico en escribir las metas. El escribir nos obliga a ser específicos, lo cual es sumamente importante para fijar metas. Como dijo la actriz Lily Tomlin: "Siempre quise ser alguien. Pero debí ser más específica".

Clave #3: ¡Simplemente hazlo!

Una vez leí una historia sobre Cortés y su expedición a México. Teniendo bajo su mando a más de 500 hombres y once barcos, Cortés navegó de Cuba a la costa de Yucatán en 1519. Llegando a tierra, hizo algo en lo que ningún otro líder de expedición había pensado: quemó sus naves. Al despojarse de toda forma de retirada, Cortés comprometió a todas sus fuerzas y a sí mismo con la causa. Ir a conquistar o morir.

"Cada cosa tiene su momento", dice la Biblia. Tiempo de decir: "Haré el intento", y tiempo de decir: "Lo haré". Un tiempo para inventar pretextos, y un tiempo para quemar las naves. Desde luego, hay momentos en que hacer lo mejor que podemos es todo lo que podemos hacer. Pero también piensa que hay un momento para actuar. ¿Le prestarías 2.000 dólares a un socio que te dijera: "Intentaré devolvértelos"? ¿Te casarías si tu pareja, al preguntársele si deseaba ser tu esposo o esposa, dijera: "Haré el intento"?

¿Entiendes de qué se trata?

Una vez escuché una anécdota sobre un capitán y un teniente:

—Teniente, haga el favor de enviarme esta carta.

—Haré todo lo que pueda, señor.

—No, no quiero que haga todo lo que pueda. Quiero que entregue esta carta.

—Lo haré o moriré, señor.

—Me malinterpreta, teniente. No quiero que muera. Quiero que entregue esta carta.

Finalmente, el teniente lo entendió y dijo:

—Lo haré, señor.

Una vez que estemos totalmente comprometidos con una labor, nuestro poder para terminarla aumentará. "Si haces una cosa", dijo Ralph Waldo Emerson, "tendrás el poder". Cada vez que me comprometo con una meta, me da la impresión de que tengo miles de horas de poder de voluntad, capacidad y creatividad, que nunca pensé que tenía. Quienes se comprometen, siempre hallan el modo de hacerlo.

El siguiente pasaje de W. H. Murray es uno de mis favoritos de todos los tiempos. Describe lo que sucede en nuestro interior cuando decimos "Lo haré".

Hasta que una persona se compromete, hay dudas, la oportunidad de retroceder, siempre la inefectividad. Existe una verdad elemental, que si la ignoramos acaba con multitud de ideas y espléndidos planes: al momento en que nos comprometemos definitivamente, entonces la providencia también actúa. Comienzan a ocurrir todo tipo de cosas que de otro modo nunca habrían ocurrido, y todo el flujo de eventos surge de esta decisión, poniendo en nuestro favor toda clase de incidentes imprevistos y ayuda material que ningún hombre habría soñado que llegaría a él. Tengo un profundo respeto hacia unos versos de Goethe:

> *Sea lo que puedas hacer o soñar, puedes iniciarlo.*
> *La audacia tiene genialidad, poder y magia.*

En palabras de Yoda, el gran maestro Jedi: "Actúa o no actúes. No existe el intento".

Clave #4: *Registra los momentos memorables*

Ciertos momentos de la vida contienen impulso y poder. La clave es aprovechar estos impulsos para fijarnos objetivos.

Las cosas que se inician y terminan, es decir, los inicios y los finales, llevan su propio impulso. Por ejemplo, cada año nuevo representa un inicio. Romper con la pareja, por otra parte, representa un fin. Qué mal me sentí después de cortar con mi novia tras dos años saliendo juntos. Pero también me acuerdo de la emoción que sentí al crear una nueva lista de amigas con las que podía salir.

Decisión de año nuevo:
hacer ejercicio tres veces por semana ¡uf!
ENERO

La siguiente es una lista de momentos que pueden darte impulso para fijar nuevas metas:

- Un nuevo año escolar
- Una experiencia profunda
- Romper con alguien
- Un nuevo empleo
- Una nueva relación
- Una segunda oportunidad
- Nacimiento
- Muerte
- Un aniversario
- Un triunfo

- Un problema
- Mudarse a otro lugar
- Una nueva estación
- Graduaciones
- Matrimonio
- Divorcio
- Una nueva casa
- Un ascenso
- Un despido
- Una nueva perspectiva
- Un nuevo día

Normalmente las experiencias difíciles también tienen su propio impulso. ¿Conoces el mito del Ave Fénix? Tras cada vida de 500 o 600 años, la hermosa Ave Fénix se hacía quemar en la hoguera. De las cenizas, volvía a resurgir, a renacer. De forma similar, podemos regenerarnos de entre las cenizas de una mala experiencia. Los problemas y tragedias con frecuencia pueden funcionar como trampolín para el cambio.

Aprende a aprovechar el poder de los momentos cruciales, para fijar objetivos y compromisos cuando estés de humor para hacerlo. Puedes también tener por seguro que el estado de ánimo para hacerlo pasará. Aferrarse al compromiso cuando no te sientas de humor es la verdadera prueba de tu carácter. Como dijo alguien alguna vez:

El carácter es la disciplina para llegar a resoluciones mucho después de que haya terminado el espíritu en el que fueron hechas.

Clave #5: *Aúna fuerzas*

Mi cuñado, un montañista, una vez nos acompañó a un amigo y a mí hasta el monte Grand Teton, de más de 2.000 metros de altura. ¡Fue aterrador! Al ascender, llegó un momento en que la montaña se hizo vertical. En ese punto nos "atamos" con cuerdas para ayudarnos en la ascensión y salvarnos la vida si alguno de nosotros caía. En dos ocasiones esa cuerda me impidió caer más de 300 metros. Créeme que amé esa cuerda más que nunca. Al ayudarnos el uno al otro y depender de las cuerdas, finalmente pudimos llegar hasta la cima.

Lograrás muchas más cosas en la vida si te atas y tomas fuerzas de los demás. Supongamos que te fijaste el objetivo de estar en buena forma física. Ahora piensa: ¿cómo podrías atarte? Tal vez podrías encontrar algún amigo que tuviera el mismo objetivo y ambos podríais ejercitaros juntos y animaros el uno al otro. O tal vez podrías contarle a tus padres tu objetivo, y ellos podrían ayudarte. O tal vez podrías hablar de tu objetivo con algún entrenador, en la escuela o en el gimnasio, y pedirle consejos. Sé creativo. Átate con amigos, hermanos, hermanas, novias, padres, asesores, abuelos, sacerdotes o quien puedas. Mientras más cuerda tengas, mayores serán tus posibilidades de éxito.

● OBJETIVOS EN ACCIÓN

Cuando estaba en segundo año de mi colegio llegué a pesar 90 kilos. Mi hermano David, que estaba en primero, apenas pesaba 46 kilos. Nos llevamos apenas un año de diferencia, y sin embargo le duplicaba en peso.

Pero David tenía un espíritu del tamaño de una montaña, e hizo cosas increíbles para llegar hasta donde quiso. Esta es su historia:

Nunca olvidaré cuando quise entrar en el equipo de fútbol ameri-cano de mi colegio. Midiendo 1,55 y pesando apenas 45 kilos, era aún más pequeño que el estereotipo del flacucho de 50 kilos. No podía hallar equipo de fútbol que me quisiera: todo era demasiado grande. Me puse el casco más pequeño, pero aun así tuve que rellenarlo a los lados para que me entrara la cabeza de forma ajustada. Parecía una mosca con un globo en la cabeza.

No me gustaban los entrenamientos de fútbol, especialmente cuando debíamos estrellarnos de cabeza con los estudiantes mayores. Nos formábamos, unos frente a otros, a unos diez metros de distancia, con los de nuevo ingreso a un lado, y los del segundo curso del colegio al otro. Cuando el entrenador pitaba, debíamos estrellarnos contra nuestros contrincantes, hasta que volviéramos a oír el silbato.

Solía contar a los jugadores en mi línea para ver cuándo me llega-ría el turno, y luego contaba a los jugadores de los estudiantes mayo-res, para ver quién tendría el privilegio de enseñarme a volar. Me daba la impresión de que siempre terminaba con el tío más grande y duro como contrincante. "Me harán picadillo", pensaba constantemente. Me formaba, esperaba al silbato y un momento después estaba por los aires, volando.

Ese invierno hice el intento en el equipo de lucha libre. Luché en la categoría de peso mosca. Aun si me pesaba con la ropa puesta y des-pués de comer mucho no conseguía llegar a los 49 kilos reglamenta-rios. De hecho, era el único tío del equipo que no necesitaba perder peso para luchar. Mis hermanos pensaban que llegaría a ser buen lu-chador porque, a diferencia del fútbol, la lucha me permitía competir contra tíos de peso semejante. Pero para decirlo en pocas palabras, en cada encuentro salía perdiendo.

En primavera probé en atletismo. Pero la suerte quiso que fuera uno de los tíos más lentos del equipo. No es de sorprender: deberías ver mis piernas, finas como varas.

Un día, tras las prácticas en la pista, ya no pude soportarlo más. Me dije a mí mismo: "Estoy harto de esto". Esa noche, solo en mi habitación, escribí algunos objetivos que quería lograr durante mi estancia en el co-legio. Para tener éxito en atletismo, sabía que debía ser más grande y fuerte, por lo que me fijé objetivos en estos aspectos. Al último año del colegio me fijé el objetivo de medir 1,80, pesar 90 kilos y poder levantar pesas de 125 kilos. En fútbol me fijé el objetivo de ser receptor del equipo. Y en la pista, me fijé el objetivo de ser el corredor más rápido del estado. También pensé en ser capitán del equipo de fútbol y de atletismo.

Muchos sueños bonitos, ¿verdad? Pero en ese momento estaba mirando la realidad directamente a los ojos. Con mis 45 kilos. Pero seguí con mi plan desde primero a último año de preparatoria.

Te lo ilustraré: como parte de mi proceso para ganar peso, me fijé la regla de nunca tener el estómago vacío. Así, comía constantemente. El desayuno, el almuerzo y la cena eran apenas tres comidas de un día en el que hacía ocho. Hice un pacto secreto con Cary, jugador de fútbol del instituto Provo, quien medía 1,87 y pesaba 115 kilos. Me prometió que si lo ayudaba con sus deberes de álgebra, él me permitiría almorzar con él todos los días para ganar peso y como protección.

Tomé la decisión de comer lo mismo que él, por lo que siempre, durante el almuerzo, compraba dos raciones, tres porciones de leche y cuatro panes. ¡Seguramente nos veíamos muy graciosos juntos! También tomaba polvo de proteínas con el almuerzo. Mezclaba ese asqueroso polvo en la leche y casi vomitaba cada vez que lo tomaba. Durante mi segundo año de bachillerato, comencé a practicar con mi buen amigo Eddie, quien también quería ser corpulento. Él añadió otro requisito a mi lista de comidas: diez cucharaditas de crema de cacahuete y tres vasos de leche cada noche, antes de acostarse. Nos fijamos el requisito de ganar un kilo por semana. Si no habíamos ganado peso en el día oficial de la báscula, teníamos impuesto comer o tomar agua hasta que así fuera.

Mi madre leyó un artículo que decía que si un adolescente dormía diez horas cada noche, en una estancia completamente a oscuras, y bebía dos o tres vasos de leche más por día, crecería unos cinco centímetros más de lo que lo haría en condiciones normales. Creí en esto y lo seguí rígidamente. Después de todo, necesitaba llegar a mi meta de 1,80 y la altura de mi padre, de 1,75, no me ayudaría mucho.

—Papá —dije—, quiero el cuarto más oscuro de la casa.

Lo obtuve. Luego puse toallas en la rendija de la puerta y en las ventanas. ¡No permitiría que ninguna luz me tocara!

A continuación me fijé un programa para dormir: me iba a acostar a las 20:45, y me despertaba hacia las 7:15. Así tenía diez horas y media de sueño. Finalmente, tomé toda la leche que pude.

También comencé a levantar pesas, correr y jugar a la pelota. Me ejercitaba diariamente al menos dos horas. Cuando Eddie y yo alzábamos pesas en el gimnasio, nos poníamos las camisetas más grandes, con la esperanza de que algún día las podríamos llenar. Al principio solo pude alzar 35 kilos, apenas un poco más que la barra.

Conforme los meses pasaron, comencé a ver resultados. Resultados pequeños y lentos, pero resultados al fin y al cabo. Para cuando llegué a segundo año de bachillerato, medía 1,62 y pesaba unos 60 kilos. Había crecido siete centímetros y ganado 15 kilos. Y era mucho más fuerte.

Hubo días en que me sentí un hombre solitario en contra de todo el mundo. Lo odiaba, especialmente cuando los demás me preguntaban: "¿Por qué eres tan flaco? ¿Por qué no comes más?". Tenía ganas de responder: "Imbécil. ¿Tienes idea del precio que estoy pagando?".

Al terminar el segundo año, medía 1,70 y pesaba 72 kilos. Continué con mi programa para subir de peso, seguí corriendo, alzando pesas y desarrollando habilidades. En mis prácticas de atletismo, me juré nunca disminuir el ritmo. Y nunca me perdí una sola práctica, aunque estuviera enfermo. De pronto, el sacrificio comenzó a valer la pena. Comencé a crecer mucho, y muy rápido. De hecho, crecí tan rápido que tengo marcas en el pecho, como si me hubiera arañado un oso. Al llegar a mi último año de instituto, había llegado a mi meta de medir 1,80, y apenas me faltaban dos kilos para llegar a los 90 que quería. Llegué a ser receptor del equipo de fútbol y también fui elegido capitán.

Mi último año en el instituto en atletismo fue aún más gratificante. Nuevamente fui elegido capitán, fui el corredor más rápido del equipo, y uno de los más rápidos del estado.

Al final del año, pesando 90 kilos y pudiendo levantar pesas de 120 kilos, se me otorgó el premio de "mejor cuerpo" por las alumnas de bachillerato, el premio que más me gustó.

¡Lo logré! ¡Realmente lo logré! Conseguí casi todas las metas que me fijé esa noche en mi cuarto, años antes. Realmente, como escribió Napoleon Hill: "Todo lo que puede concebir y creer la mente del hombre, puede lograrlo su mano".

CONVERTIR LAS DEBILIDADES EN FORTALEZAS

Nota cómo David utilizó las cinco claves para fijarse metas. Consideró el precio, dejó sus metas por escrito y se comprometió con su amigo Eddie y otros, fijó las metas durante el impulso del momento (cuando estaba harto de no ser nadie), y tuvo la tenacidad pura de "simplemente hacerlo". Ahora bien, no estoy apoyando el centrarte en tu cuerpo, como le ocurrió a David durante un tiempo. Ni tampoco intento señalar que puedas simplemente conseguir ser más alto. Solo trato de demostrar el poder que las metas pueden jugar en tu vida.

Cuando David me habló de esto, me quedó claro que ser un debilucho de 45 kilos pudo ser también una cualidad disfrazada. Su aparente debilidad (ser flaco) llegó a ser su fortaleza (lo obligó a desarrollar disciplina y perseverancia). Las personas que no tienen de forma natural los dones físicos, sociales o mentales que desean, deben luchar más. Y una batalla cuesta arriba puede producir cualidades y fortalezas que no habrían podido desarrollar de otro modo. Es así como una debilidad puede convertirse en una fortaleza.

Si no estás dotado de la belleza, músculos, dinero o cerebro que deseas, ¡felicidades! Quizá tengas ventaja con esto. Este poema de Douglas Malloch lo describe bien:

> *El árbol que nunca tuvo que luchar*
> *por el sol, el cielo, el aire y la luz,*
> *que siempre estuvo expuesto a la lluvia*
> *y que siempre tuvo todo con facilidad,*
> *nunca llega a ser rey del bosque*
> *y vive y muere escuálido.*
> *La buena madera no crece fácilmente:*
> *mientras más fuerte sea el viento, más fuerte es el árbol.*

Hacer que tu vida sea extraordinaria

La vida es corta. Este punto se enfatiza en la clásica película *Luces de viernes noche*, cuando el entrenador Gary Gaines le dice a su equipo de jugadores de fútbol americano: "Ser perfecto no es sobre ese marcador ahí afuera. No es sobre ganar. Es sobre vosotros y vuestra relación con vosotros mismos, con vuestra familia y vuestros amigos. Ser perfecto es ser capaz de mirar a vuestros amigos a los ojos y saber que no los defraudasteis porque les dijisteis la verdad. Y la verdad es que hicisteis todo lo que pudisteis. No había nada más que pudierais haber hecho. ¿Podéis vivir en ese momento tan bien como podáis, con la mirada honesta y amar desde el corazón, con alegría en el corazón? Si podéis hacer eso, señores, ¡entonces sois perfectos!".

El teólogo Howard Thurman dijo una vez: "No pidas lo que el mundo necesita. Pide lo que te hace vivir y ve a hacerlo, porque lo que el mundo necesita es gente viva". ¡*Carpe diem*! ¡Aprovecha el día! ¡Haz de tu vida algo extraordinario!

Recuerda que, al hacer esto, la vida es una misión, no una carrera. Una carrera es una profesión. Una misión es una causa. Una carrera pregunta: "¿Qué me darás a mí?". Una misión pregunta: "¿Cómo puedo producir una diferencia?". La misión de Martin Luther King fue asegurar los derechos civiles para todos. La misión de Gandhi fue liberar a 300 millones de habitantes de la India. La misión de la Madre Teresa fue vestir a los desnudos y alimentar a los hambrientos.

Estos son ejemplos extremos. No necesitas cambiar al mundo para tener una misión. Como dice la educadora Maren Mouritsen: "La mayoría de nosotros nunca hará grandes cosas. Pero podemos hacer cosas pequeñas de forma grandiosa".

PRÓXIMAMENTE

Ya has oído hablar del poder de la voluntad.

Pero ¿alguna vez has oído hablar del poder del "no querer"?

¡Eso viene a continuación!

HÁBITO 2

PASOS DE BEBÉ

1. Determina las tres capacidades más importantes que necesites para tener éxito en tu carrera. ¿Necesitas ser más organizado, tener más confianza al hablar en público, escribir mejor?

Las tres capacidades más importantes que necesito para mi carrera:

2. Revisa tu enunciado de misión diariamente durante 30 días (ese es el tiempo que se necesita para desarrollar un hábito). Permite que te guíe en todas tus decisiones.

3. Mírate al espejo y pregunta: "¿Me gustaría casarme con alguien como yo?". Si no es así, trabaja para desarrollar las cualidades que no tienes.

4. Acude a tu asesor escolar y pregúntale sobre oportunidades de carreras. Toma una prueba de aptitudes que te ayude a evaluar tus talentos, habilidades e intereses.

5. ¿Cuál es la principal encrucijada que afrontas en tu vida en estos momentos? ¿Cuál sería el mejor camino que podrías tomar, a la larga?

La principal encrucijada que estoy afrontando:

El mejor camino a tomar:

6. Comparte algunas de las preguntas de la actividad del gran descubrimiento en tu muro de Facebook o en tu blog. Ve lo que tus amigos responden. Comparte tus respuestas también.

7. Piensa en tus metas. ¿Las has dejado por escrito? Si no es así, dedica un tiempo para hacerlo. Recuerda que una meta no escrita es tan solo un deseo.

8. Identifica alguna etiqueta negativa que los demás te han puesto. Piensa en algunas cosas que pudieras hacer para cambiar esa etiqueta.

Etiqueta negativa:

Cómo cambiarla:

Poner primero **lo** primero

**Fuerza de
voluntad
para decir sí
o para
decir no**

Vi la carrera de coches Indy 500, y estaba pensando que si hubieran salido un poco antes, no tendrían que ir tan rápido.

STEVEN WRIGHT, COMEDIANTE

Estaba escuchando un discurso grabado, cuando el orador comenzó a comparar los desafíos que enfrentan los jóvenes de hoy con los jóvenes de hace 150 años. Escuché con mucho interés. Yo concordaba con la mayor parte de lo que decía, hasta que dijo lo siguiente: "El desafío que enfrentaban los jóvenes de hace 150 años era trabajar mucho. El desafío que los jóvenes de hoy afrontan es la falta de trabajo".

¿Perdona?, murmuré. ¿Falta de trabajo? *¿Qué te has fumado?* Pienso que los jóvenes de hoy están más ocupados, y tienen que trabajar más que nunca. Lo veo con mis propios ojos todos los días. Entre la escuela, actividades extraescolares, equipos deportivos, clubes, sociedad de amigos, trabajos de media jornada, ayudar a cuidar a un hermano o hermana menor, y así sucesivamente, apenas hay tiempo para respirar. ¿Falta de trabajo? ¡Ja, ja! Ordeñar vacas y arreglar setos no suena más difícil que lidiar con la multifacética vida del joven moderno.

Afrontémoslo. Tienes mucho que hacer y nunca hay tiempo suficiente. Después de la escuela tienes ensayos, y luego trabajo. También tienes que estudiar para el examen de biología mañana. Y no olvides llamar a tu amigo. Encima de eso, necesitas hacer ejercicio. Hay que pasear al perro. Y tu cuarto es un desastre. ¿Qué harás?

El hábito 3, Poner primero lo primero, puede ayudar. Trata de aprender cómo establecer prioridades y administrar tu tiempo para que las cosas más importantes sean las primeras, y no las últimas. Pero en este hábito hay algo más que solamente administración de tiempo. Poner primero las cosas más importantes también implica aprender a sobreponer tus temores y ser fuerte durante los momentos más difíciles.

En el hábito 2 decidiste cuáles son tus cosas más importantes. El hábito 3, entonces, es que sean lo primero en tu vida.

Claro que podemos tener una hermosa lista de metas y buenas intenciones, pero llevarlas a cabo, hacerlas ocupar el primer lugar, es lo más difícil. Por eso llamo al hábito 3 el hábito del querer (la fortaleza para decir sí a nuestras cosas más importantes) y el no querer (la fortaleza de decir no a cosas menos importantes, y a la presión de los compañeros).

Los tres primeros hábitos están formados uno sobre el otro. El hábito 1 dice: "Eres el conductor y no el pasajero". El hábito 2 dice: "Decide dónde quieres ir, y haz un mapa que te lleve hasta allá". El hábito 3 dice: "¡Llega! No permitas que los obstáculos desvíen tu curso".

INCORPORAR MÁS COSAS EN TU VIDA

¿Alguna vez has llenado una maleta, y has visto cuántas cosas más podías meter si doblabas bien tu ropa y la organizabas, en vez de solo ponerla dentro? Es toda una sorpresa. Lo mismo ocurre con tu vida. Mientras mejor te organizas, más cosas puedes meter: más tiempo para la familia y los amigos, para la escuela, para ti mismo; más tiempo para las cosas que te son más importantes.

Me gustaría mostrarte un sorprendente modelo llamado los cuadrantes del tiempo, que puede ayudarte a acomodar más cosas (especialmente las importantes). Está compuesto de dos ingredientes primarios: "importante" y "urgente".

Importante: Las cosas más importantes, las cosas que deben ir primero, actividades que contribuyen a tu misión y tus metas.

Urgente: Cosas apremiantes, cosas que no pueden esperar, actividades que exigen atención inmediata.

En general pasamos nuestro tiempo en cuatro cuadrantes distintos del tiempo, como se muestra a continuación. Cada cuadrante contiene distintos tipos de actividades y están representadas por un tipo de persona.

Los cuadrantes del tiempo

	URGENTE	NO URGENTE
IMPORTANTE	**① EL POSTERGADOR** • Examen mañana • Amigos tristes • Llega tarde al trabajo • Proyectos que deben terminarse hoy • El coche se descompone	**② EL PRIORIZADOR** • Planificación, fijar metas • El trabajo que debe entregarse en una semana • Ejercicio • Relaciones • Descanso
NO IMPORTANTE	**③ EL COMPLACIENTE** • Llamadas telefónicas que no son importantes • Interrupciones • Los problemas de los demás • Presión de los compañeros	**④ EL VAGO** • Metido en Facebook • Chismorreo sin sentido • Xbox sin parar • Maratones de compras • Perder el tiempo

HÁBITO 3

Si aún no te has dado cuenta, vivimos en una sociedad adicta a la urgencia. Es la generación del AHORA. Por eso tenemos gelatina instantánea, arroz precocido, dietas rápidas, comida basura, músculos de acero en siete días, programas de televisión de prepago, teléfonos móviles, mensajería electrónica, y así sucesivamente. Me recuerda a la niña rica y mimada de la película *Charlie y la fábrica de chocolate*, que dice todo el tiempo: "¡Ahora mismo, papá! ¡Ahora! ¡Llévame a caballito ahora mismo!".

Las cosas urgentes no son necesariamente malas. El problema es cuando estamos tan centrados en las cosas *urgentes* que nos olvidamos de lo *importante* que no es urgente, como hacer anticipadamente un informe, ir a pasear a las montañas o escribir una carta importante a un amigo. Todas estas cosas *importantes* son dejadas para después por las cosas *urgentes*, como llamadas telefónicas, interrupciones, visitas inesperadas, plazos que cumplir, los problemas de los demás y otras cosas que debían ser "para ayer".

Al examinar un poco más cada cuadrante, pregúntate: "¿En qué cuadrante estoy pasando la mayor parte de mi tiempo?".

Cuadrante 1: *El postergador*

Comencemos con el C1, cosas que son urgentes e importantes. Siempre habrá cosas del C1 que no podamos controlar y que deban ser hechas, como ayudar a un niño enfermo o cumplir con un plazo importante. Pero también causamos muchos dolores de cabeza tipo C1 porque somos postergadores, cuando dejamos para después los deberes y luego tenemos que estudiar toda la noche para un examen, o cuando descuidamos el coche demasiado tiempo tenemos que llevarlo a reparaciones. El Cl es una parte de la vida, pero si pasas demasiado tiempo ahí, créeme que serás un caso de "tensión" y pocas veces podrás actuar según tu pleno potencial.

Conoce al postergador, que se mueve en el C1. Tal vez ya lo conozcas. Su lema es: "Dejaré de ser postergador alguna vez". No esperes que haga un trabajo o estudie para un examen sino hasta una noche antes. Tampoco esperes que se tome su tiempo para poner gasolina; generalmente está demasiado ocupado conduciendo.

El postergador es adicto a la urgencia. Le gusta dejar las cosas para después, y también después, y si no es así, entonces después… Hasta que se convierte en crisis. Pero le gusta así porque, como ves, hacer todo a último momento le da un sentido de urgencia. De hecho, su mente no funciona sino hay una emergencia. Le encanta la presión.

Planificar anticipadamente es algo que no tiene sentido para el postergador porque podría acabar con la emoción de hacer todo al último momento posible.

El postergador me recuerda al comediante que dijo:

"Mi mamá siempre me dijo que yo sería un moroso".

Yo le respondí: "Tienes que esperar".

Puedo simpatizar con el moroso, porque yo era todo un artista de la morosidad en la escuela. Antes pensaba que estaba bien no estudiar todo el semestre, y luego pasar toda la noche en vela y sacar una buena calificación. ¡Cuán tonto por mi parte! Claro que obtenía la calificación, pero no aprendía absolutamente nada, y después lo pagué en la universidad, y de muchas formas en las que sigo pagándolo.

Un joven postergador lo formula de este modo:

Lo que hago es tomarme mi tiempo hasta el final del semestre, y matarme las últimas dos semanas. Si obtengo calificaciones aceptables, no siento que me las gané, porque todos los demás entregaron las cosas a tiempo, y hacen lo que deberían hacer. No están tensos. Así quisiera ser.

Los resultados de estar demasiado tiempo en el C1 son:

- Tensión y angustia.
- Agotamiento.
- Desempeño mediocre.

Cuadrante 2: *El priorizador*

Dejaremos lo mejor para el final.

Cuadrante 3: *El sumiso*

El C3 representa cosas que son urgentes, aunque no importantes. Se caracteriza por tratar de complacer a los demás y responder a todos sus deseos. Este cuadrante es engañoso porque las cosas y personas tienen la apariencia de ser importantes. En verdad, con frecuencia no lo son. Por ejemplo, un teléfono que suena es urgente, pero con frecuencia la conversación es irrelevante o, lo que es peor, es un vendedor. El C3 está lleno de actividades importantes para los demás, pero no importantes para ti, cosas a las que te gustaría negarte, pero no puedes porque temes ofender a alguien.

¿Estudiarás esta noche para tu examen?

¿Quieres ir a pasear esta noche?

Claro, amigo.

Sí, mamá

¿Estás listo para el ensayo de esta noche?

¡No hay problema!

EL COMPLACIENTE

Conoce al complaciente del C3, a quien le cuesta mucho trabajo decir no a cualquier persona o cosa. Pone tanto empeño en agradar a los demás que generalmente termina sin agradar a nadie, incluyéndose a sí mismo. Con frecuencia se pliega a la presión de los compañeros porque le gusta ser popular y no le gustaría quedarse solo. Su lema es: "Mañana seré más asertivo, si te parece".

Cuando sus amigos lo visitaron inesperadamente y querían que los acompañara a pasear hasta la madrugada, no pudo reunir valor suficiente para decirles que no. No quería decepcionar a sus amigos. No importó que a la mañana siguiente tuviera un importantísimo examen, y necesitaba estudiar y dormir un poco. Aunque le dijo a su hermano que le ayudaría con matemáticas, no pudo resistirse a hacer esa urgente llamada telefónica que le ocupó gran parte de la noche, pero que en realidad no era tan importante.

No quería entrar al equipo de natación. Prefería estudiar arte. Pero su padre era nadador y, desde luego, no quería decepcionarlo. Creo que todos nosotros, incluyéndome a mí, tenemos un poco del C3 en nuestro interior. Pero no lograremos gran cosa si decimos sí a todo y nunca nos concentramos en lo importante. El comediante Bill Cosby lo dijo bien: "No conozco la clave del éxito, pero la clave del fracaso es intentar agradar a todos". El C3 es uno de los peores cuadrantes en los que se puede estar, porque no tiene columna vertebral. Es débil, e irá hacia donde sopla el viento.

Los resultados de pasar demasiado tiempo en el C3 son:
- Reputación de querer complacer a todos.
- Falta de disciplina.
- Sentir que se es el felpudo de todos.

Cuadrante 4: *El vago*

A continuación: "Mujeres que aman a sus fontaneros".

¡Qué guay!

Vago

El C4 es la categoría del desperdicio y el exceso. Estas actividades no son importantes ni urgentes. Conoce al vago que se encuentra en el C4. Todo le gusta en exceso: demasiada televisión, dormir demasiado, videojuego, o demasiado tiempo en internet. Dos de sus pasatiempos favoritos son: llamadas telefónicas de tres horas y pasarse en los centros comerciales todos los fines de semana.

Es un vago profesional. Después de todo, para dormir hasta mediodía se necesita mucho talento. Le encantan los cómics. De hecho, lee varias decenas por semana. Nunca tuvo un empleo. Pero es joven y sano, así que, ¿para qué trabajar? La escuela, desde luego, es lo último que tiene en mente. Preferiría pasear.

Ir al cine, chatear en internet, o simplemente pasear son parte de un estilo de vida saludable. Solo cuando lo haces en exceso se convierte en una pérdida de tiempo. Ya sabrás cuando cruces esa línea. Ver el primer programa que encuentres en la tele tal vez sea lo que necesites para descansar, y eso está bien. Pero luego ver el segundo, el tercero o el cuarto (un programa ya repetido seis veces) hasta las dos de la madrugada convierte una tarde descansada en un desperdicio.

Los resultados de vivir en el C4 son:
- Falta de responsabilidad.
- Culpabilidad.
- Fragilidad.

Cuadrante 2: *El priorizador*

Ahora volvamos al C2. El C2 está hecho de las cosas importantes pero no urgentes, como descansar, cultivar amistades, hacer ejercicio, planificar anticipadamente y hacer los deberes… ¡a tiempo! Es el cuadrante de la excelencia, el lugar en el que queremos estar. Las actividades del C2 son importantes. Pero ¿son urgentes? ¡No! Y por eso tenemos problemas para hacerlas. Por ejemplo, obtener un buen trabajo de media jornada, puede ser muy importante. Pero puesto que lo tienes que hacer dentro de algunas semanas y no es urgente, tal vez dejes para después el buscar el empleo hasta que sea demasiado tarde, y de pronto todos los buenos puestos ya tendrán a alguien.

De haber estado en el C2, habrías planificado anticipadamente y hallado un mejor empleo. No te habría tomado más tiempo, sino solo más planificación.

Conoce al que hace prioridades. Aunque no es de ningún modo perfecto, básicamente tiene todo bajo control. Revisa todas las cosas que tiene que hacer y luego establece prioridades, asegurándose de que lo más importante se haga primero, y lo último sea lo último. Dado que tiene el hábito simple pero poderoso de planificar anticipadamente, por lo general destaca en todo. Al hacer los deberes a tiempo y escribir con antelación sus ensayos, trabaja en óptimas condiciones y evita la tensión y el agotamiento que son inevitables al hacer las cosas en el último momento. Reserva tiempo para ejercitarse y renovarse, aun si esto significa dejar para después otras cosas. Las personas más importan-

El que marca **prioridades**

tes en su vida, como sus amigos y familia, son lo primero. Aunque es una lucha, mantenerse equilibrado es lo más importante para él.

Cambia regularmente el aceite de su coche. No espera hasta que el coche se pare para ponerle gasolina. Le encanta ir al cine, explorar internet y leer novelas de suspense, pero nunca permite que esas actividades vayan demasiado lejos. Aprendió a decir "no" con una sonrisa. Cuando sus amigos lo visitaron inesperadamente una tarde para ir a una fiesta, dijo: "No, gracias. Mañana tengo un examen terrible. ¿Qué tal si nos vemos la noche del viernes? Veámonos ese día". Sus amigos estuvieron de acuerdo, y secretamente desearon también tener el valor para negarse. Ya ha aprendido que resistirse a la presión de los compañeros en un principio parece poco popular, pero los demás finalmente lo respetan por eso.

Los resultados de vivir en el C2 son:

- Control de tu vida.
- Equilibrio.
- Alto desempeño.

Así, ¿en qué cuadrante estás pasando la mayor parte de tu tiempo? ¿l, 2, 3 o 4? Puesto que, en realidad, pasamos algo de tiempo en cada cuadrante, la clave es pasar tanto tiempo como sea posible en el C2. Y el único modo de permanecer más tiempo en el C2 es reducir la cantidad de tiempo que pasas en los demás cuadrantes. Puede hacerse de este modo:

Reduce el C1 siendo menos postergador. Siempre tendrás que hacer muchas cosas en el C1. Dalo por hecho. Pero si puedes reducir tu morosidad a la mitad haciendo antes las cosas importantes, estarás mucho menos tiempo en el C1. ¡Y menos tiempo en el C1 significa menos tensión!

Di no a las actividades del C3. Aprende a decir no a las cosas poco importantes que te alejan de las que sí tienen importancia. No seas tan fácil de interrumpir. Tratar de agradar a los demás es como un perro que intenta morderse la cola. Recuerda que cuando dices no, en realidad estás diciendo "sí" a las cosas más importantes.

Reduce las actividades del C4. No dejes de hacer estas cosas, pero hazlas con menos frecuencia. No tienes tiempo que perder. Pasa este tiempo al C2. Necesitas tiempo para descansar y divertirte, pero recuerda que el descanso es C2. El descanso en exceso es C4.

Además de pasar más tiempo en el C2, considera otras dos sugerencias que te ayudarán a manejar mejor tu tiempo, y hacer primero lo primero: consigue una agenda y planifica semanalmente.

UTILIZAR UNA AGENDA

Para comenzar recomiendo mucho conseguir una agenda o un calendario, en tu ordenador, tu teléfono, en papel, lo que más te funcione. Algo con espacio para escribir las citas, cosas pendientes y metas. Hay muy buenas aplicaciones para calendarios. Si así lo quieres, puedes hacer tu propia agenda con un cuaderno de espiral.

Algunos podéis estar pensando: "No quiero ser esclavo de una agenda. Me gusta la libertad". Si este es tu caso, ten en mente que la agenda no fue diseñada para esclavizarte, sino para liberarte. Con una agenda ya no tendrás que pensar en que olvidaste cosas, o que hiciste citas dobles. Te recordará cuándo debes entregar trabajos y cuándo vienen los exámenes. Puedes tener ahí toda tu información importante (como números telefónicos, direcciones de internet, cumpleaños) en un solo lugar, en vez de 50 trozos de papel. Una agenda no es para que sea tu amo, sino una herramienta para ayudarte a vivir.

Planificar semanalmente

Tómate 15 minutos por semana y planifica los siguientes siete días, y tan solo observa cuál es la diferencia que produce. ¿Por qué semanalmente? Porque generalmente pensamos en términos de semanas, porque la planificación diaria es un enfoque demasiado estrecho, y porque la planificación mensual es un enfoque demasiado amplio. Una vez que consigas alguna agenda, sigue este proceso de planificación semanal de tres pasos.

Paso 1: Identifica tus grandes rocas. Al final o al principio de cada semana, siéntate y piensa en lo que quieres lograr para la semana próxima. Pregúntate: "¿Cuáles son las cosas más importantes que necesito hacer esta semana?". A esto le llamo las "grandes rocas". Son una especie de minimetas y deben estar vinculadas a tu enunciado de misión y metas a largo plazo. No es ninguna sorpresa que casi todas ellas pertenezcan al C2.

Puedes hacer una lista de grandes rocas que puede ser muy similar a esto:

Mis grandes rocas de la semana

- Estudiar para el examen de ciencia.
- Terminar de leer el libro.
- Asistir al juego de Megan.
- Rellenar la solicitud de empleo.
- Fiesta de Isabella.
- Hacer ejercicio tres días.

Otra forma de identificar tus grandes rocas es contemplarlas desde los roles más importantes de tu vida, tales como tu rol de estudiante, amigo, miembro de una familia, empleado, individuo y cualquier otra cosa que hagas y que surja con una o dos de las cosas más importantes que quieras hacer en cada rol. Planificar tu vida alrededor de los roles te ayudará a mantenerte en equilibrio.

ROL	MIS GRANDES ROCAS DE LA SEMANA
Estudiante	Comenzar el trabajo de historia
Amigo	Cumpleaños de Mario Ponerle más atención
Familiar	Ir con Colleen al centro comercial Llamar a la abuela
Trabajo	Llegar a tiempo al trabajo
Yo	Ir al concierto Escribir en el diario todas las noches
Grupo de debate	Terminar la investigación Practicar aperturas

Al identificar las grandes rocas de la semana, no te dejes llevar. Aunque puedes tener la sensación de que tienes 40 grandes rocas que deben ser hechas, sé realista y estrecha tu enfoque a no más de diez o 15.

Paso 2: Apartar tiempo para tus grandes rocas. ¿Alguna vez viste el experimento de las grandes rocas? Tomas un balde y lo llenas hasta la mitad con guijarros. Luego intentas poner grandes rocas en el balde, sobre los guijarros. Pero no todas entran. Así que vacías el balde y comienzas otra vez. Ahora pones primero las grandes rocas, y luego los guijarros. Los guijarros llenan los espacios que hay entre las grandes rocas. ¡Esta vez todo cabe! La diferencia es el orden en que las grandes rocas y los guijarros fueron puestos en el balde. Si pones los guijarros primero, no todas las grandes rocas caben. Pero si pones las grandes rocas primero, todo cabe, sean grandes rocas o guijarros. Las grandes rocas representan tus cosas más importantes. Los guijarros representan todas las cosas cotidianas que necesitan tiempo, tales como labores, trabajo, llamadas telefónicas e interrupciones. La moraleja de esto es que si no programas primero tus grandes rocas, entonces no podrás cumplir con eso.

Durante tu planificación semanal, aparta tiempo para las grandes rocas anotándolas en tu agenda. Por ejemplo, podrías decidir que el mejor momento para comenzar el trabajo de historia es la noche del martes y el mejor momento para llamar a la abuela es la tarde del domingo. Ahora aparta esos horarios. Es como hacer una reserva.

Si una gran roca como "dar tres elogios diarios esta semana" no necesariamente tiene un momento específico, escríbelo en alguna parte de la agenda, donde puedas verlo.

Si apartas tiempo para las grandes rocas primero, entonces las demás actividades cotidianas también podrán entrar. Y si no es así, ¿qué importa? Es mejor dejar para después guijarros que grandes rocas.

Paso 3: *Programa todo lo demás.* Una vez que tengas programadas tus grandes rocas, programa todas las demás cosas pequeñas, labores cotidianas y citas. Es aquí adonde van los guijarros. Tal vez quieras ver tu calendario en el futuro y anotar eventos y actividades próximos, como vacaciones, conciertos o cumpleaños.

Adáptate a diario

Teniendo ya tu plan semanal, adapta cada día según sea necesario. Posiblemente necesites cambiar algunas grandes rocas y guijarros de vez en cuando. Haz lo posible por seguir tu plan, pero si no logras todo lo que quisiste hacer, no importa. Aun si solo realizas una tercera parte de tus grandes rocas, es un tercio más de lo que podrías lograr sin planificar anticipadamente.

Si este método de planificación semanal te parece demasiado rígido o complicado, no lo descartes totalmente, sino planifica semanalmente *a la ligera*. Por ejemplo, tal vez descubras que solo quieres programar dos o tres grandes rocas para la semana, y eso es todo.

La cuestión es la siguiente: el simple acto de planificar anticipadamente cada semana te ayudará a concentrarte en tus grandes rocas, y en consecuencia lograr mucho más.

¿Realmente funciona?

¿Realmente funcionan estas cosas de administración del tiempo? Seguro que sí. He leído personalmente muchas cartas de jóvenes que tuvieron mucho éxito con las anteriores sugerencias. He aquí dos comentarios de dos jóvenes que conocieron los cuadrantes del tiempo y comenzaron a utilizar una agenda y planificar por semana:

Jacob:

Recuerdo que vi el diagrama de los cuadrantes del tiempo y dije: "Es verdad. Hago muchas cosas en el último momento". Como los deberes. Si debía entregar una redacción, la hacía por la noche del domingo para entregarla el lunes, y si había un examen el viernes, no iba a clases el jueves para estudiar. Estaba en verdadera crisis.

Una vez que entendí qué era lo más importante para mí, comencé a establecer prioridades y utilicé una agenda. Si tenía que ir a pescar decía: "Esto otro es más importante. Haré eso primero, y tal vez mañana pueda tomarme todo el día para ir a pescar". Finalmente comencé a estudiar con mayor efectividad, me fue mejor en los exámenes, y todo quedó en su lugar. Mi vida habría sido menos tensa de haber utilizado antes mi tiempo con más efectividad.

Brooke:

Mi nivel de tensión disminuyó porque ya no estoy tratando constantemente de recordar lo que tengo que hacer en los próximos días. Ahora me basta con sacar mi agenda, y todo listo. Si me pongo de mal humor y tensa, veo mi agenda y me doy cuenta de que aún tengo tiempo para hacer todo, especialmente las cosas que más me gustan.

Una de las cosas que no pueden reciclarse es el tiempo perdido. Así, asegúrate de atesorar cada momento. Como dijo la reina Isabel I en su lecho de muerte: "Todo lo que poseo a cambio de un instante".

⊛ LA OTRA MITAD

La administración del tiempo no es todo lo que toca al hábito 3. Es apenas la mitad. La otra mitad es aprender a sobreponerse al temor y a la presión de los compañeros. Se necesita carácter, valentía, para ser honestos con nuestras cosas más importantes, como nuestros valores, cuando tenemos encima la presión. Una vez pregunté a un grupo de jóvenes: "¿Cuáles son vuestras cosas más importantes?", a lo cual respondieron, entre otras cosas: "familia", "amigos", "libertad", "diversión", "desarrollo", "confianza", "Dios", "estabilidad", "sentido de pertenecer a algo", "belleza". Cuando les pregunté: "¿Qué os impide hacer que esto sea lo más importante de vuestras vidas?", no fue sorpresa que las principales respuestas fueran "temor" y "presión de los compañeros". Así, ahora hablaremos de cómo lidiar con esto.

La zona de comodidad y la zona de valentía

Hacer que las cosas más importantes vayan primero necesita de valentía, y con frecuencia nos hará salir de nuestra zona de comodidad. Observa el diagrama de las zonas de valentía y comodidad.

Tu zona de comodidad representa cosas con las que estás familiarizado, lugares que conoces, amigos con los que te sientes a gusto, actividades que disfrutas. Tu zona de comodidad está libre de riesgos. Es fácil. No requiere esfuerzos. Dentro de estas fronteras, nos sentimos seguros y a salvo.

Por otra parte, cosas como hacer nuevos amigos, hablar ante un público o aferrarte a tus valores hacen que el pelo se te ponga de punta. ¡Bienvenido a la zona de valentía! ¡Esto incluye aventuras, riesgos y desafíos! Todo aquello que nos hace sentir incómodos está aquí. En este territorio nos espera la incertidumbre, la presión, el cambio, la posibilidad de fallar. Pero también es el lugar al que debes ir en busca de oportunidades, y el único en donde alcanzarás tu pleno potencial. Nunca llegarás a él aferrándote a tu zona de comodidad. Eso dalo por seguro.

¿Qué es lo que has preguntado? "¿Qué tiene de malo disfrutar de nuestra zona de comodidad?"

Nada. De hecho, gran parte de nuestro tiempo debe pasar ahí. Pero hay algo totalmente equivocado en nunca aventurarse en aguas desconocidas. Sabes tan bien como yo que las personas que pocas veces prueban cosas nuevas o despliegan sus alas, viven vidas seguras pero aburridas. ¿Quién quiere eso? "Te pierdes del 100 por ciento de las aventuras a las que nunca te atreves", dijo el campeón de hockey Wayne Gretzky. ¿Por qué no demostrar algo de fe en ti mismo, arriesgarte y lanzarte a la zona de valentía de vez en cuando? Recuerda que el riesgo de la vida sin riesgos es el mayor riesgo de todos.

No es una montaña la que conquistamos, sino a nosotros mismos.

EDMUND HILLARY
(Primera persona que escaló el monte Everest)

Nunca permitas que tus temores decidan por ti

En este mundo hay un montón de emociones enfermas, pero tal vez una de las peores es el *temor*. Cuando pienso en todo lo que no pude hacer en mi vida porque mis temores pudieron más que yo, siento dolor. En el instituto estaba enamorado de una hermosa muchacha llamada Sherry, pero nunca la invité a salir porque mis temores me murmuraban: "Tal vez no le gustes". Recuerdo que renuncié al equipo de fútbol de primero de secundaria, después de una sola práctica, porque tenía miedo a la competencia. Nunca olvidaré que contemplé postularme a la sociedad de alumnos, pero me acobardé porque me daba demasiado miedo hablar frente a toda la escuela. A lo largo de mi vida hubo clases a las que nunca asistí, amigos que nunca hice y equipos para los que nunca jugué, y todo por estos temores desagradables y, sin embargo, muy reales. Me gusta como lo dice Shakespeare en *A buen fin no hay mal principio*:

Nuestras dudas son traicioneras,
y nos hacen perder lo bueno que podríamos ganar
por temor a hacer el intento.

Mi padre una vez dijo algo que nunca olvidaré. "Sean, nunca permitas que tus temores decidan por ti. Tú los haces". ¿No es una gran idea? Piensa en todos los actos heroicos que fueron logrados por personas que actuaron frente al temor. Piensa en Nelson Mandela, quien fue crucial para terminar el opresivo sistema del *apartheid* en Sudáfrica. Mandela fue encarcelado durante 27 años (imagina eso) por hablar contra el *apartheid* antes de ser electo como primer presidente no blanco de Sudáfrica. ¿Qué habría pasado si, por sus temores, nunca se hubiese atrevido a luchar contra el sistema? O considera el valor de Susan B. Anthony, al dirigir la larga lucha que finalmente otorgó a las mujeres el derecho a votar, avalado por la Constitución de Estados Unidos. O piensa en Winston Churchill, primer ministro de Inglaterra durante la Segunda Guerra Mundial, quien dirigió el mundo libre en su lucha contra la Alemania nazi. ¿Qué habría pasado si, por sentir dudas, hubiera sido de corazón débil durante la guerra? Está claro que todos los grandes actos, sean de personajes famosos o de personas comunes, fueron logrados enfrentando el temor.

Actuar frente al temor nunca será fácil, pero después te alegrará haberlo hecho. Durante mi último año en la universidad me faltaban algunos créditos, por lo que revisé la lista de materias, en busca de algo que pudiera llenar las horas. Cuando llegué a "clases particulares de voz", como en las lecciones de canto, pensé: "¿Por qué no salir de mi zona de comodidad y hacer el intento?".

Me inscribí en clases particulares en vez de las clases en grupo, porque no quería hacer el ridículo al cantar frente a otros estudiantes.

Y las cosas salieron bien hasta el final del semestre, cuando mi maestro de canto me comunicó las terribles noticias:

—Por cierto, Sean, ¿has decidido qué canción vas a cantar ante los demás estudiantes?

—¿Qué quiere decir? —pregunté, horrorizado.

—Los requisitos de estas clases exigen que cantes cuando menos una vez frente a los demás estudiantes que toman clases particulares.

"Actuando frente al temor"

—No creo que sea buena idea —dije, muy enfático.

—No es gran cosa. Te irá bien.

Pues para mí sí era gran cosa. Solo pensar que cantaría frente a un grupo me hacía sentir físicamente enfermo. "¿Cómo me escaparé de esto?", pensé. Pero no podía permitirme hacer eso porque había hablado con varios grupos durante el último año, aconsejándoles que sus temores nunca decidieran por ellos. Ahora… era mi turno.

"Valor, Sean", me repetí mentalmente. "Por lo menos haz el intento".

El horrendo día finalmente llegó. Al entrar "al patíbulo" donde sería mi debut, intenté convencerme a mí mismo: "Tranquilízate, Sean. No puede salirte tan mal".

Pero se hizo cada vez peor. Me sentí cada vez más intimidado al descubrir que casi todos los demás presentes tenían títulos de música o de teatro. Quiero decir que estas personas realmente sabían cómo cantar. Desde la infancia se habían presentado en coros y obras musicales. Mi temor solo aumentó cuando el primer estudiante cantó algo de la obra de teatro *Los miserables*, que sonaba mejor que en la producción original de Broadway. El tipo era increíble. Y, sin embargo, los demás tuvieron la audacia de criticarlo.

—Creo que tu tonalidad fue un poco plana —dijo alguien.

"¡Oh, no! ¿Qué pensarán de mí?"

—Sean, es tu turno.

Ahora me tocaba a mí.

Al estar frente a los demás, a tres millones de años luz de mi zona de comodidad, seguí repitiéndome: "¡Valor! No puedo creer que esté haciendo esto. ¡Valor! No puedo creer que esté haciendo esto".

—Cantaré "La calle en la que tú vives", de *Mi bella dama* —anuncié.

Cuando el pianista comenzó a tocar el preludio, y todos tenían la vista puesta en mí, no pude evitar el pensar: "¿Cómo? ¿Cómo fue que he llegado a tal situación?". Y a juzgar por las sonrisas de todos, me dio la impresión de que me estaban tomando en serio.

—*Muchas veces antes pasé por esta calle…* —salió de mi garganta.

Aún antes de llegar al segundo verso, las expresiones de emoción de los estudiantes se convirtieron en angustia. Estaba tan nervioso que sentía el cuerpo tan ajustado como pantalones recién salidos de la secadora. Debí exprimir de mi garganta cada palabra.

Hacia el final de la canción hay una nota realmente alta. Siempre me fue difícil alcanzarla, incluso en los ensayos. Ahora la anticipaba con terror. Pero al llegar el momento de cantarla, pensé: "Al diablo. ¡Hazlo!".

No recuerdo si alcancé la nota, o si fallé. Lo único que recuerdo es que había algunos estudiantes tan abochornados que, a pesar de poner todo de su parte, ya no podían seguir riéndome.

Terminé y me fui a sentar rápidamente. Silencio. Nadie sabía qué decir.

—Estuvo muy bien, Sean.

—Muchas gracias —dije, encogiéndome de hombros, como si les creyera.

Pero ¿sabes qué? Aunque esa experiencia por poco me mata, cuando salí del salón y caminé solo por el estacionamiento vacío, hacia mi coche, me sentía muy orgulloso de mí mismo. Tuve una gran sensación de logro personal, y francamente no me importa lo que pensaron los demás de mi nota aguda. Sobreviví y estaba orgulloso de ello. Como dijo la medallista de oro olímpico Gabby Douglas: "Los días difíciles son los mejores porque es cuando surgen los campeones; si puedes salir de ellos, ¡puedes salir de lo que sea!".

Así, la próxima vez que quieras:
- Hacer un nuevo amigo,
- resistirte a la presión de los demás,
- acabar con un hábito,
- desarrollar una nueva habilidad,
- ingresar a un equipo,
- hacer una audición para una obra de teatro,
- invitar a salir al elegido o elegida,
- cambiar de trabajo,
- comprometerte,
- ser tú mismo,

o incluso si quieres cantar en público... ¡Hazlo!... Aun cuando tus temores y dudas griten: "Eres pésimo", "Fracasarás" o "Ni lo sueñes". Nunca permitas que tus temores decidan por ti. Quien decide eres tú.

Ganar significa levantarte cada vez que caigas

Todos sentimos temor de vez en cuando, y eso está bien. "Siente el temor, y hazlo de todos modos", dice el refrán. Una forma en la que aprendí a sobreponerme al temor es tener siempre en mente esto: *Ganar no es más que levantarse cada vez que caigas*. Debemos preocuparnos menos por caer y más por las oportunidades que nos perdemos cuando ni siquiera hacemos el intento. Después de todo, muchas de las personas que más admiramos fracasaron muchas veces.

Por ejemplo, a Babe Ruth lo eliminaron 1.330 veces. Albert Einstein no pudo hablar sino hasta los cuatro años. El maestro de música de Beethoven le dijo: "Como compositor, no tiene ninguna esperanza". Luis Pasteur fue considerado "mediocre" en química. El científico de cohetes Wernher von Braun suspendió álgebra en tercero de secundaria. La química madame Curie por poco quiebra económicamente antes de crear el campo de la química nuclear, lo que cambió para siempre el curso de la ciencia. A Steve Jobs lo despidieron de Apple después de fundarla y luego regresó para dirigir la compañía e inventar el iPhone.

A continuación hay eventos en la historia de la vida de un hombre que falló muchas veces, pero siguió luchando. Trata de adivinar quién es. Este hombre:
- fracasó en los negocios a los 22 años,
- fue derrotado en las elecciones estatales a los 23 años,
- fracasó en los negocios a los 25,
- se enfrentó a la muerte de su novia a los 26,
- sufrió una crisis nerviosa a los 27,
- no recibió el cargo de orador a los 29,
- fue derrotado para la nominación del Congreso a los 34 años,
- fue elegido al Congreso a los 37,
- perdió la renominación para el Congreso a los 39,

• fue derrotado para ingresar al Senado a los 46,
• fue derrotado para la vicepresidencia de Estados Unidos a los 47
• y fue derrotado para el Senado a los 49.

Esta persona es nada menos que Abraham Lincoln, que a los 51 años fue elegido presidente de Estados Unidos. Se levantó cada vez que cayó y finalmente llegó a su destino, ganándose el respeto y admiración de todos los pueblos y naciones.

Sé fuerte en los momentos difíciles

El poeta Robert Frost escribió: "Dos caminos divergían en un bosque, y yo… tomé el camino menos concurrido, y eso fue lo que produjo la diferencia". Ahora pienso que hay ciertos momentos difíciles, momentos de cruces de caminos en los que, si somos fuertes, producirán "todas las diferencias" en el camino de la vida.

> Dos caminos divergían en un bosque, y yo… tomé el camino menos concurrido, y eso fue lo que produjo la diferencia.
>
> ROBERT FROST
> POETA

¿Qué son exactamente los momentos difíciles? Son conflictos entre hacer lo correcto y hacer lo más fácil. Son las pruebas cruciales, los momentos que nos definen en la vida, y la forma en que los manejamos puede literalmente cambiarnos para siempre. Vienen en dos tamaños, pequeño y grande.

Los pequeños momentos difíciles ocurren a diario e incluyen cosas como levantarse cuando suena el despertador, controlar nuestro mal humor o disciplinarnos para hacer los deberes. Si puedes conquistarte a ti mismo y ser fuerte en esos momentos, tus días serán más fáciles. Por ejemplo, si soy débil en un momento difícil y me duermo (el colchón por encima de la mente), con frecuencia es un tiro por la culata y se convierte en el primero de muchos fracasos pequeños del día. Pero si me despierto tal y como lo planeé (la mente por sobre el colchón), con frecuencia es el primero de muchos éxitos pequeños.

En contraste con los pequeños momentos difíciles, los grandes ocurren de vez en cuando en la vida, e incluyen cosas como elegir buenos amigos, resistirse a la presión negativa de los compañeros y desalentarse después de algún fracaso: tal vez te expulsan de un equipo o tu novio o novia termina contigo, tus padres se divorcian, o algún fallecimiento ocurre en la familia. Estos momentos tienen enormes consecuencias y por lo general llegan cuando menos los esperas. Si reconoces que estos momentos llegarán (y así será), entonces puedes prepararte para ellos y enfrentarlos como un guerrero, y salir victorioso.

¡Sé valiente en estos momentos cruciales! No sacrifiques tu futura felicidad por una noche de placer, un fin de semana de emociones, o un momento de venganza. Si alguna vez piensas en hacer algo realmente estúpido, recuerda estos versos de Shakespeare (¡Shakespeare aparece dos veces en un solo capítulo!):

¿Qué gano yo, si obtengo lo que ansío?
Un sueño, un aliento, una chispa de goce fugaz.
¿Quién cambiaría un momento de júbilo por una semana de llanto vacío?
¿O vendería la eternidad para tener un juguete y solaz?
¿O por una dulce uva, destruiría la vid y su haz?

Estos versos tratan de cómo sacrificar tu futuro por un breve momento de felicidad. ¿Quién querría dar el resto de su vida por un juguete? ¿O quién cambiaría un momento de júbilo por una semana de llanto vacío? ¿O quién destruiría toda una vid por tan solo una uva? Solo lo haría una persona muy tonta.

Hacer frente a la presión del grupo

Algunos de los momentos más difíciles consisten en hacer frente a la presión de los compañeros. Decir que no cuando todos los amigos dicen "sí" necesita de valor puro. Sin embargo, enfrentarse a la presión de los demás, lo que yo llamo "poder de no querer", es un enorme depósito en tu CBP.

Un profesor de instituto me contó lo siguiente:

Una alumna entró corriendo a mi oficina, antes de comenzar las clases, con las lágrimas corriéndole por el rostro. "¡Me odian, me odian!"

Acababa de ser rechazada por su grupo de amigas, quienes le dijeron que se fuera porque había sido "demasiado buena" un día antes como para negarse a hacer novillos y pasar el día en Chicago. Al principio dijo que quería ir, pero pensó en lo mucho que le dolería a su madre recibir el aviso de la escuela por faltar a clase. Sentía que no podía hacerle eso a su madre porque se sacrificaba mucho por ella. ¡No podía decepcionarla!

Se enfrentó a las demás y dijo que no podía hacerlo, y la rechazaron. Pensó que al día siguiente todo estaría en orden, pero no fue así: le dijeron que buscara nuevas amigas porque era "demasiado buena" para ellas.

A través de las lágrimas y del sufrimiento comenzó a darse cuenta de que se sentía bien consigo misma, aunque sola, pues sus amigas no la aceptaban. Pero se aceptó a sí misma y sintió respeto interno y paz, a pesar del rechazo del exterior. Aprendió una lección de la vida y se dio un momento para defenderse a sí misma.

A veces la presión social puede ser tan fuerte que el único modo de resistirse es alejarnos totalmente del entorno en el que estamos. Esto es especialmente el caso si tienes que ir con alguna pandilla, una fraternidad o grupos muy cerrados de amigos. Para Heather, cambiar de aires fue la mejor solución:

Aun cuando sabía desde hacía mucho tiempo que necesitaba cambiar de amigos, simplemente no sabía cómo hacerlo. Mi "mejor amiga" me animaba a hacer lo que ella hacía, como dormir con todos y consumir drogas. En poco tiempo, todos los demás en la escuela comenzaron a llamarme "perdida".

Aún quería ser su amiga y tener a las demás amigas porque pensaba en los buenos momentos que pasábamos juntas. Sin embargo, cuando salía con ellas por las noches, nos metíamos en cosas que no debíamos. Sabía que me estaba aferrando a cosas incorrectas.

Decidí que necesitaba un cambio total de aires, y alejarme de ella. Pedí a mi madre que me dejara ir con mi tía para comenzar de nuevo y hallar un mejor grupo de amistades. Aceptó y desde entonces vivo con mi tía.

Hoy, con mis nuevas amistades, digo lo que creo que es correcto y soy más yo misma. No me importa lo que los demás digan de mí, y si no les gusto, entonces que les aproveche. Así soy yo, y no cambiaré solo para adaptarme a ellos. Cambiaré solo por mí.

Para resistir la presión de los compañeros, preocúpate más de lo que tú piensas de ti mismo, que lo que piensan de ti tus compañeros, como nos lo recuerda este breve poema de Portia Nelson:

Cualquier día de la semana
preferiría estar "fuera"
de los demás
y en contacto conmigo misma,
que estar "dentro" con los demás
y alejada
de mí misma.

¿Por qué es tan difícil resistirse a la presión social? Porque nos morimos de ganas por pertenecer a algo. Por eso los jóvenes están tan dispuestos a pasar por brutales rituales de iniciación a fin de ser miembros de un club, o meterse en drogas y violencia para pertenecer a una pandilla.

A veces puedes necesitar tomar un riesgo, resistir la presión social y hacer lo correcto.

Jon, de Brooklyn, contó esta historia:

Algunos de mis amigos en el segundo año empezaron una página de Facebook para atacar a una niña de nuestra clase. Era de verdad horrible, hacían memes con sus fotos y escribían mensajes horrendos sobre ella. No había una razón en realidad para hacer esto, ella simple-

mente iba a su rollo y la gente estaba sacándolo tanto de control que ni siquiera era gracioso.

Algunos de mis amigos me estaban presionando para que participara, pero yo solo me negué. Finalmente denuncié el grupo por sus comentarios ofensivos, anónimamente, y lo cerraron. Sabía que era lo correcto. También le dije al director, sin dar nombres, que algunas personas del curso estaban haciendo bullying por internet y tuvimos una asamblea al respecto. Yo tenía miedo de tener que enfrentarme a todos al día siguiente en la escuela, pero nadie sabía que yo lo había hecho. En realidad, fui y hablé con la chica en la clase de mates, solo para conocerla un poco y hacerle saber que no estaba sola. Resultó ser una persona muy maja. Hemos sido amigos desde entonces y ella todavía no sabe que fui yo quien detuvo su bullying.

LA CLASE DE PRESIÓN BUENA

No toda presión social es mala. A decir verdad, puede ser muy buena. Si puedes hallar a un amigo que aplique presión positiva sobre ti para dar lo mejor de ti mismo, entonces únete a él, porque tienes a alguien muy especial.

Si ves que quieres defenderte, pero en vez de ello cedes constantemente a la presión de los demás, hay dos cosas que puedes hacer.

Primero, forma tu cuenta de banco personal. Si tienes baja confianza y poca autoestima, ¿cómo puedes tener la fortaleza para resistir? ¿Qué puedes hacer? Puedes empezar hoy a formar tu CBP, poco a poco. Hazte una promesa y cúmplela. Ayuda a alguien que esté necesitado. Desarrolla algún talento. Renuévate. Finalmente, tendrás suficiente fuerza para formar tu propio camino, en vez de seguir el de los demás. (Tal vez quieras repasar el capítulo sobre la cuenta de banco personal.)

Segundo, escribe tu enunciado de misión y fíjate metas. Si aún no sabes bien cuáles son tus valores, ¿cómo puedes aferrarte a ellos? Sería mucho más fácil decir *no* si supieras a qué metas dirás *sí*. Por ejemplo, es más fácil decir no a hacer novillos cuando dices sí a tu meta de obtener buenas calificaciones y poder ingresar a la universidad. (Tal vez querrías repasar el capítulo sobre el hábito 2, Comenzar con un fin en mente.)

EL INGREDIENTE COMÚN DEL ÉXITO

En última instancia, hacer que lo primero sea primero requiere disciplina. Se necesita disciplina para administrar tu tiempo. También se necesita disciplina para sobreponerte a tus temores. Es necesaria la disciplina para ser fuerte en los momentos difíciles y resistirse a la presión de los compañeros. Un hombre llamado Albert E. Gray pasó varios años estudiando a las personas más realizadas, intentando entender cuál era el ingrediente especial que les daba el éxito. ¿Qué crees que descubrió? No fue vestirse para el éxito, o comer salvado o tener una actitud mental positiva. Lo que descubrió fue otra cosa. Léelo cuidadosamente.

El común denominador del éxito de Albert E. Gray:

Todas las personas con éxito tienen el hábito de hacer cosas que a los fracasados no les gusta hacer. A ellos tampoco les gusta hacerlas. Pero su disgusto se ve subordinado a la fortaleza de sus propósitos.

¿Qué significa esto? Significa que las personas realizadas están dispuestas a hacer de vez en cuando cosas que no les gusta hacer. ¿Por qué? Porque saben que estas cosas las llevarán hacia sus metas.

En otras palabras, a veces es necesario hacer ejercicio de tu herramienta humana especial llamada *fuerza de voluntad* para hacer las cosas, te guste o no. ¿Crees que a un pianista de concierto siempre le gustan las horas de práctica diarias? ¿Acaso a una persona que quiere ingresar a la universidad le gusta coger un empleo de media jornada?

Una vez leí una historia sobre un luchador universitario a quien se le preguntó cuál fue el momento más memorable de su carrera. Repuso que fue el día en que se canceló su entrenamiento. Detestaba entrenar, pero estaba dispuesto a pasar por esto para un propósito más elevado, el querer dar lo mejor de sí.

ÚLTIMAS PALABRAS

Realizamos una encuesta a miles de personas sobre los 7 hábitos. ¿Adivinas cuál fue el hábito más difícil de vivir? ¡Adivinaste! Es el hábito 3. Así, no te desalientes si tienes que luchar contra esto. Hay mucha gente como tú.

Si no sabes dónde comenzar con el hábito 3, da los pasos de bebé. Para eso están: para ayudarte a comenzar.

Tus años juveniles pueden ser los más hermosos y emocionantes de tu vida. Así, valora cada instante, como tan hermosamente lo comunica este poema:

Para comprender el valor de Un Año,
habla con el alumno que suspendió.
Para comprender el valor de Un Mes,
habla con la madre de un bebé prematuro.
Para comprender el valor de Una Semana,
habla con el redactor de un semanario.
Para comprender el valor de Un Día,
habla con el obrero que debe alimentar seis hijos.
Para comprender el valor de Una Hora,
habla con los amantes que ansían verse.
Para comprender el valor de Un Minuto,
habla con la persona que no alcanzó el tren.
Para comprender el valor de Un Segundo,
habla con quien sobrevivió a un accidente.
Para comprender el valor de Una Milésima de Segundo,
habla con quien ganó medalla de plata en las Olimpiadas.

✦ ★ ✦

PRÓXIMAMENTE

Dentro de poco hablaremos de aquello de lo que está hecha la vida.
Creo que te sorprenderá saber qué es eso. ¡Continúa!
Por cierto, ya estás a la mitad del libro. ¡Felicidades!

HÁBITO 3

PASOS DE BEBÉ

1. Investiga y consigue una aplicación de agenda en tu *tablet* o *smartphone* y úsala para organizarte más. Inténtalo durante un mes.

2. Identifica aquello que más tiempo te hace perder. ¿Realmente necesitas pasar dos horas mirando el Instagram de otras personas o jugando a videojuegos?

Las cosas que más tiempo me hacen perder: _____

_____

3. ¿Eres de los que dicen sí a todo y a todos? De ser así, ten el valor de decir *no* hoy cuando sea lo correcto.

4. Si tienes un examen importante dentro de una semana, no seas postergador y no esperes hasta un día antes para estudiar. Haz un plan y estudia un poco todos los días.

5. Piensa en algo en lo que has sido postergador durante mucho tiempo, pero que sea muy importante para ti. Aparta tiempo esta semana para dejarlo hecho.

Algo en lo que he sido postergador siempre: _____

6. Anota tus diez grandes rocas más importantes para la semana próxima. Ahora, aparta tiempo en tu programa y lleva a cabo cada una.

7. Identifica un temor que te impida alcanzar tus metas. Decide ahora mismo salir de tu zona de comodidad y no dejes que el temor te impida lograr lo mejor de ti.

Temor que constituye un impedimento: _____

8. ¿Cuánto impacto ejerce la presión de tus compañeros sobre ti? Identifica a la persona o personas que más influencia tengan en ti. Pregúntate: "¿Estoy haciendo lo que quiero, o lo que ellos quieren que haga?".

Persona o personas que más influyen sobre mí: _____

_____

La victoria pública

La cuenta bancaria relacional
La materia de la que está hecha la vida

Hábito 4: Pensar ganar-ganar
La vida es un bufet libre

**Hábito 5: Busca primero entender,
luego ser entendido**
Tenemos dos oídos y una boca…¿Ho-laaaaa?

Hábito 6: Sinergizar
La "mejor" forma

La cuenta
bancaria
relacional

LA MATERIA DE LA QUE ESTÁ HECHA LA VIDA

Una de mis citas favoritas, la cual, por cierto, siempre me hace sentir culpable, es: "En su lecho de muerte, nadie desea haber pasado más tiempo en la oficina".

Con frecuencia me pregunto: "¿En qué habría deseado pasar más tiempo?". Creo que la respuesta podría ser: "En estar con los seres queridos". Como ves, todo trata acerca de las relaciones, la sustancia de la que está hecha la vida.

¿Cómo es tener una relación contigo? Si tuvieras que calificar cómo te va en tus relaciones más importantes, ¿qué calificación pondrías?

¿CÓMO ES TU RELACIÓN CON...	PÉSIMA ←→ EXCELENTE				
tus amigos?	1	2	3	4	5
tus hermanos?	1	2	3	4	5
tus padres o tutores?	1	2	3	4	5
tu novia o novio?	1	2	3	4	5
tus maestros?	1	2	3	4	5

Tal vez te está yendo muy bien. Tal vez no. De cualquier forma, este capítulo está hecho para ayudarte a mejorar tus relaciones más importantes. Pero antes de entrar en materia, revisemos rápidamente de dónde venimos.

En la victoria privada aprendimos algo acerca de la cuenta bancaria personal y los hábitos 1, 2 y 3. En la sección de la victoria pública aprenderemos acerca de la cuenta bancaria relacional y los hábitos 4, 5 y 6. Como ya discutimos anteriormente, la clave para manejar las relaciones es primero manejarte a ti mismo, al menos en cierto grado. No necesitas ser perfecto; simplemente necesitas tener avances.

La pregunta más urgente de la vida es: ¿qué estás haciendo por los demás?

MARTIN LUTHER KING JR.

¿Por qué el éxito con nosotros mismos es tan importante para tener éxito con los demás? El ingrediente más importante en cualquier relación es *lo que eres tú mismo*. Como dijo el ensayista y filósofo Ralph Waldo Emerson: "Lo que tú mismo eres habla tan fuerte que no puedo oír lo que dices". Si estás luchando en tus relaciones, posiblemente no necesites ver más allá de ti mismo para obtener respuestas.

La victoria privada te ayudará a hacerte independiente para que puedas decir: "Soy responsable de mí mismo, y puedo cambiar mi propio destino". Esto es un enorme logro. La victoria pública te ayudará a ser interdependiente, es decir, ayudarte a aprender a trabajar en cooperación con los demás, para que puedas decir: "Juego en equipo, y tengo poder e influencia en los demás". Este es un logro aún mayor. En pocas palabras, tu habilidad para llevarte con los demás determinará en gran medida el éxito que tengas en tu carrera y tu nivel de felicidad personal.

Ahora volvamos a hablar sobre las relaciones. He aquí un modo práctico de pensar en ellas. Yo lo llamo la cuenta bancaria relacional (CBR). En un capítulo anterior hablamos sobre tu cuenta bancaria personal (CBP), que representa cuánta confianza y seguridad tienes en ti mismo. Similarmente, la CBR representa la confianza y seguridad que tienes en cada una de tus relaciones.

La CBR se parece mucho a una cuenta de ahorro. Puedes hacer depósitos y mejorar la relación, o hacer retiros y debilitarla. Una relación fuerte y saludable es siempre el resultado de constantes depósitos que se hacen durante períodos prolongados.

Aunque hay similitudes, la CBR es distinta de una cuenta bancaria normal en tres formas, como me lo señaló una de mis colegas, Judy Henrichs:

1. A diferencia de un banco, donde se tienen una o dos cuentas, se tiene una CBR con cualquier persona que conozcamos. Supongamos que te topas con un nuevo muchacho del barrio. Si sonríes y lo saludas, acabas de abrir una cuenta con él. Si lo ignoras, también abriste la cuenta, aunque negativa. No hay forma de impedirlo.

2. A diferencia de una cuenta de ahorro, una vez que abres una CBR con otra persona, nunca puedes cerrarla. Por eso puedes toparte con un amigo a quien no has visto en años y comenzar en el punto en que quedó antes. No se pierde un solo euro. También por eso las personas a veces guardan resentimientos durante años.

3. En una cuenta de ahorro, diez euros son diez euros. En una CBR, los depósitos tienden a e vaporarse y los retiros tienden a convertirse en pesadas rocas. Esto significa que necesitas hacer continuamente pequeños depósitos en tus relaciones más importantes, para que sigan teniendo saldo positivo.

¿Cómo puedes entonces formar una buena relación o reparar una que se dañó? Es fácil, un depósito por vez. Es la misma forma en que te comerías un elefante, si debieras hacerlo. Un bocado a la vez. No hay soluciones rápidas. Si en mi relación contigo hay una deuda de 5.000 euros, necesitaré hacer depósitos por un total de 5.001 euros para que vuelva a tener saldo positivo.

Una vez pregunté a un grupo de jóvenes: "¿Cuál es el más grande depósito que haya hecho alguien en su CBR?". Estas son algunas de sus respuestas:

- "El flujo constante de depósitos que mi familia hace y que me refuerza".
- "Cuando un amigo, maestro, ser querido o jefe se toma la molestia de decirme 'te ves bien' o 'buen trabajo'. Unas cuantas palabras pueden hacer mucho".
- "Mis amigos me hicieron una banderola para mi cumpleaños".
- "Que presuman de mí ante los demás".
- "Cuando cometo errores, que lo olviden, me perdonen, me ayuden y me quieran".
- "Mi amigo me dijo, después de leer algunos de mis poemas, que yo era brillante y debería escribir un libro. Ya de por sí me fue difícil enseñarle algunos de ellos".
- "Mi madre habló desde California, y también mis dos hermanas, para desearme feliz cumpleaños, antes de irme a la escuela".
- "Mi hermano siempre me lleva a los juegos de hockey con sus amigos".
- "Las cosas pequeñas".

- "Tengo cuatro amigos realmente buenos, y tan solo estar juntos sabiendo que haremos buenas cosas y que seremos felices me mantiene en marcha".
- "Cada vez que Chris dice: 'Hola, ¿cómo estás?', me hace sentir muy animado, solo por el modo en que lo hace".
- "Tuve un amigo que me dijo que pensaba que yo era muy sincero y que siempre era yo mismo. Para mí significó mucho que alguien lo reconociera".

Como puedes ver, hay muchas clases de depósitos, pero aquí hay seis que parecen funcionar siempre. Desde luego, con cada depósito, siempre hay un reintegro contrario.

DEPÓSITOS CBR	REINTEGROS CBR
Cumplir promesas	No cumplir promesas
Hacer pequeños actos de generosidad	Cuidar solo de ti mismo
Ser leal	Decir chismes y revelar secretos
Escuchar	No escuchar
Disculparte	Ser arrogante
Fijar expectativas claras	Fijar falsas expectativas

● CUMPLIENDO PROMESAS

—Sean, no te lo pediré otra vez. Hay bolsas de basura en el maletero de mi coche de la fiesta de la otra noche. Por favor, ve a tirarlas.

—De acuerdo, papá.

Como joven despreocupado, de algún modo olvidé sacar las bolsas de basura del coche de mi padre, en contra de lo que había prometido, porque tenía una cita muy importante esa tarde de sábado. Pregunté a mi padre si podía usar su coche, pero dijo que no porque no era suyo. Se lo había prestado un amigo que tenía un lote de coches usados. Pero de todos modos me lo llevé porque estaba muy ocupado, y estaba seguro de que no se daría cuenta.

Mi amiga y yo lo pasamos de maravilla. Pero al volver a casa, pegué contra otro coche cuando iba a 50 kilómetros por hora. Nadie resultó herido, pero ambos coches quedaron prácticamente destrozados. Nunca olvidaré la llamada de teléfono más miserable de mi vida.

—Papá...

—¿Qué?

—Tuve un accidente.

—¿¡¡¡Cómo!!!? ¿¡¡¡Estás bien!!!?

—Choqué. Nadie está herido.

—¿¡¡¡En qué coche!!!?

—Tu coche.

—¡¡¡Noooooooooooo!!!

Ya tenía el auricular a 20 centímetros del oído. Y aun así me dolió el grito.

Hice que se llevaran el coche a la agencia Ford, para ver si podían salvarlo. Puesto que era sábado, me dijeron que no podrían trabajar sino hasta el lunes. El lunes mi padre recibió una llamada del taller. El gerente dijo que cuando sus empleados abrieron el maletero para reparar el coche, el olor de la basura (la que olvidé sacar) era tan terrible que se negaron a repararlo. Si crees que mi padre estaba enojado, lo hubieras visto en ese momento.

Durante las siguientes semanas me sentí como un perro. No estaba enfadado por el choque. Lo que me enojaba era que había roto dos promesas: "No me llevaré tu coche, papá", y "No te preocupes. Sacaré la basura del maletero". Fue un reintegro enorme y me llevó mucho tiempo reconstruir mi CBR con él.

El cumplir con compromisos y promesas es crucial para formar confianza. Debes hacer lo que prometes. Si dices a tu madre que volverás a la casa a las once, y si no, lavarás los platos, entonces hazlo y con eso tienes un depósito. Promete juiciosamente y luego haz todo lo que puedas para cumplir. Si descubres que no puedes cumplir con un compromiso por alguna razón (eso sucede), entonces explícalo a la otra persona.

—Hermanita, realmente siento mucho que no pueda jugar contigo esta noche. Se me olvidó que tenía una junta en el club de debates. Pero lo haremos mañana.

Si eres genuino y haces todo lo posible por cumplir con tus promesas, la gente comprenderá cuando suceda algo.

Si tu CBR con tus padres está en malas condiciones, trata de formarla cumpliendo con tus compromisos, porque cuando tus padres confían en ti, todo funciona mucho mejor. Pero no es necesario decirte lo que ya sabes.

PEQUEÑOS ACTOS DE GENEROSIDAD

¿Alguna vez has tenido uno de esos días en que todo sale mal y te sientes muy deprimido, y de pronto, como salido de la nada, alguien te dice algo bonito y te alegra el día? A veces, hasta la más pequeña cosa, un saludo, un mensaje amable, una sonrisa, un elogio, un abrazo, pueden producir una enorme diferencia. Si quieres formar amistades, intenta hacer estas pequeñas cosas, porque en las relaciones las cosas pequeñas *son* grandes. Como dijo Mark Twain: "Puedo vivir tres meses de un buen elogio".

Una amiga mía, Renon, una vez me habló de 1.000 dólares que su hermano hizo a su CBR:

> Una palabra amable puede calentar tres meses invernales.
>
> REFRÁN JAPONÉS

Cuando estaba en tercero de secundaria, mi hermano mayor Hans, que cursaba primero de bachillerato, parecía ser para mí la cúspide de la popularidad. Era bueno en los deportes y tenía muchas amigas. Nuestra casa siempre estaba llena de sus buenos amigos, con los que yo soñaba que alguna vez me consideraran algo más que "la hermanita tonta". Hans pidió a Rebecca Knight, la muchacha más popular de la escuela, que fuera su pareja en un baile estudiantil. Ella aceptó. Hans alquiló un traje, compró flores y, junto con su popular grupo, alquiló una limusina y reservó mesa en un restaurante muy lujoso. Entonces ocurrió el desastre. En la tarde del baile, Rebecca se enfermó terriblemente de gripe. Hans no tenía con quién salir y era demasiado tarde para pedírselo a otra muchacha.

Había muchas formas en las que Hans pudo haber reaccionado, incluyendo enfadarse, sentir lástima de sí mismo, culpar a Rebecca, incluso creer que no estaba realmente enferma y que simplemente no quería salir con él, en cuyo caso tendría que pensar que era un fracasado. Pero Hans eligió no solo ser proactivo, sino compartir con otra persona la noche más importante de su vida.

Y me pidió a mí, ¡a mí!, ¡su hermanita!, acompañarlo.

¿Puedes imaginar mi éxtasis? Mamá y yo volamos por toda la casa para prepararme. Pero cuando la limusina llegó con todos sus amigos, casi me muero de miedo. ¿Qué pensarían? Pero Hans solo sonrió, me dio el brazo y orgullosamente me acompañó hasta el coche, como si yo fuera la reina de la fiesta. No me advirtió que no actuara como una niña; no se disculpó ante los demás; ignoró el hecho de que yo llevaba un vestido simple, mientras que las demás muchachas tenían vestidos elegantes.

Quedé deslumbrada por la fiesta. Por supuesto, derramé ponche en mi vestido. Estoy segura de que Hans sobornó a todos sus amigos para que bailaran al menos una vez conmigo, porque nunca pude sentarme. Algunos de ellos incluso fingieron pelear por bailar conmigo. Lo pasé de maravilla. Y también Hans. Mientras los muchachos bailaban conmigo, ¡él bailaba con sus amigas! A decir verdad, todo el mundo fue maravilloso conmigo durante toda la noche, y pienso que parte de ello se debió a que Hans eligió sentirse orgulloso de mí. Fue la noche de mis sueños, y pienso que toda muchacha de la escuela se enamoró de mi hermano, quien fue lo suficientemente sereno y generoso, y con la suficiente confianza en sí mismo para invitar a su hermanita a un baile tan especial.

Si, como dice el refrán japonés, "una palabra amable puede calentar tres meses invernales", piensa en los muchos meses invernales que fueron calentados por este solo acto generoso.

No es necesario buscar mucho para hallar oportunidades de actos generosos. Un joven llamado Lee, quien ya conocía la CBR, me narró esto:

Soy el presidente de la sociedad de alumnos de mi escuela. Decidí poner en práctica los pequeños depósitos de generosidad que aprendí, dando una simple nota a los demás miembros de la sociedad de alumnos que no me conocían bien. Les dije que me gustaba cómo trabajaban. Me llevó apenas cinco minutos escribir las notas.

Al día siguiente, una de las muchachas a las que escribí la nota se me acercó y abruptamente me abrazó. Me agradeció por la nota, y me dio una carta y un dulce. La carta decía que había tenido un día espantoso. Se sentía muy tensa y deprimida. Mi nota le cambió todo el día, ayudándola a solucionar felizmente las cosas que tanto dolor le causaron. Lo extraño es que apenas la conocía cuando le di la nota, y estaba seguro de que no le caía bien porque nunca me ponía atención. ¡Qué sorpresa! No podía creer lo mucho que le significó una simple nota.

Los pequeños actos de generosidad no siempre necesitan ser de uno al otro. También puedes unirte a otros para hacer un depósito. Recuerdo que leí sobre un depósito que hicieron los alumnos del instituto Joliet Township Central, cerca de Chicago, en la vida de una joven llamada Lori, que no sabía nada, cuando la nombraron reina.

Verás: a diferencia de la mayoría de los estudiantes, Lori era discapacitada y se movía por la escuela en una silla de ruedas motorizada. Debido a una parálisis cerebral, a veces era difícil entender lo que decía, y sus movimientos eran torpes.

Después de ser nominada como reina por los estudiantes de la sociedad de Profesionales Comerciales de Estados Unidos, Lori tuvo su gran oportunidad cuando los estudiantes redujeron el número de candidatas a diez. Poco después, en una asamblea, se anunció que ella había ganado. Los 250 estudiantes asistentes comenzaron a vitorear: "¡Lori, Lori!". Un día después seguía recibiendo visitas en casa y rosas por docenas.

Cuando se le preguntó cuánto tiempo llevaría la corona, Lori respondió: "Por siempre". Sigue la regla de oro y trata a los demás como te gustaría que te trataran a ti. Piensa en lo que significa un depósito para los demás, y no lo que a ti te gustaría como depósito. Un bonito regalo puede ser un depósito para ti, pero escuchar con sinceridad puede ser un depósito para otra persona.

Si puedes decir algo bueno, no permitas que eso se te olvide. *Dilo.* Como escribió Ken Blanchard en su libro *El ejecutivo al minuto*: "¡Los buenos deseos que no se expresan no valen nada!". No esperes a que alguien muera para darle flores.

SER LEAL

Nunca olvidaré cuando en primer año de instituto fui a ver un partido de baloncesto con mi amigo Eric. Comencé a burlarme de uno de los jugadores que siempre estaba en el banquillo. Era un buen tipo y siempre había sido generoso conmigo, pero muchas otras personas se estaban burlando de él, así que pensé que debía hacerlo también. Esto hizo reír a Eric. Después de haber criticado a este tipo durante algún rato, resultó que me volví y, para mi horror, vi a su hermano menor, que estaba sentado tras de mí.

Había oído todo. Nunca olvidaré la expresión de traición en su rostro. Volviéndome rápidamente, quedé en silencio durante el resto del juego. Me sentí como un completo imbécil, que se hacía cada vez más pequeño. ¡Vaya si aprendí esa noche una importante lección sobre la lealtad!

Uno de los mayores depósitos en la CBR que puedes hacer es ser leal con los demás, no solo cuando estés en su presencia, sino especialmente cuando *no* estén presentes. Cuando hablas a espaldas de los demás, solo te haces daño a ti mismo, y de dos formas.

Primero, haces reintegros de todos los que escuchan tus comentarios. Si me oyes hablar mal de Greg cuando él no está ahí para defenderse, ¿qué pensarás que haré cuando tú no estés presente? Correcto: hablaré mal de ti.

Segundo, cuando hablas mal o dices chismes, haces lo que yo llamo "reintegro invisible" de la persona a la que atacas. ¿Alguna vez has sentido que alguien hablaba mal de ti a tus espaldas? No lo oíste, pero pudiste sentirlo. Es extraño, pero así es. Si hablas bien de las personas cuando están frente a ti, pero hablas mal de ellas en cuanto vuelven la espalda, no pienses que no lo sentirán. De alguna forma eso se comunica.

Los chismes son un problema muy grave entre los jóvenes, especialmente entre las chicas. Los varones por lo general prefieren otras formas de atacar a los demás (se conocen como puños), pero las muchachas prefieren las palabras. ¿Por qué contar chismes es tan popular? En primer lugar, se tiene la reputación de otra persona en nuestras manos, y eso da una sensación de poder. En segundo lugar, contamos chismes porque nos sentimos inseguros, temerosos o amenazados. Por eso los chismosos generalmente prefieren ir en contra de personas que parecen distintas, piensan de otro modo, tienen confianza en sí mismas o resaltan de algún modo. Pero ¿no es más bien tonto pensar que destrozar a alguien nos hace sentir fuertes?

El chisme corre libremente en internet. Ves fotos de lo que todo el mundo está haciendo y es fácil sentirse celoso o excluido. Puede traer consigo un deseo de destrozar a otra gente. Esta anécdota, narrada por mi amiga Annie, ilustra su venenoso poder:

El verano después de la graduación de bachillerato, mi mejor amiga, Tara, y yo salíamos con dos tipos fantásticos. Ellos eran muy amigos entre sí, nosotras éramos las mejores amigas, y con mucha frecuencia salíamos los cuatro. Un fin de semana, Tara y mi novio, Sam, salieron de vacaciones con sus respectivas familias. El novio de Tara, Will, me llamó y me dijo:

—Vamos al cine, puesto que Tara y Sam se fueron de vacaciones y tú y yo no tenemos nada que hacer.

Realmente salimos como amigos: Will lo sabía, y yo también. Desde luego, alguien nos vio en el cine y malinterpretó la situación. En un pueblo pequeño, las cosas tienen la tendencia a crecer. Cuando Tara y Sam volvieron, y aun antes de que tuviera la oportunidad de hablar con mi mejor amiga o mi novio, ya se había corrido la voz. No hubo forma de ir en contra de esos chismes y rumores. En cuanto les dije "hola", tuve como respuesta una helada corriente de aire ártico. No hubo explicaciones. No hubo comunicación. Mi mejor amiga y mi novio prefirieron creer en los rumores que se difundieron, y su propio enojo añadió gasolina al fuego. Ese verano aprendí una dura lección sobre la lealtad, y que nunca pude olvidar y tampoco pude sobreponerme a ella. Hasta hoy en día, mi mejor amiga aún no me cree.

En esta catástrofe, me parece que un poco de lealtad hubiera resuelto muchos problemas. ¿Qué es lo que hace leal a una persona?

Las personas leales guardan secretos. Cuando alguien habla de cosas contigo y te pide que "quede entre nosotros", entonces, haz que quede "entre nosotros" en vez de salir corriendo y contarle a todos en el chat de google los detalles más jugosos, como si no tuvieras control sobre tus funciones corporales. Si te gusta que te cuenten secretos, entonces tenlos en secreto y te contarán más.

Las personas leales evitan los chismes. ¿Alguna vez has dudado sobre si salir de una conversación porque temías que alguien comenzara a chismorrear sobre ti? No permitas que los demás piensen lo mismo de ti. Evita los chismes como si fueran una peste. Piensa bien en los demás y dales el beneficio de la duda. Esto no significa que no puedas hablar de otras personas, pero trata de hacerlo de forma constructiva. Recuerda que las mentes vigorosas hablan de ideas; las mentes débiles hablan de los demás.

Las personas leales defienden a los demás. La próxima vez que un grupo comience a contar chismes de otra persona, niégate a participar en esto, o defiende a la persona. Puedes hacer esto sin que parezca que estás sermoneando. Katie, de tercer año de instituto, contó esta anécdota:

Un día, en clase de literatura, mi amigo Matt comenzó a hablar de una muchacha que yo conocía de mi barrio, aunque nunca habíamos sido amigas. Su amigo la había invitado a bailar y comenzó a decir cosas como "es una mocosa" y "le gusta hacer tonterías".

Me volví y le dije:

—Discúlpame, pero Kim y yo crecimos juntas y pienso que es una de las personas más dulces del mundo.

Después de decirlo, me sentí sorprendida de mí misma. En realidad yo había intentado llevarme bien con ella. Aun cuando Kim nunca supo lo que dije de ella, mi actitud hacia ella cambió, y llegamos a ser muy amigas.

Matt y yo seguimos siendo buenos amigos también. Creo que sabe que puede contar conmigo en una amistad leal.

Se necesita valor para ir en contra de la corriente de los chismes. Pero tras el bochorno inicial que pueda producirte, los demás te admirarán porque saben que eres leal hasta la médula. Yo haría un esfuerzo adicional para ser leal con mis familiares, puesto que estas relaciones duran toda una vida.

Como queda tan bien ilustrado en la serie clásica *Winnie the Pooh*, la gente necesita sentirse segura y a salvo en las relaciones:

Cerdito se acercó en silencio hasta llegar a espaldas de Winnie the Pooh.

—Pooh —murmuró.

—Dime, Cerdito.

—Nada —repuso Cerdito, cogiendo la garra de Winnie the Pooh—. Sólo quería estar seguro de ti.

● ESCUCHAR

Escuchar a los demás puede ser uno de los depósitos más grandes que puedes hacer en la CBR de otra persona. ¿Por qué? Porque la mayoría de la gente no escucha y, además, saber escuchar puede curar heridas, como ocurrió en el caso de Tawni, de 15 años:

A principios de año tenía problemas de comunicación con mis padres. No me escuchaban, y yo no los escuchaba a ellos. Era una de esas situaciones del tipo "yo tengo la razón y tú no". Llegaba tarde y me iba directamente a mi cuarto, y por la mañana desayunaba y me iba a la escuela sin decir nada.

Fui a ver a mi prima, que es mayor que yo, y le dije: "Necesito hablar contigo". Salimos a pasear en coche para poder estar a solas. Me escuchó mientras yo gritaba y lloraba durante dos horas y media. Realmente me ayudó mucho porque me escuchó atentamente. Ella se sentía optimista de que todo se solucionaría, y me sugirió que podía ser útil si trataba de ganarme de vuelta la confianza de mis padres.

Últimamente trato de ver las cosas desde el punto de vista de mis padres. Ya no nos peleamos y las cosas están volviendo a la normalidad.

Todos necesitamos ser escuchados casi tanto como necesitamos comer. Si te tomas un tiempo para nutrir a los demás, crearás fabulosas amistades. Hablaremos más sobre escuchar cuando lleguemos al hábito 5: Busca primero entender, luego ser entendido.

DISCULPARSE

Disculparse cuando gritas, exageras o cometes un error tonto puede restaurar rápidamente una cuenta de banco sobregirada. Pero se necesita valor para ir a un amigo y decirle "Me equivoqué", "Discúlpame" o "Lo siento". Es especialmente difícil admitir que cometiste un error ante tus padres porque, desde luego, tú sabes mucho más que ellos. Lena, de 17 años, dice lo siguiente:

Sé por experiencia propia lo mucho que significa una disculpa para mis padres. Es como si me perdonaran casi cualquier cosa, y estuvieran dispuestos a volver a comenzar si admito mis errores y me disculpo. Pero eso no significa que sea fácil.

Una noche, hace poco, mi madre me regañó por algo que hice y que a ella no le gustó. No acepté absolutamente nada; por el contrario, terminé actuando como si ella y los demás fueran tontos, y cerrando la puerta de mi cuarto en la cara de mi madre.

Tan pronto como estuve en mi cuarto, me sentí fatal. Me di cuenta de que tal vez sabía desde hacía tiempo que yo me había equivocado, y que había sido sumamente grosera. ¿Debería quedarme en mi cuarto y acostarme, y esperar a que todo desapareciera, o ir a mi madre y disculparme? Esperé unos dos minutos, luego me decidí y fui directamente hacia ella, la abracé y le dije que sentía mucho actuar de ese modo. Fue lo mejor que pude haber hecho. Inmediatamente después, fue como si nunca hubiese sucedido. Me sentí ligera, feliz y lista para concentrarme en otra cosa.

No permitas que tu orgullo o falta de valor te impida disculparte ante personas que pudiste ofender, porque nunca es tan terrible como parece, y te hará sentir muy bien después. Además, las disculpas desarman a los demás. Cuando alguien se ofende su tendencia es, por así decirlo, levantar la espada, para protegerse en el futuro. Pero si te disculpas, le quitas el deseo de pelear contra ti y envainarán la espada.

Tomando en cuenta que tú y yo seguiremos cometiendo errores durante el resto de nuestras vidas, no es tan malo hacerse adicto al hábito de disculparse.

FIJAR EXPECTATIVAS CLARAS

—Creo que deberíamos salir con otras personas —tal vez te diga tu pareja.

—Pero yo pensaba que estaríamos juntos por siempre —tal vez respondas.

—Pues en realidad, no.

—¿Y qué hay de lo que me dijiste que sientes por mí?

—No me refería a eso.

¿Cuántas veces no has visto que alguien salió herido porque otra persona le hizo creer otra cosa? Nuestra tendencia es a elogiar y agradar a los demás y, como resultado, muchas veces fijamos expectativas que no son claras o realistas.

Para agradar a tu padre en el momento, tal vez dirías: "Claro, papá, puedo ayudarte a arreglar el coche este fin de semana". Pero, siendo realista, ya tienes todo el fin de semana ocupado y no tienes un segundo libre. A fin de cuentas, decepcionas a tu padre. Habría sido mejor que fueras realista desde el principio. Para desarrollar la confianza, necesitamos evitar el transmitir mensajes vagos, o implicar algo que no es verdad o que es poco probable que suceda.

Jacqueline dice: "Lo pasé de maravilla, Jeff. Hagamos algo la próxima semana". Lo que realmente quiere decir es: "Lo pasé bien. Seamos amigos". Pero puesto que ella creó falsas expectativas, Jeff la seguirá invitando, y Jacqueline seguirá rechazando las invitaciones diciendo: "Tal vez la próxima semana". Todo habría salido mejor si Jacqueline hubiera sido honesta desde un principio.

Cuando tengas un nuevo empleo, relación o entorno, será mejor que te tomes el tiempo necesario para poner las expectativas sobre la mesa, para que todos estén en las mismas condiciones. Se producen muchos problemas porque una persona supone una cosa, y la otra supone otra.

Tu jefe podría decirte: "Necesito que trabajes la tarde del martes".

Podrías responder: "Lo siento, pero prometí a mi madre cuidar a mi hermano pequeño las tardes del martes".

"Debiste decírmelo cuando te contraté. ¿Qué haré ahora?"

Crea confianza diciendo las cosas como son, y fijando expectativas claras desde un principio.

La cuenta bancaria relacional

Un desafío personal

Me gustaría proponerte un desafío personal. Piensa en alguna relación importante en tu vida que esté dañada. Tal vez se trate de uno de tus padres, un hermano o amigo. Ahora comprométete a reconstruir la relación, con un depósito cada vez. En un principio la otra persona tal vez sienta sospechas y se pregunte qué es lo que quieres. "¿Qué te pasa? ¿Quieres algo de mí?" Pero sé paciente y continúa con ello. Recuerda que puede llevar meses reconstruir lo que conseguiste destruir en meses. Pero poco a poco, depósito a depósito, comenzarán a notar que eres sincero en tus intenciones y que realmente quieres renovar la amistad. Nunca he dicho que sería fácil, pero te aseguro que valdrá la pena.

* * *

PRÓXIMAMENTE

Si te encanta un bufet (¿y a quién no?),
te fascinará el siguiente capítulo

PASOS DE BEBÉ

Cumpliendo promesas

1 La próxima vez que salgas por la noche, dile a tus padres a qué hora regresarás, y cúmplelo.

2 Durante todo este día, antes de comprometerte, detente y piensa si puedes o no cumplir. No digas: "Te llamaré esta noche", o "Comamos juntos", a menos que puedas hacerlo.

Pequeños actos de generosidad

3 Regala algo de comer a un indigente esta semana.

4 Escribe a mano una nota de agradecimiento a alguien a quien querías expresar tu gratitud desde hace mucho.

Persona a la que necesito dar las gracias: _____

Ser leal

5 Ubica cuándo y dónde te es más difícil no decir chismes. ¿Es con algún amigo, en las redes sociales? Idea un plan de acción para evitarlo.

6 Intenta pasar todo un día diciendo solo cosas positivas de los demás en las redes sociales.

Escuchar

7 No hables tanto hoy. Pasa el día escuchando.

8 Piensa en algún familiar a quien nunca has querido escuchar, como un hermano menor, hermana mayor o abuelo. Dedica tiempo a hacerlo.

Disculparse

9 Antes de acostarte, escribe un mensaje disculpándote ante alguien a quien hayas ofendido.

Fijar expectativas claras

10 Piensa en alguna situación en la que tú y otra persona tuvisteis distintas expectativas. Idea un plan para estar en la misma longitud de onda.

La expectativa de la otra persona: _____

Mi expectativa: _____

HÁBITO 4

Pensar

ganar-ganar

La vida es un bufet **libre**

¿Para qué vivimos, si no es para hacernos la vida más fácil el uno al otro?

GEORGE ELIOT, ESCRITORA

Asistí a una difícil escuela de administración de empresas que utilizaba la terriblemente célebre calificación de "curva forzada".

Cada salón estaba integrado por 90 estudiantes y en cada clase, el 10 por ciento, o nueve personas, recibirían lo que se llamaba categoría III. La categoría III era una forma amable de decir "¡suspendiste!". En otras palabras, sin importar qué tan bien o mal se desempeñaba el salón en general, nueve personas suspenderían. Y si suspendías en demasiadas clases, se te expulsaba de la escuela. ¡La presión era terrible!

El orgullo no obtiene placer por poseer algo, sino por tener más que el prójimo.

C. S. LEWIS
ESCRITOR

El problema era que todos en la clase eran inteligentes. (Posiblemente yo fui un error en el examen de admisión.) Así, la competencia se hizo sumamente intensa, lo cual influyó (notad que no digo hizo) sobre mis compañeros y yo para que actuáramos de formas curiosas.

En vez de aspirar a obtener buenas calificaciones, como había hecho en el instituto y en la universidad, más bien intentaba no ser una de las nueve personas que suspendería. En lugar de jugar para ganar, jugaba para no perder. Me recuerda el cuento que oí una vez sobre dos amigos que son perseguidos por un oso, y uno se vuelve al otro y le dice: "Acabo de entender que no necesito ser más rápido que el oso; solo necesito ser más rápido que tú".

Un día, en una clase, no pude evitar el ver a mi alrededor y tratar de contar a las nueve personas que eran más tontas que yo. Cuando alguien hacía un comentario estúpido, me sorprendía a mí mismo pensando: "Muy bien, eso quiere decir que suspenderá. Solo faltan otros ocho". A veces no quería compartir mis mejores ideas con los demás al estudiar en grupo, ya que temía que las robaran y obtuvieran por ellas el crédito en mi lugar. Todos estos sentimientos me estaban carcomiendo y me hacían sentir muy pequeño, como si mi corazón fuera del tamaño de una uva. El problema era que pensaba en ganar-perder. Y la forma de pensar ganar-perder siempre llenará tu corazón de sentimientos negativos. Afortunadamente, existe una forma mucho mejor. Se conoce como el Pensar ganar-ganar, y es el hábito 4.

Pensar ganar-ganar es una actitud hacia la vida, un marco de referencia mental que dice: "Yo puedo ganar, y tú también. No es o tú o yo, sino ambos". Pensar ganar-ganar es el fundamento para llevarse bien con los demás. Comienza con la creencia de que todos somos iguales, de que nadie es inferior o superior a los demás, y que en realidad nadie necesita serlo.

Ahora, podrías decir: "Sé realista, Sean. Así no son las cosas. El mundo es competitivo y todo el mundo ataca al que puede. No todos pueden ganar siempre".

Estoy en desacuerdo. No es así la vida. La vida no es competencia, o ganarle a los demás, o tener una puntuación por encima de 95 por ciento. Tal vez así sea en los negocios, los deportes y la escuela, pero esas son apenas instituciones que creamos. Ciertamente no es así en las relaciones. Y las relaciones, como aprendimos en el capítulo anterior, son la sustancia de la que está hecha la vida. Piensa en lo tonto que es decir: "¿Quién está ganando en tu relación, tú o tu pareja?".

Así, exploremos esta extraña idea Pensar ganar-ganar. De mi experiencia propia, la mejor forma de examinarlo es pensar en lo que no es ganar-ganar. No es ganar-perder, perder-ganar o perder-perder. Estas son actitudes hacia la vida comunes pero poco eficientes. Sube a bordo, ponte el cinturón de seguridad y examinemos cada una.

> Oye, Tom, me acabo de dar cuenta de que no necesito ser más rápida que el oso; solo necesito ser más rápida que tú.

GANAR-PERDER: EL TÓTEM

—Mamá, hay un partido muy importante esta noche, necesito llevarme el coche.

—Lo siento, Marie, pero necesito ir al supermercado esta noche. Tendrás que pedir a tus amigos que te recojan.

—Pero, mamá, mis amigos siempre tienen que recogerme. Ya me da cosa.

—Escucha: desde hace una semana te estás quejando de que no hay comida en casa. Este es el único momento en que puedo ir al supermercado. Lo siento.

—No lo sientes. Si lo sintieras me permitirías llevarme el coche. Eres muy injusta. Yo no te importo.

—De acuerdo, de acuerdo. Anda, llévate el coche. Pero no me vengas a llorar mañana que no hay nada que comer.

Marie ganó y mamá perdió. Esto se llama ganar-perder. Pero ¿realmente ganó Marie? Tal vez esta vez sí, pero ¿cómo se siente mamá? ¿Y qué hará la próxima vez que tenga oportunidad de desquitarse con Marie? Por eso, a la larga, nunca sirve pensar ganar-perder.

Ganar-perder es una actitud hacia la vida que dice que el pastel del éxito solo tiene este tamaño, y si obtienes la porción grande, hay menos para mí. Así, me aseguraré de obtener antes que nadie mi porción, u obtener una porción más grande que la tuya. Ganar-perder es competitivo. Yo lo llamo el síndrome del tótem: "No me importa lo bueno que sea, mientras yo esté encima de ti en el tótem". Las relaciones, amistades y la lealtad son secundarias para ganar el juego, ser mejor y salirte con la tuya.

Ganar-perder está lleno de orgullo. Como dijo C. S. Lewis: "El orgullo no obtiene placer por poseer algo, sino por tener más que el prójimo... Es la comparación lo que te hace sentir orgulloso, el placer de estar por encima de los demás".

No te sientas mal si a veces piensas en ganar y en perder, porque todos fuimos educados para hacer esto desde muy pequeños, especialmente quienes fueron criados en Estados Unidos. Los países asiáticos tienden a cooperar mucho más en sus actitudes.

Para ilustrar lo que digo, sigamos a Rodney, un muchacho ordinario, al crecer. La primera experiencia de Rodney con la competitividad se inicia en tercer año de primaria, cuando corre en un evento deportivo y descubre rápidamente que se otorgan medallas solo al primero, segundo y tercer lugares. Rodney no gana ninguna carrera pero le emociona recibir al menos una medalla por la *participación*, hasta que su mejor amigo le dice: "Esas medallas no son importantes, porque cualquiera puede recibirlas".

Cuando Rodney ingresa en la secundaria, sus padres no pueden comprarle la ropa de última moda, por lo que Rodney tiene que usar ropas menos llamativas. No puede evitar el darse cuenta de que sus amigos más pudientes sí las visten, y siente que no está a su altura.

En bachillerato, Rodney comienza a tocar el violín y entra a la orquesta. Pero se da cuenta de que solo una persona puede ser primer violín. Rodney se siente decepcionado cuando se le asigna a segundo violín, pero se siente muy bien por no ser el tercero.

En casa, Rodney fue el hijo favorito de su madre durante varios años. Pero ahora su hermano menor, quien ganó muchas medallas en las competiciones, pasa a ser el niño adorado de mamá. Rodney comienza a estudiar mucho más en la escuela, porque piensa que si puede obtener mejores calificaciones que su hermano, volverá a ser el consentido.

Tras el instituto, Rodney está listo para ingresar en la universidad. Así, hace el examen de admisión y se da cuenta de que está en el grupo medio de calificaciones, lo cual significa que es más listo que otros, pero hay más listos que él. Desafortunadamente, su calificación no es lo suficientemente buena para ingresar en la universidad que quería.

La universidad a la que Rodney ingresa utiliza calificaciones de curva forzada. En su primera clase de química, donde hay 30 estudiantes, Rodney se entera de que solo hay diez calificaciones buenas que se otorgarán. El resto sacará calificaciones medias o insuficientes. Rodney trabaja mucho para evitar la calificación mediocre o insuficiente, y afortunadamente obtiene la última calificación buena que quedaba.

Y la historia continúa...

Después de vivir en un mundo así, ¿acaso es una sorpresa que Rodney y el resto de nosotros piense que la vida es una competencia y que ganar lo es todo? ¿Es alguna sorpresa que con frecuencia veamos a nuestro alrededor para constatar cómo estamos apilados en el tótem, como si fuera un gallinero? Afortunadamente, tú y yo no somos víctimas. Tenemos la fortaleza para ser proactivos y elevarnos por encima de este condicionamiento ganar-perder.

La actitud de ganar-perder tiene muchos rostros. Los siguientes son algunos de ellos:

- Utilizar a otras personas, física o emocionalmente, para tus propios propósitos egoístas.
- Tratar de avanzar a expensas de los demás.
- Difundir rumores sobre otra persona (como si disminuir a alguien te hiciera más fuerte).
- Insistir con siempre salirte con la tuya, sin que te importen los sentimientos de los demás.
- Sentir celos o envidia cuando le sucede algo bueno a otro.

A fin de cuentas, ganar-perder generalmente es un tiro por la culata. Puedes terminar en la cúspide del tótem. Pero estarás ahí solo y sin amigos. "El problema con este mundo salvaje", dijo la actriz Lily Tomlin, "es que incluso ganando, sigues siendo un salvaje."

PERDER-GANAR: EL FELPUDO

Un joven escribió:

"Yo prefiero ser pacífico. Prefiero aceptar la culpa que meterme en una discusión. Constantemente me veo a mí mismo diciendo que soy torpe...".

¿Te ves a ti mismo identificándote con esto? De ser así, has caído en la trampa de perder-ganar. En la superfície, perder-ganar se ve mejor, pero es tan peligroso como ganar-perder. Es el síndrome del felpudo. Perder-ganar dice: "Haz lo que quieras conmigo. Límpiate los pies en mí. Todos los demás lo hacen".

Perder-ganar es débil. Es fácil piso-tearlo. Es fácil ser la buena persona. Es fácil ceder a todo, todo en nombre de hacer la paz. Es fácil permitir que tus padres se salgan con la suya contigo, en lugar de decirles lo que sientes.

Con una actitud perder-ganar, te verás a ti mismo fijarte bajas expectativas y comprometiendo tus normas una y otra vez. Ceder a la presión de los compañeros es perder-ganar. Tal vez no quieras hacer novillos, pero el grupo quiere que lo hagas. Así, cedes. ¿Qué sucede? Tú pierdes y ellos ganan. Esto se llama perder-ganar.

Una joven llamada Jenny una vez me habló de sus aventuras en el mundo de perder-ganar durante su segundo año de secundaria, hasta que finalmente se liberó:

Los problemas con mi madre comenzaron un día en que ella me dijo, sarcástica: "Pues sí que estás hoy insolente". Lo tomé tan literalmente que desde entonces decidí apartarme de ella y nunca responderle. Comencé a fingir el respeto y autoridad que ella quería. Así, cada vez que ella decía algo, aun si estaba en desacuerdo, simplemente decía: "Lo que quieras, mamá". La mitad de las veces ella ni siquiera sabía que las cosas me molestaban, porque no se lo decía.

Cuando fijaba reglas sobre los amigos y la hora de irse a acostar, era siempre: "Lo que tú digas". Era más fácil hacer lo que ella me pedía, porque nunca sentí que mis opiniones o sugerencias fueran tomadas en serio.

Pero pronto me enfadé. Y mi resentimiento comenzó a acumularse. Una noche, acababa de contarle de unos deberes en la escuela, y ella respondió: "Sí, está bien", y siguió limpiando el piso de la cocina.

"¿Es que ni siquiera te importa?", pensé. Pero no dije nada y me fui. Ella ni siquiera tenía idea de que estaba alterada. Tal vez ella habría estado dispuesta a hablar si yo le hubiera dicho que era muy importante. Pero parecía que yo quería ser la víctima y aceptar todo lo que ella hiciera.

Finalmente, estallé: "Mamá, esto debe cambiar. Ya no puedo contigo. Me dices todo lo que quieres que haga, y simplemente lo hago porque es más fácil que pelear contigo. Pero ya estoy harta". Me desahogué y le hice saber los sentimientos que tenía en mi interior. Todo esto le cayó de sorpresa.

Tras mi estallido, las cosas fueron muy tensas durante un tiempo. Ambas sentíamos que estábamos comenzando la relación desde cero. Pero todo está mejorando con el tiempo. Ahora hablamos las cosas, y siempre le digo lo que siento.

Si adoptas perder-ganar como tu actitud básica ante la vida, entonces los demás te pisotearán. Y eso está realmente mal. También tendrás que ocultar siempre lo que sientes. Y eso no es saludable.

Desde luego, siempre hay un momento en que perdemos. Perder-ganar está bien si el asunto no es importante para ti, como cuando tú y tu hermana no podéis estar de acuerdo en el lado del armario que os toca, o si a tu madre no le gusta la forma en que coges el tenedor. Que los demás ganen en las cuestiones pequeñas y será un depósito en su CBR. Pero siempre defiende las cosas que te sean importantes.

Si estás atrapado en una relación de abuso, estás totalmente dentro de perder-ganar. El abuso es un círculo vicioso de hacer daño y reconciliarse, una y otra vez. Nunca mejora. No hay forma de que ganes, y necesitas salir de ello. No pienses que el abuso es por tu culpa, y por eso te lo mereces. Así es como piensa el felpudo. Nadie merece recibir abusos. (Consulta la página 255 para conocer los teléfonos de ayuda en España.)

PERDER-PERDER: EL POZO SIN FONDO

Perder-perder dice: "Si yo caigo, tú caes conmigo". Después de todo, a la miseria le gusta estar acompañada. La guerra es un buen ejemplo de perder-perder. Piénsalo: quien mata más personas es quien gana la guerra. Eso no suena a que alguien pueda ganar algo. La venganza también es perder-perder; al vengarte, tal vez pienses que estás ganando, pero solo te estás haciendo daño a ti mismo.

Perder-perder es lo que generalmente sucede cuando se reúnen dos personas ganar-perder. Si lo que quieres es ganar a toda costa, y la otra persona también quiere ganar a toda costa, entonces ambos terminarán perdiendo. Perder-perder también ocurre cuando alguien se obsesiona con otra persona de modo negativo. Eso es especialmente probable con las personas más cercanas a nosotros.

"No me importa lo que me suceda en tanto mi hermano fracase."

"Si no puedo tener a Jeff, me aseguraré que tampoco mi amiga Sara lo tenga."

Olivia, una estudiante de primero de secundaria, dice esto:

Mi amiga Maggie y yo hemos sido mejores amigas desde primero de secundaria. Desde el segundo en que nos conocimos fue como, zas, esta es mi nueva mejor amiga. De inmediato fue tan graciosa y tan genial y tan llena de opiniones. Muy en el fondo también me sentía lista y graciosa, pero en la superficie me veía tímida y un poco consciente de mí misma. Maggie podía ver la fuerza debajo de mi apariencia tímida, y por eso me sentía tan bien cerca de ella.

La cosa es que, cuanto más crecíamos, como cuando empezamos el primer año, me empezó a pesar ser todavía callada y cohibida, mientras que Maggie todavía brillaba y les caía bien a todos. Empecé a sentirme como su segunda y en realidad lo resentía. Me puse celosa porque recibía mucha atención por ser la más lista de la clase y porque le gustaba a los chicos y las niñas pensaban que era muy guay. Intenté actuar como ella y quería que todos me trataran de la forma en que la trataban a ella. No sabía cómo ser yo misma.

Me ponía irritable con ella cada vez que me contaba sobre algo bueno que pasaba en su vida. Finalmente, un día exploté con ella por una cosita, pero se convirtió en una pelea enorme y ella dijo "¿Por qué eres mi amiga si me odias?". Le dije que no la odiaba, que estaba celosa nada más. Y que sentía que mi propio encanto y mi propio ingenio y mis propias opiniones no valían nada comparados con los suyos. Y que me sentía mal conmigo misma comparada con ella. Mientras me escuchaba decir todo eso, supe lo estúpido que era y también lo injusto que era para Maggie. No era su culpa; solo estaba siendo ella misma. Fue un período muy duro en nuestra amistad durante un tiempo, pero ella pudo perdonarme mis celos y yo sentí que había superado totalmente la competencia. Me di cuenta de que no tenía que hundirla conmigo para hacerme sentir mejor, solo estoy contenta de estar cerca de una persona tan buena. Y que no tenía que seguir cualquier cosa que ella hiciera solo para caerles bien a otros, podía lograr eso solo siendo yo misma.

Por suerte, la amistad entre Olivia y Maggie cambió de perder-perder de vuelta a un ganar-ganar.

Si no eres muy cuidadoso, las relaciones amorosas también pueden arruinarse y convertirse en perder-perder. Ya lo has visto. Dos buenas personas comienzan a salir y en un principio las cosas van bien. Es ganar-ganar. Pero de modo gradual se hacen emocionalmente codependientes, como si estuvieran pegados. Comienzan a hacerse posesivos y celosos. Necesitan constantemente estar juntos, tocarse, sentirse seguros, como si la otra persona fuese de su propiedad. Finalmente, esta dependencia hace que surja lo peor de cada uno de ellos. Comienzan a pelear, a discutir y a "desquitarse" mutuamente, lo que resulta en una espiral descendente de perder-perder.

GANAR-GANAR: EL BUFET LIBRE

Ganar-ganar es creer que todos pueden ganar. Es al mismo tiempo agradable y difícil. No te pisotearé, pero no me pisotearás a mí. Te preocupas por los demás y quieres que tengan éxito. Pero también te preocupas por ti mismo, y también quieres tener éxito. Ganar-ganar es abundante. Es creer que hay suficiente éxito para dar y repartir. No es tuyo o mío. Es de todos. No es asunto de quién se lleva la porción más grande. Hay comida más que suficiente para todos. Es un bufet de todo lo que puedas comer.

Mi amiga Dawn Meeves me habló de cómo descubrió el poder de pensar en términos de ganar-ganar:

En segundo año de colegio jugaba en el equipo femenino de baloncesto. Era bastante buena para mi edad y lo suficientemente alta para entrar en el equipo universitario, aunque solo estaba en segundo. Una de mis compañeras, Pam, buena amiga y también en el mismo curso, decidió entrar en el equipo.

Yo tenía un buen lanzamiento que podía hacer a tres metros de distancia. Empecé a hacer cuatro o cinco de esos lanzamientos por partido, y se me comenzó a reconocer por ello. Poco después fue aparente que a Pam no le gustaba la atención que se me daba y decidió, de modo consciente o inconsciente, impedir que el balón llegara a mí. No importa lo bien desmarcada que estuviera para poder hacer el lanzamiento, Pam dejó de pasarme el balón.

Una noche, después de jugar un terrible partido en el que Pam evitó que recibiera el balón durante la mayor parte del partido, estaba más cabreada que nunca. Pasé muchas horas hablando con mi padre, examinando todo y expresando mi enfado hacia mi amiga transformada en enemiga. Tras una larga discusión, mi padre dijo que lo mejor que se le ocurría sería dar a Pam el balón cada vez que yo lo tuviera. Siempre. Pensé que era la sugerencia más estúpida que me habían hecho. Simplemente me dijo que funcionaría, y me dejó en la mesa de la cocina, para que lo pensara. Pero no lo hice. Sabía que no funcionaría, y lo descarté como un consejo paternal poco útil.

El próximo juego llegó, y decidí dar a Pam un poco de su propia medicina. Planeé y pensé, y se me ocurrió una misión para arruinar el juego de Pam. En cuanto tuve la bola, oí a mi padre por encima de la muchedumbre. Tenía una voz poderosa, y aunque nunca oigo nada mientras juego a baloncesto, podía oír la voz grave de papá. En el mo-

mento en que tuve la bola, me gritó: "¡Dale la pelota!". Dudé por un instante, y entonces hice lo que sabía que era lo correcto. Aunque yo podía hacer mi tiro, encontré a Pam y le pasé la bola. Por un instante se sorprendió, luego se volvió e hizo el tiro, anotando una canasta. Al correr por la cancha para jugar con la defensa, tuve una sensación que nunca antes había tenido: verdadera felicidad por el éxito de otro ser humano. Y, lo que es más, me di cuenta de que nos había hecho ganar el juego. Era guay ganar. Seguí dándole la bola cada vez que la recibía durante el primer cuarto. Siempre. Durante el segundo medio tiempo, hice lo mismo, tirando solo si se trataba de una jugada ya planeada, o si tenía la cancha libre para tirar.

Ganamos el juego, y en los partidos siguientes, Pam comenzó a pasarme la bola tanto como yo se la pasaba a ella. Nuestro trabajo de equipo se hizo cada vez más vigoroso y también nuestra amistad. Ganamos la mayoría de los partidos de ese año, y nos convertimos en un legendario dúo de jugadoras. El diario local incluso escribió un artículo sobre nuestra capacidad de pasarnos la bola y sentir la presencia de la otra. En general, anoté más puntos que nunca.

Como ves, ganar-ganar siempre crea más. Un bufet interminable. Y como descubrió Dawn, querer que otra persona ganara la llenó de buenos sentimientos. Al pasar la bola, Dawn no anotó menos puntos, sino que logró anotar más. De hecho, ambas anotaron más puntos y ganaron más partidos que si hubieran jugado de forma egoísta.

Posiblemente piensas más en ganar-ganar de lo que tú mismo crees. Los siguientes son ejemplos de la actitud ganar-ganar:

- Recientemente te han ascendido en tu trabajo. Compartes los elogios y reconocimientos con quienes te han ayudado a llegar hasta ahí.
- Has sido elegido para un importante puesto de la sociedad de alumnos, y decides no tener un "complejo de superioridad". Tratas a los demás del mismo modo, incluyendo a los poco populares y los que no tienen amigos.
- Tu mejor amigo ha sido aceptado en la universidad a la que querías ingresar. Tú no lo has logrado. Aunque te sientes muy mal por tu propia situación, te sientes verdaderamente feliz por tu amigo.

- Quieres salir a cenar. Tu amiga quiere ver una película. Decidís juntos alquilar una película y comprar comida para llevar.

Cómo Pensar ganar-ganar

¿Cómo poder hacerlo? ¿Cómo poder sentirte feliz por tu amigo porque ha sido aceptado en la universidad y tú no? ¿Cómo puedes evitar sentirte inferior a tu vecina que tiene ropa chulísima? ¿Cómo puedes hallar soluciones a problemas para que ambos ganéis?

Sugiero dos formas: ganar primero la victoria privada, y evitar los gemelos parásitos.

GANAR PRIMERO LA VICTORIA PRIVADA

Todo comienza contigo mismo. Si te sientes extremadamente seguro y no pagaste el precio para ganar la victoria privada, te será muy difícil pensar en ganar-ganar. Te sentirás amenazado por los demás. Te será difícil sentirte feliz por sus éxitos. Será difícil compartir el elogio o el reconocimiento. Las personas inseguras se sienten celosas con mucha facilidad. Esta conversación entre Doug y su novia es típica de una persona insegura:

—¿Quién es ese tipo que te pone "me gusta" a todo lo que cuelgas en Facebook? —pregunta Doug.

—Es un buen amigo que conozco desde muy pequeña —responde ella.

—No quiero que respondas a ese tipo —replica Doug.

—Doug, es solo un amigo, y lo conozco desde hace mucho. Fuimos juntos a la primaria.

—No me importa desde hace cuánto lo conoces. No deberías ser tan amigable con él.

—No es tan importante. Le gustaron las fotos o así.

—¿Estás comprometida conmigo, o no?

—De acuerdo, Doug. Si eso es lo que quieres, no volveré a hablar con él.

¿Notas lo difícil que es para Doug ser generoso en esta situación, en tanto se sienta inseguro y emocionalmente dependiente de su novia? Doug necesita comenzar consigo mismo. Al hacer depósitos en su CBP, tomar la responsabilidad de su propia vida, idear un plan, aumentará su confianza y seguridad, y comenzará a disfrutar con los demás, en vez de sentirse amenazado por ellos. La seguridad personal es el fundamento para Pensar ganar-ganar.

EVITAR LOS GEMELOS PARÁSITOS

Existen dos hábitos que, como los parásitos, pueden carcomerte lentamente desde tu interior. Son gemelos y sus nombres son *competir* y *comparar*. Es virtualmente imposible pensar en ganar-ganar teniéndolos cerca.

Competir

La competencia puede ser muy saludable. Nos impulsa a mejorar, a dar más de nosotros mismos. Sin ella, no podríamos saber hasta dónde podemos llegar. En el mundo de los negocios, hace que nuestra economía prospere. La gloria de las Olimpiadas es la excelencia en el marco de la competencia.

Pero hay otro lado de la competencia que no es tan agradable. En la película *La guerra de las galaxias*, Luke Skywalker conoce un escudo de energía positiva llamado "la fuerza", que da vida a todas las cosas. Posteriormente, Luke se enfrenta al malvado Darth Vader y conoce el "lado oscuro" de la fuerza. Como dice Darth: "No conoces el poder del lado oscuro". Es así con la competencia. Hay un lado luminoso y otro oscuro, y ambos son poderosos. La diferencia es la siguiente: la competencia es saludable cuando compites contra ti mismo, o cuando te desafía a dar lo mejor de ti. La competencia se hace oscura cuando relacionas tu autoestima con el ganar, o cuando la utilizas para ponerte por encima de otro.

Papá, busquemos una solución ganar-ganar

En un libro llamado *The Inner Game of Tennis* [El juego interior del tenis], de Tim Galwey, di con unas palabras que lo dicen perfectamente. Tim escribe:

Cuando la competencia se utiliza como una forma de crear una autoimagen en relación con los demás, surge lo peor de la persona; entonces, los temores y frustraciones comunes se exageran en gran medida. Es como si algunos pensaran que solo siendo el mejor, solo siendo el ganador, merecerán el amor y respeto que buscan. A los niños a quienes se enseñó a medirse de este modo, con frecuencia llegan a ser adultos impulsados por la compulsión a tener éxito y que ponen lo demás en segundo lugar.

Un famoso entrenador deportivo universitario dijo una vez que las dos peores características que puede tener un atleta son el temor al fracaso y el deseo excesivo de ganar, o la actitud de "ganar a toda costa".

Nunca olvidaré una discusión que tuve con mi hermano menor, después de que su equipo le ganara al mío en un juego de voleibol en la playa.

—No puedo creer que vosotros nos hayáis ganado —dije.

—¿Qué hay de increíble en eso? —repuso—. Piensas que eres mejor atleta que yo, ¿verdad?

—Sé que lo soy. Es fácil probarlo. Avancé mucho más que tú en los deportes.

—Pero estás utilizando una definición muy estrecha de lo que es un atleta. Francamente, pienso que soy mejor atleta porque puedo saltar más y correr más rápido.

—¡Tonterías! No eres más rápido que yo. Y, en todo caso, ¿qué tiene que ver el saltar y correr con esto? Puedo patearte el trasero en todos los deportes.

—¿Ah, sí?

—¡Sí!

Después de calmarnos, ambos nos sentimos como verdaderos imbéciles. Habíamos sido seducidos por el lado oscuro. Y el lado oscuro nunca te deja un buen sabor de boca.

Utilicemos la competencia como una forma de medirnos, pero dejemos de competir por novios, novias, posición social, amigos, popularidad, puestos, atención y todo lo que se le parezca, y comencemos a disfrutar de la vida.

Comparar

Comparar es el gemelo de la competencia. Es igual de canceroso. Compararte con los demás solo puede traerte malas noticias. ¿Por qué? Porque todos estamos en distintos programas de desarrollo. Social, mental y físicamente. Y puesto que todos nos cocemos de forma distinta, no debemos abrir todo el tiempo la puerta del horno para ver cómo se está levantando nuestro pastel en comparación con el del vecino, porque el pastel nunca se inflará. Aunque algunos somos como el tulipán, que crece en el momento en que se planta, otros son como el bambú, que no muestra ningún crecimiento durante cuatro años, pero luego, al quinto, crece 30 metros.

Una vez lo oí descrito de este modo: la vida es como una gran pista de obstáculos. Cada persona tiene su propia pista, separada de los demás por altas murallas. Tu pista queda completa con obstáculos diseñados a tu medida, específicamente para tu crecimiento personal. ¿Qué bien puede hacerte trepar la muralla para ver cómo le está yendo a tu vecino, o ver sus obstáculos comparados con los tuyos?

Formar tu vida con base a cómo te alzas en comparación con los demás, nunca es buen modo. Si obtengo mi seguridad del hecho de que mi promedio es más elevado que el tuyo, o de que mis amigos son más populares que los tuyos, ¿qué sucede cuando llega alguien con promedio mejor o con amigos más populares? Compararnos nos hace sentir

EL BAMBÚ

| AÑO 1 | AÑO 2 | AÑO 3 | AÑO 4 | AÑO 5 |

como una ola del mar empujada de un lado al otro por el viento. Subimos y bajamos, sintiéndonos inferiores en un momento y superiores al siguiente; confiados un instante, e intimidados al siguiente. La única buena comparación es compararte con tu propio potencial.

Me encanta cómo lo dijo el escritor Paul H. Dunn en el discurso titulado "Acerca de sentirse inferior":

La actriz, cantante y compositora Ariana Grande ha sorprendido a Hollywood y a internet. Pero incluso con su fama, está logrando mantener una actitud sana en lo que respecta a su imagen física y las comparaciones. Ella dice: "Demasiadas jóvenes están teniendo desórdenes alimenticios por baja autoestima y una imagen física distorsionada... Yo creo que es muy importante que las niñas se amen y traten con respeto a sus cuerpos".

Ariana incluso comenta: "Algunas veces la gente puede ser increíblemente crítica y de mente cerrada hacia cualquiera que sea diferente o especial, que es por lo que es tan duro para la gente joven hoy en día sentirse lo suficientemente cómoda en su propia piel para no escuchar a la gente que la molesta. Sé feliz con ser tú. Ama tus defectos. Sé dueño de tus rarezas. Y sé consciente de que eres justamente tan perfecto como todos los demás, tal y como eres".

Quizá esta actitud sana y refrescante es por lo que todos la aman a ella y a su música y la razón de que tenga tantos seguidores en Twitter. Esperemos que esta dulce actriz/cantante/bailarina pueda continuar siendo tal inspiración.

Una vez entrevisté a una chica llamada Anne, quien quedó atrapada en la telaraña de las comparaciones durante varios años antes de lograr escapar. Tiene un mensaje para quienes se vean atrapados en ello:

Mis problemas comenzaron durante mi primer año de bachillerato, cuando ingresé en la escuela Clayton Valley. La mayoría de los muchachos de la escuela tenían dinero. Y la ropa lo era todo. La gran pregunta era: ¿quién está vistiendo qué hoy? Había algunas reglas tácitas acerca de la ropa, como nunca usar lo mismo dos veces, y nunca usar lo mismo que otro. La ropa de marca era todo un requisito. Se debía tener cada color como cada estilo.

Durante mi primer año, tuve un novio que iba a segundo y que no le gustaba a mis padres. Al principio nuestra relación fue buena, pero tras un tiempo comenzó a hacerme sentir mal. Me decía cosas como:

"¿Por qué no te vistes como ella?", "¿Por qué te has engordado tanto?", o "Si cambiaras sólo un poco, estarías bien".

Comencé a creer a mi novio. Comencé a mirar a las demás y a analizar las razones por las que no me encontraba tan bien como ellas. Aun cuando tenía un armario lleno de ropa, recuerdo que tenía ataques de angustia porque no podía decidir qué vestir. Incluso comencé a robar en tiendas porque quería tener las mejores prendas, las de última moda. Tras un tiempo, mi identidad dependía de con quién estaba, cómo me veía y qué ropa vestía. Nunca me sentía suficientemente bien, frente a nadie.

Para lidiar con esto, empecé a comer mucho y luego a vomitar. El comer me daba consuelo, y el vomitar me daba una extraña sensación de tener control. Aunque no era gorda, me asustaba engordar. Poco después comenzó a ser una parte muy importante de mi vida. Comencé a vomitar de 30 a 40 veces al día. Lo hacía en la escuela, en los baños, en cualquier lugar que podía. Era mi secreto. No podía decírselo a mis padres, porque no quería decepcionarlos.

Una vez el grupo más popular me invitó a ir al partido de fútbol. Tenían 16 años, uno más que yo. ¡Me sentí tan emocionada! Mi madre y yo pensamos durante horas sobre el atuendo perfecto. Esperé junto a la ventana durante horas, pero nunca vinieron por mí. Me sentí inútil. Pensé: "No vinieron por mí porque no soy guay o porque no soy guapa".

Finalmente, todo estalló. Estaba en el escenario, en una obra de teatro, cuando de pronto quedé totalmente desorientada y me desmayé. Al despertar en el camerino, vi que mi madre estaba a mi lado. "Necesito ayuda", murmuré.

Admitir que tenía un problema fue el primer paso para mi recuperación, que me llevó varios años. En retrospectiva, no puedo creer que haya entrado en tal estado anímico. Tenía todo lo que necesitaba para ser feliz, y sin embargo me sentía miserable. Yo era una muchacha simpática, delgada y talentosa que se vio atrapada en un mundo de comparaciones que estaba hecho para que nunca me sintiera satisfecha. Quiero gritarle al mundo: "Nunca te hagas esto a ti mismo. No vale la pena".

La clave de mi recuperación fue conocer amigos realmente buenos que me hicieron sentir importante por la persona que yo era, y no por lo que vestía. Me decían: "No necesitas eso. No está a tu altura". Comencé a cambiar por mí misma, y no porque otro me dijera que debía cambiar para ser digna de su amor.

La moraleja de esto es: Deja de hacerlo. Rompe el hábito. Compararte puede convertirse en una adicción tan fuerte como las drogas o el alcohol. No necesitas vestirte o parecerte a una modelo para ser lo suficientemente buena. Tú sabes lo que es realmente importante. No te veas atrapada en ese juego, ni te preocupes por ser popular durante tu juventud, porque la mayor parte de la vida viene después. (Consulta los teléfonos y las páginas de internet sobre desórdenes alimenticios en Estados Unidos en la central de información.)

Rompe

● LOS FRUTOS DEL ESPÍRITU GANAR-GANAR

Aprendí a nunca subestimar lo que sucede cuando alguien piensa en ganar-ganar. La siguiente es la experiencia de Andy:

Al principio, me parecía inútil ganar-ganar. Pero empecé a aplicarlo en mis trabajos después del instituto, y me fue bien. Ahora lo uso desde hace dos años y honestamente es brutal lo poderoso que es este hábito: ojalá lo hubiera conocido antes en mi vida. Me enseñó a utilizar mi capacidad de liderazgo y a encarar mi trabajo con una actitud de: "Hagamos más divertido este trabajo. Hagamos que sea un beneficio tanto para mí como para mi jefe". Ahora me reúno mensualmente con mi gerente y le digo lo que puedo ver en la empresa que no se está haciendo, y que yo mismo estoy dispuesto a hacer.

En la última reunión con mi gerente, ella me dijo: "Siempre me pregunté cómo pudimos terminar con los cabos sueltos. Estoy impresionada por la forma en que buscas oportunidades y tu disposición para desempeñarte". Y me dio un aumento de un euro por hora.

Créeme: esto de ganar-ganar se contagia. Si eres de corazón generoso, ayudas a los demás a tener éxito y estás dispuesto a compartir el reconocimiento, serás un imán de amigos. Piénsalo. ¿No te encanta la gente que se interesa por tu éxito y que quiere que ganes? Te hace sentir que quieres ayudarlos a cambio, ¿verdad?

El espíritu ganar-ganar puede aplicarse a cualquier situación, desde el trabajo hasta los grandes conflictos con tus padres. Ben explica:

Mis padres solo nos dejan usar la tablet de la familia a mi hermana y a mí durante una hora cada día. Al principio peleábamos sobre quién la había pedido primero porque ambos queríamos usarla, algunas veces para buscar algo para la escuela y otras solo para entrar a Twitter o ver un programa. Decidimos intentar algo nuevo. Alternaríamos quién iría primero cada día, y luego algunas veces incluso entraríamos en Twitter o veríamos juntos un programa, lo que lo hacía más divertido en realidad.

Hay veces en que no importa cuánto se trate, no se puede hallar una solución ganar-ganar. Puede ser que la otra persona se incline tanto por el ganar-perder, que ni siquiera tienes ganas de acercártele. Eso sucede. En tales situaciones, no te rebajes (en ganar-perder) ni permitas que te pisoteen (perder-ganar). En vez de ello, opta por ganar-ganar o «no hay trato». En otras palabras, si no puedes hallar una solución que funcione para ambos, decide no jugar. No hay trato. Por ejemplo, si tu amigo y tú no podéis decidir lo que queréis hacer una noche, en vez de hacer una actividad que no le guste a alguno de vosotros, separaos esa noche y reuníos en otra ocasión. O si tu pareja y tú no podéis desarrollar una relación ganar-ganar, lo mejor será optar no hacer trato y separarse. Es mejor que optar por ganar-perder, perder-ganar o, lo que es peor, perder-perder.

Bryan, de 15 años, a quien su padre le enseñó el ganar-ganar, nos narra una interesante anécdota:

El año pasado, mi amigo Steve y yo queríamos ganar algún dinero durante las vacaciones de verano. Así, comenzamos a lavar ventanas y cortar céspedes. Pensábamos que un buen nombre para nuestra empresa era "Verde y limpio".

Los padres de Steve tenían un amigo que necesitaba lavar sus ventanas, y en poco tiempo se corrió la voz y conseguimos varios trabajos.

Usamos un programa del ordenador de mi papá para crear una hoja a la que llamamos "contrato ganar-ganar": al llegar a la casa mediríamos la ventana y haríamos un presupuesto; dejaríamos en claro que tendrían las ventanas limpias a cambio de un precio fijo. El contrato tenía una línea donde podían firmar. Si no les gustaba nuestro trabajo, sabríamos que no nos volverían a llamar. Una vez hubiéramos terminado, iríamos con ellos a mostrarles nuestro trabajo. Queríamos que supieran que somos responsables. Esto nos pondría en mejor posición frente al cliente.

Tenemos un fondo "Verde y limpio". Una vez que comenzamos a ganar dinero, lo dividimos y apartamos una suma para comprar equipo para lavar ventanas. Mientras nuestros clientes estén contentos, y sus ventanas queden limpias, ellos ganan. Y nosotros también ganamos, porque a los 15 años, es una forma en que podemos ganar algo de dinero adicional.

Observa cómo te hace sentir

No es fácil desarrollar una actitud ganar-ganar. Pero puedes hacerlo. Si piensas ganar-ganar solo el 10 por ciento del tiempo, comienza a pensarlo el 20 por ciento del tiempo, luego el 30 por ciento, y así sucesivamente. Al final, se convertirá en un hábito mental y ni siquiera tendrás que pensarlo. Se convertirá en parte de lo que tú eres.

Lo que tal vez sea el beneficio más sorprendente de pensar en ganar-ganar es la buena sensación que produce. Una de mis anécdotas favoritas que ilustra el poder de pensar en ganar-ganar es la historia real de Jacques Lusseyran tal y como se describe en su autobiografía *Y se hizo la luz*. Los editores de la revista *Parábola*, quienes escribieron el prólogo del libro, resumen la historia de Lusseyran de este modo:

"Nacido en París en 1924, tenía 15 años al iniciarse la ocupación alemana, y a los 16 había formado y dirigía un movimiento de resistencia clandestina [...] que se inició con 52 jóvenes [...] y que en un año había crecido hasta 600. Esto ya parecería suficientemente notable, pero agreguen el hecho de que, a partir de los ocho años, Jacques había quedado totalmente ciego".

Aunque ciego, Jacques podía ver, pero de un modo distinto. Como dice él: "Vi la luz y seguí viéndola aunque estaba ciego... Podía sentir que la luz se alzaba, se difundía, se posaba sobre objetos, dándoles forma, luego dejándolos... Viví en una corriente de luz". Él considera "mi secreto" a esta corriente de luz en la que vivía.

Sin embargo, había momentos en que la luz de Jacques lo abandonaba y él quedaba en la penumbra. Era cada vez que pensaba en ganar-perder. Como él dice:

"Cuando jugaba con mis amigos más pequeños, si de pronto sentía la necesidad de ganar, ser el primero a toda costa, entonces no veía nada. Literalmente, era como si entrara en niebla.

"Ya no podía darme el lujo de sentirme celoso o poco amistoso porque, tan pronto como lo sentía, una venda me cubría los ojos, y me sentía atado de pies y manos, y excluido. De pronto, se abría un agujero negro y en su interior me sentía indefenso. Pero cuando me sentía feliz y sereno, encaraba a los demás con confianza y les deseaba lo mejor, me sentía gratificado con luz. Así, es sorprendente que aprendiera a amar la amistad y la armonía desde que era muy pequeño".

La verdadera prueba de si estás pensando ganar-ganar, o una de las alternativas, es cómo te sientes. El pensamiento ganar-perder y perder-ganar nublará tu juicio y te llenará de sentimientos negativos. Simplemente no puedes darte el lujo de hacerlo. Por otra parte, tal y como descubrió Jacques, Pensar ganar-ganar llenará tu corazón de pensamientos felices y serenos. Te dará confianza. Incluso te llenará de luz.

★ ★ ★

PRÓXIMAMENTE

En el próximo capítulo te revelaré el secreto de cómo ponerte en el lugar de tus padres de forma positiva. ¡No te detengas ahora!

PASOS DE BEBÉ

1 Ubica un aspecto de tu vida en donde más luches con comparaciones. Tal vez se trate de ropa, rasgos físicos, amigos o talentos.

Donde lucho más con las comparaciones: _____

_____

2 Si practicas deportes, demuestra el espíritu deportivo. Elogia a alguien del equipo contrincante al terminar el partido.

3 Si alguien te debe dinero, no temas mencionárselo de forma amistosa: "¿Recuerdas los diez euros que te presté la semana pasada? Podría necesitarlos ahora". Piensa en ganar-ganar, y no en perder-ganar.

4 Sin importar si ganes o pierdas, juega a juegos con otros, solo por diversión.

5 ¿Estás a punto de tener un examen importante? Si es así, forma un grupo de estudio y comparte tus mejores ideas con los demás. A todos os irá mejor.

6 La próxima vez que alguien cercano a ti tenga éxito, siéntete genuinamente feliz en vez de sentirte amenazado.

7 Piensa en tu actitud general hacia la vida. ¿Está basada en el pensamiento ganar-perder, perder-ganar, perder-perder o ganar-ganar? ¿Cómo te afecta esta actitud?

8 Piensa en una persona a la que consideres un modelo de ganar-ganar. ¿Qué hay en esta persona que más admiras?

Persona: _____

Lo que más admiro de esa persona: _____

_____

9 ¿Estás en una relación perder-ganar con alguien del sexo opuesto? Si es así, decide lo que debe suceder para convertirlo en algo en lo que tú ganes, u opta por «no hay trato» y termina con la relación.

Busca **primero entender,**
luego ser entendido

**Tenemos
dos oídos**
Y UNA BOCA …
¿Ho-laaaaa?

Antes de ponerme los zapatos de otro, primero debo quitarme los míos.

ANÓNIMO

Digamos que estás comprando un teléfono nuevo. El vendedor te pregunta:

—¿Qué tipo de *smartphone* buscas?

—Busco algo que…

—Creo que sé el que te gustará —te interrumpe—. Todos usan este. Confía en mí.

Sale corriendo y vuelve con el *smartphone* más elegante y delgado que has visto.

—Mira esta monada —te dice.

—Pero, a decir verdad, no puedo pagarlo.

—Pero debes tenerlo. Es lo más buscado ahora.

—No, gracias, no tengo el dinero.

— Te lo aseguro. Te encantará.

—Pero yo…

—Escucha: vendo teléfonos desde hace diez años, y conozco un buen teléfono en cuanto lo veo.

Tras esta experiencia, ¿volverías a entrar a esa tienda? Definitivamente no.

No puedes confiar en personas que te den soluciones antes de comprender cuáles son tus necesidades. Pero ¿sabías que muchas veces hacemos lo mismo al comunicarnos?

—Hola, Melissa, ¿cómo estás? Te ves muy deprimida. ¿Te está pasando algo?

—No podrías entenderlo, Colleen. Pensarías que es una tontería.

—No, no es así. Dime lo que te pasa. Soy toda oídos.

—No sé.

—Vamos, puedes decírmelo.

—Bueno, está bien… Las cosas entre Tyrone y yo ya no son lo mismo.

—Te dije que no te liaras con él. Sabía que te pasaría esto.

—Tyrone no es el problema.

—Escucha, Melissa: si estuviera en tu lugar, me olvidaría de él y seguiría con otra cosa.

—Pero, Colleen, no me siento así.

—Créeme, sé cómo te sientes. Pasé por lo mismo el año pasado. ¿No te acuerdas? Prácticamente me arruiné todo el año.

—Olvídalo, Colleen.

—Melissa, solo trato de ayudarte. Realmente quiero entender. Continúa. Dime cómo te sientes.

Nuestra tendencia es volar por los cielos como Superman y resolver los problemas de todos los demás antes de que podamos comprender qué pasa. Simplemente no escuchamos. Como dice el proverbio de los indios americanos: "Escucha, o tu propia lengua te dejará sordo".

La clave para comunicarse y tener poder e influencia sobre los demás puede resumirse en una sola frase: Busca primero entender, luego ser entendido. En otras palabras, escucha primero y habla después. Este es el hábito 5, y funciona. Si puedes aprender este simple hábito, ver las cosas desde el punto de vista de otra persona antes de hablar del propio, se te abrirá todo un nuevo mundo de comprensión.

La necesidad más profunda del corazón humano

¿Por qué este hábito es la clave de la comunicación? Porque la necesidad más profunda del corazón humano es ser comprendido. Todos desean ser respetados y valorados por lo que son: un individuo único en su tipo, que nunca podrá ser replicado con ingeniería genética (al menos por ahora).

Lo que me faltaba: ya vino "Super Respuesta".

Nadie deja nunca expuestas sus necesidades más íntimas a menos que sienta genuino amor y comprensión. Pero una vez que alguien lo siente, te contará más de lo que quieras oír. La siguiente historia sobre una muchacha con un desorden en su forma de alimentarse muestra el poder de la comprensión:

Yo era anoréxica profesional cuando conocí a Julie, Pam y Lavon, con quienes compartía piso en el primer año de universidad. Pasé mis últimos dos años de bachillerato haciendo ejercicio, dietas y celebrando cada kilo que perdía. Teniendo 18 años y midiendo 1.70, pesaba apenas 47 kilos, toda una pila de huesos.

No tenía muchas amistades. Las dietas constantes me hacían sentir irritable, amargada y tan cansada que ni siquiera podía seguir una conversación. Por supuesto, no pensaba en los eventos sociales de la escuela. Ni sentía que tuviera nada en común con las personas que conocía. Unos cuantos amigos leales realmente se apegaron a mí e intentaron ayudarme, pero hice oídos sordos a sus sermones sobre mi peso y lo achaqué a los celos.

Mis padres me sobornaban con ropa nueva. Me exigían que comiera frente a ellos. Cuando no lo hacía, me llevaban a una serie de doctores, terapeutas y especialistas. Me sentía miserablemente mal, y me convencí de que toda mi vida sería así.

Entonces fui a la universidad en otra ciudad. Quiso la suerte que compartiera el apartamento con Julie, Pam y Lavon, las tres chicas que hicieron que valiera la pena volver a vivir:

Vivíamos en un pequeño apartamento, donde quedaron expuestos mis extraños hábitos para comer y mi neurosis de ejercicio. Sé que debí parecer extraña con mi complexión, raspones, el pelo que se me caía y los huesos que salían de la piel. Cuando miro mis fotografías de cuando tenía 18 años, me horroriza lo terrible que se me veía.

Pero ellas no se sintieron así. No me trataron como a una persona con un problema. No me dieron sermones, no me daban de comer a la fuerza, no hubo chismes, no había malas caras. Casi no sabía qué hacer.

Casi inmediatamente me sentí una más de ellas, excepto en que no comía. Asistíamos juntas a clases, hallamos trabajos, salíamos a correr por las tardes, veíamos televisión y salíamos juntas los sábados. Mi anorexia, por primera vez, dejó de ser el tema central. En vez de ello, pasamos largas noches discutiendo sobre nuestras familias, ambiciones e incertidumbres.

Quedé absolutamente asombrada por nuestras similitudes. Por primera vez, literalmente en años, me sentí comprendida. Sentí que alguien se había tomado el tiempo para entenderme como persona, en vez de tratar de arreglar primero mi problema. Para estas tres jóvenes, no era una anoréxica que necesitaba tratamiento. Era tan solo la cuarta joven.

Conforme se desarrolló mi sensación de pertenecer, comencé a observarlas. Eran felices, atractivas, inteligentes y ocasionalmente comían una galleta que sacaban directamente de la bolsa. Si tenía tanto en común con ellas, ¿por qué no podía hacer yo también tres comidas al día?

Pam, Julie y Lavon nunca me dijeron que me curara a mí misma. Me lo demostraron todos los días, y realmente se esforzaron por comprenderme antes de tratar de curarme. Al final de mi primer semestre universitario, ya ponían un lugar para mí en la mesa. Y me sentía bien recibida.

Piensa en la influencia que estas tres jóvenes ejercieron sobre la cuarta muchacha porque trataron de entenderla en lugar de juzgarla. ¿No es interesante que una vez que se sintió comprendida, y no juzgada, inmediatamente dejó caer sus defensas y se abrió a su influencia? Compara esto con lo que pudo suceder si sus compañeras le hubieran dado sermones.

¿Conoces el dicho: "A la gente no le importa cuánto sabes sino hasta que saben cuánto te importan"? Es muy cierto. Piensa en alguna situación en la que alguien no se tomó la molestia de comprenderte o escucharte. ¿Estabas abierto a lo que te dijeron?

Al jugar a fútbol universitario se me desarrolló un severo dolor en el bíceps. Era un problema complicado y tuve que probar varias técnicas para remediarlo: hielo, calor, masaje, alzar pesas y pastillas antiinflamatorias, pero nada funcionó. Así, acudí a uno de nuestros mejores entrenadores atléticos. Pero antes de describirle mi problema, me dijo:

—Ya conozco esto. Esto es lo que necesitas hacer.

Intenté explicárselo, pero ya estaba convencido de que conocía el problema. Tenía el impulso de decirle: "Un momento. Escúcheme, doctor. Creo que no me entiende".

Como tal vez ya estés pensando, estas técnicas hicieron que el brazo me doliera aún más. Nunca me escuchó, y nunca me sentí entendido. Perdí la confianza en sus consejos, y lo evité a toda costa cada vez que me hacía daño. No confiaba en sus recetas, porque nunca diagnosticaba. No me importaba cuánto supiera, porque no me había demostrado que se preocupara por mí.

Puedes mostrar que te preocupas simplemente tomándote el tiempo de escuchar sin juzgar y sin dar consejos. Este breve poema muestra lo mucho que la gente necesita ser escuchada:

POR FAVOR, ESCUCHA

Cuando te pido que me escuches
y solo me das consejos,
no estás haciendo lo que te pido.
Cuando te pido que me escuches
y solo me dices por qué,
no debo sentirme así,
pisoteas mis sentimientos.
Cuando te pido que me escuches
y sientes que debes hacer algo
para resolver mi problema,
fallas ante mí,
por extraño que parezca.
¡Escucha! Solo te pido que escuches.
No hagas ni digas: solo escúchame.

CINCO ESTILOS DE ESCUCHA DEFICIENTE

Para comprender a otra persona, debes escucharla. ¡Sorpresa! El problema es que la mayoría de nosotros no sabemos *cómo* escuchar.

Imagina esto: estás tratando de decidir a qué clases asistir el año siguiente. Abres el programa y revisas lo que hay:

"Hummm… Veamos… Geometría. Taller de literatura. Oratoria para principiantes. Literatura. Escuchar. Un momento: ¿Escuchar? ¿Una clase de cómo escuchar? ¿Están hablando en serio?"

Esto sería toda una sorpresa, ¿verdad? Pero en realidad no debería serlo porque escuchar es una de nuestras cuatro formas primarias de comunicación, junto con leer, escribir y hablar. Y, si lo piensas bien, desde que naciste asistes a clases de cómo leer, escribir y hablar mejor, pero nunca has asistido a una clase de cómo escuchar mejor.

Cuando los demás hablan, pocas veces escuchamos porque generalmente estamos demasiado ocupados en preparar una respuesta, juzgar o filtrar sus palabras por nuestros propios paradigmas. Es demasiado típico utilizar uno de estos cinco malos estilos para escuchar:

Cinco estilos de escucha deficiente

- Ignorar
- Fingir que se escucha
- Escuchar selectivamente
- Escuchar solo a palabras
- Escuchar de forma egocéntrica

Ignorar. Es cuando alguien nos habla pero lo ignoramos porque nuestra mente está en otra galaxia. Tal vez tenga algo muy importante que decirnos, pero estamos sumidos en nuestros propios pensamientos. De vez en cuando nos distraemos, pero si lo haces demasiado, tendrás la reputación de estar "fuera de órbita".

Fingir que se escucha es más común. Seguimos sin poner mucha atención a la otra persona, pero al menos fingimos que lo hacemos, soltando comentarios en momentos importantes, como "sí", "ya, ya", "guay", "me parece bien". La persona que habla por lo general entenderá y sentirá que no es lo suficientemente importante para ser escuchada.

Escuchar selectivamente. Es cuando ponemos atención solo a una parte de la conversación que nos interesa. Por ejemplo, tu amigo tal vez intenta decirte cómo se siente estar a la sombra de su hermano que es muy talentoso, estando en el ejército. Lo único que oyes es la palabra "ejército" y dices: "¡Sí, el ejército! Últimamente he pensado mucho en eso". Puesto que siempre hablas de lo que quieres hablar, en lugar de lo que quiere hablar la otra persona, es muy posible que nunca desarrolles amistades duraderas.

Escuchar solo las palabras. Ocurre cuando realmente ponemos atención a lo que dice el otro, pero solo escuchamos las palabras y no lo que realmente se quiere decir, los sentimientos, o el verdadero significado tras las palabras. Como resultado, no comprendemos lo que realmente se dice. Tu amiga Kim podría estarte diciendo: "¿Qué piensas de Ronaldo?". Podrías responder: "Creo que es un buen tío". Pero de haber sido más sensible, y haber observado su lenguaje corporal y su tono de voz, habrías comprendido lo que realmente te decía: "¿Crees que podría gustarle a Ronaldo?". Si te concentras únicamente en las palabras, pocas veces estarás en contacto con las emociones más profundas de los demás.

Escuchar de forma egocéntrica. Sucede cuando vemos todo desde nuestro propio punto de vista. En vez de ponernos en el lugar del otro, queremos que ellos se pongan en el nuestro. Es de aquí de donde provienen frases como "Sé cómo te sientes". No sabemos exactamente cómo se siente, sino cómo nos sentimos nosotros, y suponemos que ellos sienten del mismo modo, como el vendedor de móviles que piensa que nos deberían gustar los móviles porque le gustan a él. Escuchar de forma egocéntrica es con frecuencia un juego de ganarle al otro, como si las conversaciones fueran una competencia: "¿Crees que te fue mal a ti hoy? Eso no es nada. Deberías oír lo que me sucedió a *mí*".

Cuando escuchamos desde nuestro propio punto de vista, generalmente respondemos en uno de estos tres modos, y todos ellos hacen que la persona se cierre inmediatamente: juzgamos, aconsejamos y sondeamos. Examinemos cada uno de ellos.

Juzgar. A veces, al escuchar a los demás, juzgamos (en nuestras mentes) a la persona y lo que dice. Si estás muy ocupado juzgando, entonces no estás escuchando realmente, ¿o no? Las personas no quieren ser juzgadas, sino escuchadas. En la siguiente conversación, nota lo poco que se escucha y lo mucho que se juzga mentalmente. (Los juicios de la persona que escucha están entre paréntesis.)

PEDRO: Anoche lo pasé muy bien con Katherine.

CARLOS: Qué bien. (*¿Katherine? ¿Para qué salió con Katherine?*)

PEDRO: No tenía ni idea de lo fantástica que es.

CARLOS: ¿Ah, sí? (*Ahí vas de vuelta. Tú er es de los que piensa que toda muchacha es fantástica.*)

PEDRO: Sí. ¡Estoy pensando en invitarla a la graduación!

CARLOS: Creí que invitarías a Jessica. (*¿Estás loco? Jessica es mucho más guapa que Katherine.*)

PEDRO: Sí, pero creo que ahora invitaré a Katherine.

CARLOS: Entonces invítala a salir. (*Estoy seguro de que cambiarás de opinión mañana.*)

Carlos estaba tan ocupado en juzgar que no *escuchó* una sola palabra de lo que Pedro dijo y se perdió la oportunidad de hacer un depósito en la CBR de Pedro.

Aconsejar. Aquí es cuando damos consejos con base en nuestra propia experiencia. Este es el clásico sermón de "Cuando yo tenía tu edad", que muchas veces oyes de tus padres.

Una hermana muy emotiva que necesita ser escuchada dice a su hermano:

—No me gusta para nada nuestra nueva escuela. Desde que nos mudamos, me siento inadaptada. Ojalá pudiera encontrar uno o dos amigos.

En vez de escuchar para comprender, el hermano piensa en su propia vida y le dice:

—Necesitas comenzar a relacionarte y practicar deportes y meterte en clubes como lo hice yo.

La hermanita no quería consejos del hermano bien intencionado, sin importar lo buenos que fueran. Solo quería que la escucharan. Una vez que se sintiera comprendida, solo entonces aceptaría consejos. El hermano mayor echó a perder una buena oportunidad para hacer un gran depósito.

Sondear. El sondeo ocurre cuando tratas de buscar emociones antes de que los demás estén dispuestos a hablar de ellas. ¿Alguna vez fuiste sondeado? Los padres lo hacen con los jóvenes todo el tiempo. Tu madre, aun con las mejores intenciones del mundo, trata de saber qué está ocurriendo en tu vida. Pero puesto que tú no estás dispuesto a hablar, lo que ella hace se siente una intrusión, y así te cierras a ella.

—Hola, mi amor. ¿Cómo te fue en la escuela?

—Bien.

—¿Cómo te fue en el examen?

—Bien.

—¿Cómo están tus amigos?

—Bien.

—¿Tienes planes para esta noche?

—Creo que no.

—¿Has conocido últimamente a alguna chica simpática?

—No, mamá. Déjame en paz.

A nadie le gusta ser interrogado. Si haces un montón de preguntas y no estás llegando muy lejos, posiblemente estás sondeando. A veces tu interlocutor no está preparado para abrirse, ni de humor para hablar. Aprende a ser un buen escucha y ofrece un oído abierto cuando el momento sea el adecuado.

LA VERDADERA ESCUCHA

Mucha de nuestra comunicación se da a través de mensajes de texto o chats, ¿verdad? Pero creo que si tienes algo muy importante que decir, lo debes decir en persona, de esa manera alguien no lo malinterpretará.

Afortunadamente, tú y yo nunca mostramos ninguno de estos cinco estilos de escuchar mal. ¿Cierto? Bueno, tal vez ocasionalmente. Existe una forma de escuchar más elevada que resulta en una verdadera comunicación. La llamamos "escuchar genuinamente". Y es el tipo de práctica que queremos aplicar. Pero para escuchar genuinamente, necesitas hacer tres cosas de forma distinta.

7% PALABRAS

40% TONO/SENTIMIENTO

53% LENGUAJE CORPORAL

Primero, escucha con tus ojos, corazón y oídos. Escuchar solo con tus oídos no es suficiente, porque solo 7% de la comunicación está contenida en las palabras que utilizamos. El resto proviene del lenguaje corporal (53%) y cómo decimos las palabras, o el tono y sentimiento que se refleja en la voz (40%). Por ejemplo, nota cómo podemos cambiar el significado de una frase con tan solo poner énfasis en una palabra.

Yo no dije que tenías un problema con tu actitud.

Yo no dije que *tú* tenías un problema con tu actitud.

Yo no dije que tú tenías un problema con tu *actitud*.

Es por eso que cuando tenemos algo importante que decir es mejor hacerlo en persona, en lugar de por mensaje o en internet, para que la otra persona en verdad entienda lo que quieres decir. Mensajear muy seguido a alguien sobre una cuestión emocional crea más problemas que los que resuelve porque la gente empieza a sacar conclusiones y *escuchar* cosas que tú no quisiste decir. Así que si lo que tienes que decir es delicado o complicado, ve cara a cara.

Para escuchar lo que los demás realmente dicen, necesitas escuchar lo que no están diciendo. Sin importar lo duras que puedan parecer las personas en la superficie, casi todas son tiernas en el fondo, y tienen una desesperada necesidad de ser entendidas. El siguiente poema (uno de mis favoritos) capta esta necesidad.

POR FAVOR... ESCUCHA LO QUE NO DIGO

No te dejes engañar por mí. No te dejes engañar por la máscara que uso. Porque uso una máscara, tengo miles de ellas, máscaras que temo quitarme, y ninguna de ellas soy yo. Fingir es un arte que para mí ya es un reflejo, pero no te dejes engañar.

[...] Doy la impresión de que me siento seguro, de que todo es luminoso y sin problemas conmigo, tanto en mi interior como en mi exterior; esa confianza es mi nombre, y la precisión es mi juego; de que las aguas son calmas, de que tengo el control y de que no necesito a nadie. Pero no lo creas; por favor, no lo hagas.

Hablo alegremente contigo en los suaves tonos de la charla de circunstancias. Te digo todas las cosas que en realidad nada son, nada de lo que llora en mi interior. Así, cuando realizo mi acto, no te dejes engañar por lo que digo. Por favor escucha cuidadosamente, y trata de oír lo que no estoy diciendo; lo que me gustaría poder decir; lo que, para sobrevivir, necesito decir, pero no puedo. No me gusta ocultarme. Sinceramente es así. Me disgustan mis superficiales y falsos juegos.

Realmente me gustaría ser genuino, espontáneo, yo mismo; pero necesitas ayudarme. Ayúdame tomándome de la mano, aun cuando es la última cosa que parezco querer. Cada vez que eres generoso, suave y alentador, cada vez que intentas comprender, porque realmente te importo, mi corazón despliega sus alas. Alas muy pequeñas. Alas muy frágiles. Pero alas, al fin y al cabo. Con tu sensibilidad, simpatía y poder de comprensión, puedo lograrlo. Puedes insuflar vida en mí, aunque no te será fácil. Una larga convicción de falta de valía forma fuertes muros. Pero el amor es más fuerte que los fuertes muros, y ahí está mi esperanza. Por favor, intenta derribar esos muros con brazos firmes, pero con manos suaves, porque un niño es muy sensible, y yo soy un niño.

¿Quién soy?, te preguntarás. Soy todo hombre, toda mujer, todo niño... todo ser humano que conoces.

Segundo, ponte en su lugar. Para llegar a ser un verdadero escucha, necesitas salir de tu lugar y ponerte en el del otro. Citando a Robert Byrne: "Si no caminas una milla en los mocasines de otra persona, no puedes imaginarte el olor". Intenta ver el mundo como los demás lo ven, y tratar de sentir lo que ellos sienten.

Imaginemos por un instante que todos en el mundo usáramos gafas de cristales de colores, y que no hay dos tonos que sean exactamente iguales. Tú y yo estamos a la orilla de un río. Mis anteojos son de color verde, y los tuyos son rojos.

—Mira lo verde que es el agua —digo.

—¿Verde? ¿Estás loco? El agua es roja —respondes.

—¿Perdona? ¿Eres daltónico? Es todo lo verde que puede ser el color verde.

—¡Es roja, imbécil!

—¡Verde!

—¡Roja!

Muchas personas piensan que las conversaciones son una competencia. Es mi punto de vista contra el tuyo; la razón no la podemos tener ambos. En realidad, puesto que ambos provenimos de distintos puntos de vista, ambos podemos estar en lo cierto. Además, es tonto tratar de ganar conversaciones. Eso generalmente termina en ganar-perder o perder-perder, y es un reintegro de la CBR.

Mi hermana pequeña una vez me narró esta anécdota de Toby, una amiga suya. Nota la diferencia que produjo ponerse en el lugar del otro:

Lo peor de ir al colegio es tener que subir al autobús. Quiero decir que la mayoría de mis amigos tienen coche (aunque sean drogadictos) pero no se me podía comprar un coche, por lo que tenía que subir al autobús, o buscar quién me pudiera llevar. A veces llamaba a mi madre después de la escuela para que viniera a recogerme, pero a veces tardaba tanto que me volvía loca. Recuerdo muchas veces en que le grité a mi madre: "¿Por qué has tardado tanto? ¿Ni siquiera te importa que lleve horas esperándote?". Nunca ponía atención a cómo se sentía ella o lo que había estado haciendo. Solo pensaba en mí misma.

Una vez la oí hablando con mi padre sobre el asunto. Ella lloraba y hablaba de lo mucho que deseaba poder comprarme un coche, y lo mucho que había estado trabajando para poder ganar el dinero necesario.

De pronto, toda mi perspectiva cambió. Mi madre apareció como una persona con verdaderos sentimientos, temor, esperanzas, dudas y mucho amor hacia mí. Juré nunca volver a tratarla mal. Incluso comencé a platicar más con ella, y juntas pensamos en una forma de que yo pudiera obtener un empleo de media jornada y contribuir para comprar el coche. Incluso ella se ofreció para llevarme al trabajo y traerme. Ojalá la hubiera escuchado antes.

Tercero, practica el reflejo. Piensa como un espejo. ¿Qué hace el espejo? No juzga. No da consejos. Refleja. Reflejar es simplemente esto: *repite con tus propias palabras lo que la otra persona dice y siente.* Reflejar no es imitar. Imitar es cuando repites exactamente lo que dice la otra persona, como un perico:

—Tom, estoy pasando por el peor momento de mi vida en la escuela.

—Estás pasando por el peor momento de tu vida en la escuela.

—Estoy prácticamente suspendiendo todas las materias.

—Prácticamente estás suspendiendo todas tus materias.

—¡Oye! Deja de repetir todo lo que digo. ¿Qué te pasa?

Reflejar es distinto de imitar, en las siguientes formas:

IMITAR ES:	REFLEJAR ES:
Repetir palabras	Repetir el significado
Utilizar las mismas palabras	Utilizar tus propias palabras
Frío e indiferente	Cálido y atento

Tomemos un ejemplo de una conversación cotidiana, para ver cómo funciona el reflejo.

Tu padre podría decirte:

—¡No! No puedes llevarte el coche esta noche, hijo. Se acabó.

Una típica reacción en que se trata de decir algo podría ser:

—Nunca me das permiso para usar el coche. Siempre tengo que pedir que me lleven. Ya estoy harto.

Este tipo de reacción generalmente termina en un enorme concurso de gritos, en donde nadie se siente bien después. En vez de eso, trata de parafrasear. *Repite con tus propias palabras lo que la otra persona dice y siente.* Hagamos otro intento:

—¡No! No puedes llevarte el coche esta noche, hijo. Se acabó.

—Puedo notar que esto te altera mucho, papá.

—Claro que estoy alterado. Tus notas han estado bajando últimamente, y no te mereces el coche.

—Mis notas te preocupan.

—Sí. Sabes lo mucho que quiero que entres en la universidad.

—La universidad es muy importante para ti, ¿verdad?

—Nunca tuve la oportunidad de entrar en la universidad. Y por eso no pude hacer muchas cosas. Sé que el dinero no lo es todo, pero estoy seguro de que me sería útil en este momento. Solo quiero una mejor vida para ti.

—Ya veo.

—Tú tienes muchas capacidades, y por eso me vuelve loco que no tomes en serio el instituto. Creo que podrías llevarte el coche si me prometes que esta misma noche harás tus deberes. Eso es todo lo que pido. ¿Me lo prometes?

¿Has notado lo que sucedió? Al practicar el parafraseo, el chico pudo descubrir la verdadera preocupación de su padre. No le importaba mucho que se llevara el coche, sino el futuro y la informalidad en el instituto. Una vez que sintió que su hijo comprendió lo importante que eran para él las notas y la universidad, dejó caer sus defensas. No puedo garantizarte que el parafraseo siempre tenga resultados tan perfectos. Generalmente, aunque no siempre, es más complicado. El padre pudo haber respondido: "Me alegra que comprendas cuáles son mis orígenes, hijo. Ahora vete a hacer tus deberes". Pero puedo garantizarte que el parafraseo será un depósito en la CBR del otro, y que llegarás más lejos que si utilizaras la actitud de "pelear o huir". Si sigues siendo un escéptico, te desafío a que lo pruebes. Creo que quedarás agradablemente sorprendido.

Restricciones. Si practicas el parafraseo, pero en realidad no deseas comprender a los demás, ellos se darán cuenta y se sentirán manipulados. Reflejar es una habilidad, la punta del iceberg. Tu actitud o deseo de comprender realmente al otro es la masa de hielo que está sobre la superficie. Si tu actitud es la correcta pero no tienes la habilidad, no hay problema. Pero no funciona al revés. Y si tienes tanto la actitud como la capacidad, llegarás a ser un poderoso comunicador.

A continuación ofrezco algunas frases de reflexión que puedes utilizar al tratar de poner en práctica la verdadera escucha. Recuerda que tu objetivo es *repetir con tus propias palabras lo que la otra persona dice y siente.*

Frases de parafraseo

- "A mí me parece que has sentido que…"
- "Así, como yo lo veo…"
- "Puedo notar que sientes…"
- "Tú sientes que…"
- "Así, lo que estás diciendo es…"

> **Escucha,
> o tu lengua
> te dejará sordo.**
>
> PROVERBIO DE LOS
> INDIOS AMERICANOS

Nota importante: Hay un momento y un lugar para escuchar verdaderamente. Puedes hacerlo cuando hablas de un asunto importante o delicado, como cuando un amigo realmente necesita ayuda, o si tienes un problema de comunicación con algún ser querido. Estas conversaciones necesitan tiempo y no puedes apremiarlas. Sin embargo, no es necesario que lo hagas en conversaciones informales, o en charlas cotidianas:

—¿Dónde está el servicio? Me urge.

—Así, lo que estás diciendo es que estás preocupado de no poder hallar el baño a tiempo.

La verdadera escucha en acción

Examinemos otra vez la situación en que una chica necesita que su hermano mayor la escuche, para ilustrar lo distinto que es escuchar verdaderamente.

Ella dice:

—No me gusta nuestro nuevo colegio. Desde que nos mudamos, me siento totalmente inadaptada. Ojalá pudiera encontrar amigos nuevos.

El hermano podría utilizar cualquiera de las siguientes respuestas:

—Pásame las patatas. (Distraerse)

—Me parece fantástico. (Fingir que se escucha)

—Hablando de amigos, mi amigo Bernardo… (Escuchar selectivamente)

—Lo que necesitas es comenzar a relacionarte. (Aconsejar)

—No te esfuerzas lo suficiente. (Juzgar)

—¿Tienes problemas con tus notas? (Sondear)

Pero si el hermano mayor es listo, intentará parafrasear.

—Sientes que en estos momentos el colegio es muy difícil. (Parafraseo)

—De lo peor. Realmente no tengo amigas. Y Tania es grosera conmigo. No sé qué hacer.

—Te sientes confundida. (Reflejo)

—Claro que sí. Siempre he sido popular, y de pronto nadie sabe mi nombre. He estado tratando de relacionarme, pero no parece funcionar.

—Puedo ver que te sientes frustrada. (Reflejo)

—Sí. Posiblemente te parezca que estoy loca o algo así. De todas formas, gracias por escuchar.

—No hay problema.

—¿Qué piensas que debería hacer?

Al escuchar, el hermano mayor hizo un enorme depósito en la CBR de la chica. Además, ahora ella está dispuesta a oír sus consejos. Ahora es el momento adecuado para que él busque ser entendido, hablar de su punto de vista.

Andy refirió lo siguiente:

Tenía muchos problemas de comunicación con mi novia, a quien quería mucho. Llevábamos saliendo un año y comenzamos a discutir mucho, y realmente me asustaba que pudiera perderla. Cuando supe de primero entender y luego ser entendido, y cómo aplicar la cuenta bancaria relacional, me lo tomé muy a pecho. Me di cuenta de que siempre trataba de interpretar lo que ella decía, pero nunca la escuchaba con una mente abierta. Esto salvó la relación y seguimos juntos. Eso fue hace dos años. Nuestra relación es mucho más madura que la de la mayoría de las parejas, porque ambos creemos en el hábito 5. Lo utilizamos para decisiones importantes y también para las más modestas, como salir a cenar. Cada vez que estoy con ella, me digo honestamente a mí mismo: "Ahora, cállate y trata de entender".

COMUNICARSE CON LOS PADRES

La comunicación ya es de por sí difícil, pero incorpora a papá o a mamá en la mezcla y lo que tienes es un tigre. De adolescente me llevé muy bien con mis padres, pero había momentos en que estaba convencido de que había extraterrestres dentro de sus cuerpos. Sentía que no entendían ni me respetaban como individuo, sino que me consideraban uno más del resto de los muchachos. Pero sin importar lo distantes que puedan parecerte tus padres a veces, la vida será mucho mejor si puedes comunicarte.

Nuestra misión es averiguar cómo pasó el día este humano

Si quieres mejorar tu relación con papá o mamá (y de paso dejarlos con la boca abierta), intenta escucharlos, del mismo modo en que lo harías con un amigo. Quizá te parezca extraño tratar a tus padres como si fueran gente normal, pero vale la pena. Siempre les decimos: "No me entiendes. Nadie me entiende". Pero ¿alguna vez has pensado en que tal vez tú no los entiendes a ellos?

Como puedes ver, ellos también tienen presiones. Mientras que tú te preocupas por tus amigos y tu próximo examen de historia, ellos se preocupan por sus jefes y cómo pagarán tu tratamiento con el dentista. Igual que tú, tienen días en que fueron ofendidos en el trabajo y van al baño a llorar. Tienen días en que no saben cómo pagarán las cuentas. Tu madre pocas veces tendrá la oportunidad de salir, y pasarlo bien. Tal vez los vecinos se ríen de tu padre por el coche que tiene. Quizá tengan sueños insatisfechos que debieron sacrificar para que tú puedas lograr los tuyos. Los padres son también personas. Ríen, lloran, se sienten ofendidos y no siempre saben cómo actuar, como tú o como yo.

Si decides comprender y escuchar a tus padres, sucederán dos cosas increíbles. Primero, sentirás más respeto hacia ellos. Cuando cumplí 19, recuerdo que leí uno de los libros de mi padre por primera vez. Era un escritor con éxito y todos me decían lo buenos que eran sus libros, pero nunca me había tomado la molestia de siquiera mirarlos, hasta ese momento. "Mi padre es muy listo", pensé después de terminar el primer libro. Durante todos esos años, yo estaba convencido de que yo era más listo.

Segundo, si dedicas un tiempo para entender y escuchar a tus padres, te saldrás con la tuya más veces. Este no es un truco para manipularlos; es un principio. Si sienten que los entiendes, estarán mucho más dispuestos a escucharte, serán más flexibles y confiarán más en ti. Una madre de familia una vez me dijo: "Si mis hijas adolescentes simplemente se tomaran la molestia de comprender el mundo frenético en el que vivo, e hicieran cosas en la casa para ayudarme, les daría tantos privilegios que no sabrían qué hacer con ellos".

Siento tu dolor, papá

¿Cómo puedes entender, entonces, a tus padres? Comienza haciéndoles algunas preguntas. ¿Cuándo fue la última vez que preguntaste a tu padre o a tu madre cómo le fue ese día?, o: "Dime lo que te gusta y lo que te disgusta de tu trabajo", o: "¿Hay algo que pueda hacer para ayudarte en la casa?".

También puedes hacer pequeños depósitos en su CBR. Para hacer eso, pregúntate: "¿Qué es lo que mis padres consideran un depósito?". Ponte en su lugar y piénsalo desde su punto de vista, y no desde el tuyo. Para ellos, un depósito puede ser fregar los platos o sacar la basura sin que te lo pidan, o cumplir con la promesa de llegar a casa a tiempo o, si no vives con ellos, llamarlos cada fin de semana.

**Luego
ser entendido**   Vi los resultados de una encuesta, en donde se preguntaba cuáles eran los mayores temores de las personas. La muerte fue el número dos. Nunca adivinarías cuál fue el primer temor. Era: "Hablar en público". La gente preferiría morir que hablar en público. ¿No es interesante?

Desde luego que se necesita valor para hablar frente a un público. Pero también se necesita valor para hablar, en general. La segunda mitad del hábito 5, ser entendido, es tan importante como la primera mitad, pero requiere de algo distinto en nosotros. Buscar primero entender requiere consideración, pero buscar ser entendido requiere valor.

Practicar solo la primera mitad del hábito 5, primero entender, es débil. Es perder-ganar. Es el síndrome del felpudo. Sin embargo, es fácil caer en esa trampa, especialmente con los padres. "No le diré a mamá cómo me siento. Nunca escuchará, y tampoco entenderá." Así, llevamos en nuestro interior estos sentimientos, en tanto que nuestros padres continúan sin saber cómo nos sentimos realmente. Pero esto no es saludable Recuerda que los sentimientos que no se expresan nunca mueren. Quedan enterrados vivos y luego salen de maneras más desagradables. Debes hablar de tus sentimientos, o te comerán por dentro.

Además, si te tomas el tiempo para escuchar, tus posibilidades de ser escuchado serán muy buenas. En la siguiente anécdota, observa cómo Kelli practicó ambas mitades del hábito:

Estaba enferma y perdí un día de clases. Mis padres estaban preocupados porque no dormía lo suficiente y permanecía despierta hasta muy tarde. En vez de salir con un montón de pretextos, traté de entender su razonamiento. Y estuve de acuerdo con ellos. Pero también les expliqué que trataba de divertirme en mi último año de bachillerato, y esto incluye pasar tiempo con mis amigos. Mis padres estaban dispuestos a ver la situación desde mi punto de vista y llegamos a un compromiso. Me debería quedar en casa un día del fin de semana, a descansar. No creo que mis padres hubieran permitido esto si no hubiera intentado entenderlos antes.

Dar retroalimentación es una importante parte de buscar ser entendido. Si se hace de la forma adecuada, puede ser un depósito en la CBR. Por ejemplo, si alguien tiene la bragueta abierta, dale retroalimentación. Créeme que te lo agradecerán mucho. Si tienes un amigo con mal aliento (hasta el punto en que tiene toda una reputación por esto), ¿no crees que te agradecería retroalimentación sincera, dada de modo diplomático?

¿Alguna vez has vuelto a casa después de una cita para descubrir que has tenido un gran trozo de carne entre los dientes toda la noche? Aterrorizado, inmediatamente recuerdas cada sonrisa que hiciste esa noche. ¿No habrías deseado que tu pareja te lo dijera?

Si tu CBR con alguien se encuentra en muy buen estado, puedes dar retroalimentación abiertamente y sin titubear. Mi hermano menor Joshua, de tercero de secundaria, habla de los siguiente:

Lo bueno de tener hermanos o hermanas mayores es la retroalimentación que te dan.

Cuando regreso a casa de un juego de baloncesto o fútbol, papá y mamá me reciben a la entrada y repaso con ellos las principales jugadas del partido. A mamá le entusiasma el talento que tengo y papá dice que fueron mis capacidades de liderazgo las que hicieron que el equipo triunfara.

Cuando mi hermana Jenny viene a la cocina con nosotros, le pido su opinión. Ella dice que jugué de forma muy ordinaria, y que será mejor que me supere si quiero conservar mi posición en el equipo, y espera que juegue mejor en el siguiente partido para no ponerla en ridículo.

Puesto que Jenny y Josh se quieren mucho, pueden darse retroalimentación de forma sincera. Ten en mente estos dos puntos al dar retroalimentación.

Primero, hazte la siguiente pregunta: "¿Esta retroalimentación realmente ayudará a esta persona, o lo estoy haciendo solo para complacerme y luego arreglar todo?". Si el motivo que tienes para dar retroalimentación no es teniendo en mente el mejor interés de la otra persona, entonces quizá no es el momento ni el lugar para hacerlo.

Segundo, transmite mensajes "yo" en vez de mensajes "tú". En otras palabras, da la retroalimentación en primera persona. Di: "Estoy preocupado porque tienes un problema con tu carácter" o "*Siento que* últimamente actúas de modo egoísta". Los mensajes "tú" son más amenazantes porque suenan como si estuvieras etiquetando: "Tú eres muy egoísta", "Tú tienes un pésimo carácter".

Y bien, creo que con esto terminamos. No tengo mucho más que decir acerca de este hábito, excepto que quiero cerrar con la reflexión con la que comenzamos: tienes dos orejas y una boca; utilízalas apropiadamente.

⋆ ⋆ ⋆

PRÓXIMAMENTE
A continuación, descubre cómo uno más uno a veces es igual a tres.
¡Nos veremos ahí!

PASOS DE BEBÉ

① Observa cuánto tiempo puedes mantener contacto ocular con alguien mientras habla contigo.

② Ve al centro comercial, busca dónde sentarte y observa a las personas comunicándose. Nota lo que dice su lenguaje corporal.

③ En tus interacciones de hoy, trata de reflejar a una persona, e imitar a otra, solo para divertirte. Compara los resultados.

④ Pregúntate: "¿Con cuál de los cinco malos estilos para escuchar tengo más problemas: distraerme, fingir que escucho, escuchar selectivamente, escuchar palabras o escuchar de forma egoísta (juzgar, aconsejar, sondear)?". Ahora, intenta pasar todo un día sin hacerlo.

El estilo de escuchar mal que más problemas me da: _____

_____

⑤ Durante un día de esta semana pregunta a tu madre o a tu padre: "¿Cómo te va?". Abre tu corazón y practica la verdadera escucha. Lo que aprenderás será toda una sorpresa.

⑥ Si te gusta hablar, haz una pausa y dedica el día a escuchar. Habla únicamente cuando tengas que hacerlo.

⑦ La próxima vez que sientas que quieres enterrar tus sentimientos en lo más hondo, no lo hagas. Mejor exprésalos de modo responsable.

⑧ Piensa en una situación en la que tu retroalimentación constructiva realmente podría ayudar a otra persona. Habla con ella en un momento adecuado.

Persona que podría beneficiarse con mi retroalimentación: _____

_____

Sinergizar

La "mejor" forma

Solos podemos hacer muy poco; juntos podemos hacer mucho.
HELEN KELLER

¿Alguna vez has visto unos gansos dirigiéndose hacia el sur para invernar, volando en formación en **V**? Los científicos descubrieron cosas sorprendentes sobre las razones por las que vuelan de ese modo:

...HONK!...

• Volando en formación, el grupo puede llegar 71% más lejos que si cada pájaro volara solo. Cuando un pájaro bate las alas, crea una corriente ascendente para el pájaro que le sigue.

• Cuando el pájaro guía se cansa, pasa al último lugar de la **V** y permite que otro pájaro tome la posición principal.

...HONK!...

• Los pájaros en los últimos lugares graznan para alentar a quienes están adelante.

• Cuando un pájaro sale de la formación, de inmediato siente la resistencia de volar solo y rápidamente vuelve a la formación.

• Finalmente, cuando uno de ellos se enferma o se lastima y sale de la formación, otros dos pájaros lo seguirán para ayudarle y protegerle. Se quedarán con él hasta que se cure o muera, y luego se unirán a una nueva formación o crearán una propia para alcanzar al otro grupo.

...HONK!...

¡Sí que son listos los pájaros! Al compartir las corrientes que producen los demás, turnarse para guiar, graznar para alentarse, quedarse en formación y cuidar de los heridos, logran mucho más que si cada uno volara solo. Me pregunto si se formaron en el hábito 6, Sinergizar. Hummm…

¿Qué significa sinergizar? En pocas palabras, *se logra la sinergia cuando dos o más personas trabajan conjuntamente para crear una mejor solución de lo que ambos pudieran lograr por cuenta propia. No es tu forma o la mía, sino una mejor forma, una más efectiva.*

La sinergia es la recompensa, el delicioso fruto que probarás al vivir mejor los demás hábitos, especialmente al Pensar ganar-ganar y buscar primero entender. Aprender a sinergizar es aprender a hacer formaciones en **V** en vez de tratar de volar solo por la vida. ¡Te sorprenderá lo rápido y lejos que puedes llegar!

Para comprender mejor lo que es la sinergia, veamos qué *no es*:

SINERGIA ES:	SINERGIA NO ES:
Celebrar diferencias	Tolerar diferencias
Trabajo en equipo	Trabajar independientemente
Tener la mente abierta	Pensar que siempre tienes razón
Hallar formas nuevas y mejores	Hacer compromisos

LA SINERGIA ESTÁ EN TODAS PARTES

En la naturaleza, la sinergia está en todas partes. Los grandes árboles secoya (que alcanzan 100 metros de altura o más) crecen en conjuntos, y comparten una vasta disposición de raíces entrelazadas. Sin contar el uno con el otro, bastaría con una tormenta para que cayeran.

¡Ñam, ñam, está riquísimo!

¡Ahhh... qué bien sienta eso!

Muchos animales y plantas viven juntos en relaciones simbióticas. Si alguna vez has visto una fotografía de un pequeño pájaro que se alimenta en el lomo de un rinoceronte, entonces ya has visto sinergia en acción. Todos se benefician: el pájaro se alimenta y el rinoceronte queda limpio.

La sinergia no es algo nuevo. Si alguna vez has estado en algún equipo, ya la sentiste. Si alguna vez has trabajado en grupo sobre un proyecto que finalmente se logró, o que fue muy divertido para todos, ya la sentiste.

Un buen conjunto musical es un excelente equipo de sinergia. No es solo la batería, la guitarra, el saxofón o el vocalista, sino son todos ellos en conjunto los que forman el "sonido". Cada integrante del conjunto aporta sus habilidades para crear algo mejor de lo que podrían hacer solos. Ningún instrumento es más importante que el otro; solo es distinto.

CELEBRAR LAS DIFERENCIAS

La sinergia no es algo que simplemente sucede. Es un proceso. Es necesario llegar a ese punto. Y el fundamento para llegar hasta allá es el siguiente: aprender a celebrar las diferencias.

Nunca olvidaré cuando me topé en el colegio con un nativo de Tonga llamado Fini Unga. En un principio, me aterraba. Quiero decir que este tipo tenía el cuerpo de un tanque, su aspecto era feroz y era conocido como peleador callejero. Nos veíamos, vestíamos, hablábamos, pensábamos y comíamos distinto (deberías ver lo que este tipo comía). Lo único que teníamos en común era el futbol. ¿Cómo fue posible que llegáramos a ser los mejores amigos? Tal vez porque éramos tan distintos. Nunca podía saber lo que Fini pensaba o qué haría inmediatamente, y eso era muy refrescante. Yo disfrutaba especialmente ser su amigo cuando se iniciaba alguna pelea. Tenía fortalezas de las que yo carecía, y yo contaba con fortalezas que no había en él, por lo que juntos formábamos un gran equipo.

Cómo me alegro que el mundo no está lleno de réplicas genéticas que actúan y piensan exactamente como yo. Gracias a Dios por la diversidad.

Cuando oímos la palabra *diversidad*, por lo común pensamos en diferencias raciales y de sexo. Pero hay mucho más en esto, incluyendo diferencias en rasgos físicos, forma de vestirse, idioma, posición social, familia, creencias religiosas, estilo de vida, educación, intereses, habilidades, edad, carácter general y muchas cosas más.

Como dijo el doctor Seuss en *One Fish, Two Fish, Red Fish, Blue Fish:*

Los vemos venir.
Los vemos irse.
Algunos son rápidos.
Y otros son lentos.
Algunos son altos.
Algunos son bajos.
Ninguno de ellos
es igual al otro.
No me preguntes por qué.
Pregúntale a tu madre.

El mundo se está convirtiendo rápidamente en un gran crisol de culturas, razas, religiones e ideas. Puesto que esta diversidad que nos rodea aumenta cada vez más, necesitas tomar una importante decisión en lo que a manejarlo se refiere. Estas son tres posibles actitudes que puedes tomar:

Nivel 1: Rechazar la diversidad
Nivel 2: Tolerar la diversidad
Nivel 3: Celebrar la diversidad

Perfil del que rechaza

Los que evitan y temen (a veces le tienen terror) a las diferencias. Les perturba que alguien tenga un color de piel distinto, adore a otro dios, o vista unos pantalones que no sean de su marca, porque están convencidos de que su forma de vivir es la "mejor", "correcta" o "única".

Disfrutan poniendo en ridículo a quienes son distintos, y mientras tanto creen que ellos están salvando al mundo de alguna terrible plaga. No dudan en pelear físicamente al respecto si es necesario, y con frecuencia se unen a pandillas o grupos antisistema, ya que la unión hace la fuerza.

Perfil del que tolera

Los que toleran piensan que todos tienen el derecho a ser distintos. No evitan la diversidad, pero tampoco la adoptan. Su lema es: "Tú por tu cuenta y yo por la mía. Haz lo tuyo y permíteme hacer lo mío. No me molestes, y no te molestaré".

Aunque se acercan mucho, nunca *llegan a la sinergia* porque ven las diferencias como impedimentos, y no como fortalezas potenciales sobre las que pueden formar algo. No saben lo que se están perdiendo.

Perfil del que celebra

Los celebradores valoran las diferencias. Las consideran ventajas, y no debilidades. Aprendieron que dos personas que piensan en forma distinta pueden lograr más que dos personas que piensan de forma similar. Se dan cuenta de que celebrar diferencias no significa que necesariamente estemos de acuerdo con las diferencias, como en el caso de los partidos políticos, sino que se valoran. Para ellos, diversidad = chispas creativas = oportunidad.

¿En dónde estás tú en este aspecto? Piénsalo bien. Si la ropa de alguien no es como la tuya, ¿valoras su estilo de vestir característico o piensas que "no está a la moda"?

Piensa en algún grupo cuyas creencias religiosas sean contrarias a las tuyas. ¿Respetas sus creencias, o los descartas como un montón de chavales raros?

A los que viven en otro barrio, ¿los crees capaces de enseñarte algo, o los etiquetas debido al lugar en el que viven?

La verdad es que celebrar la diversidad es una lucha para la mayoría de nosotros, dependiendo de qué se trate. Por ejemplo, tal vez aprecies la diversidad racial y cultural, y al mismo tiempo consideres inferior a alguien por la ropa que viste.

• TODOS SOMOS UNA MINORÍA EN ALGÚN ÁMBITO

Es mucho más fácil apreciar las diferencias cuando nos damos cuenta de que de uno u otro modo, todos somos una minoría en algún momento. Y deberíamos recordar que la diversidad no solo es algo externo, sino también interno. Todos tenemos nuestra personal forma de pensar, incluso sobre el mismo tema. Piensa en lo diferente que eres de tus amigos o de los miembros de tu familia. ¿Todos reaccionan a los problemas de la misma manera? ¡Para nada! Piénsalo: algunas personas, por ejemplo, son más relajadas, otras son más tensas. ¿Cómo nos diferenciamos en el interior? Pues...

Aprendemos de modo distinto. Como probablemente ya notaste, el cerebro de tu amigo o de tu hermana no funcionan como el tuyo. El doctor Thomas Armstrong identificó siete tipos de inteligencia, y dice que los jóvenes pueden aprender mejor mediante su inteligencia predominante:

- *Lingüística:* Aprender mediante lecturas, escribir, narrar cuentos.

- *Lógica / matemática:* Aprender mediante lógica, patrones, categorías, relaciones.

- *Corporal/quinestésica:* Aprender mediante sensaciones corporales, tacto.

- *Espacial:* Aprender mediante imágenes y formas.

- *Musical:* Aprender mediante sonidos y ritmos.

- *Interpersonal:* Aprender mediante interacción y comunicación con los demás.

- *Intrapersonal:* Aprender mediante los sentimientos.

Una persona no es mejor que otra, sino que solo es distinta. Tú puedes ser predominantemente *lingüístico,* y tu hermana puede ser predominantemente interpersonal. Dependiendo de tu actitud hacia la diversidad podrías decir que ella es rara porque habla mucho, o podrías aprovechar estas diferencias y hacer que te ayude en tu clase de oratoria.

Vemos de forma distinta. Cada uno ve el mundo de forma distinta y tiene un paradigma distinto de sí mismo, los demás y la vida en general. Para comprender lo que digo, hagamos un experimento. Observa la

imagen de al lado durante algunos segundos. Luego observa la imagen al final de la página 196 y describe lo que ves. Podrías decir que la imagen de la página 196 es un dibujo de un ratoncito de larga cola. ¿Y si te dijera que estás equivocado? ¿Qué pasaría si te dijeran que no estás viendo un ratón, sino un dibujo de un hombre con gafas? ¿Valorarías mi opinión o pensarías que soy un estúpido porque no veo las cosas como tú las ves?

Para entender mi punto de vista, ve a la página 203 y estudia durante un instante la imagen. Luego vuelve a ver la página 196. ¿Puedes ver ahora lo que yo vi?

Esto demuestra que todos los eventos de tu pasado formaron un lente o paradigma, a través del cual ves el mundo. Como que el pasado de una persona nunca es exactamente igual al de otra, no hay persona que vea igual que la otra. Algunos ven ratones y otros ven personas, y ambos tienen razón.

Una vez que entiendas que todos ven de forma distinta el mundo, y que todos pueden tener razón, aumentará tu comprensión y respeto hacia los puntos de vista diferentes. (Podrías hacer este mismo experimento con un amigo.)

Tenemos estilos, peculiaridades y características distintas. El siguiente ejercicio no es para hacer un diagnóstico profundo, sino una forma divertida de examinar tus características y peculiaridades personales. Este ejercicio lo desarrolló la escuela de legisladores de Carolina del Norte y fue adaptado del libro *It's All in Your Mind* [Todo está en tu mente], escrito por Kathleen Butler.

Lee cada renglón y puntúa del 4 al 1 los adjetivos que mejor te definan como persona. Ten en cuenta que el 4 debes situarlo en esa característica que te define a la perfección, y el 1 en aquella que, si bien posees igualmente, no ostentas a menudo.

EJEMPLO:

| Imaginativa | 2 | Investigador | 4 | Realista | 1 | Analítico | 3 |

COLUMNA 1	COLUMNA 2	COLUMNA 3	COLUMNA 4
Imaginativa	Investigadora	Realista	Analítica
Adaptable	Curiosa	Organizada	Crítica
Relacional	Creativa	Va al grano	Polemista
Original	Aventurera	Práctica	Teórica
Flexible	Ingeniosa	Precisa	Sistemática
Comparte	Independiente	Ordenada	Sensata
Cooperativa	Competitiva	Perfeccionista	Lógica
Sensible	Toma riesgos	Trabajadora	Intelectual
Don de gentes	Soluciona problemas	Planificadora	Lectora
Sociable	Emprendedora	Memoriza	Reflexiva
Espontánea	Cambiadora	Desea orientación	Enjuiciadora
Comunicativa	Exploradora	Precavida	Racional
Comprensiva	Desafiante	Activa	Inquisitiva
Afectiva	Experimentadora	Dinámica	Cerebral

Ahora suma tus totales (evidentemente, no incluyas el ejemplo) de cada columna y escribe el total en los siguientes espacios.

COLUMNA 1	COLUMNA 2	COLUMNA 3	COLUMNA 4
Uvas	**Naranjas**	**Plátanos**	**Melones**

Si tu puntuación más alta fue en la columna 1, considérate una uva.
Si tu puntuación más alta fue en la columna 2, considérate una naranja.
Si tu puntuación más alta fue en la columna 3, considérate un plátano.
Si tu puntuación más alta fue en la columna 4, considérate un melón.
Ahora busca tu fruta a continuación, y piensa en lo que esto significa para ti.

UVAS

Sus capacidades naturales incluyen:

- Ser reflexivo
- Ser sensible
- Ser flexible
- Ser creativo
- Preferencia a trabajar en grupo

Las uvas pueden tener problemas:

- Para dar respuestas exactas
- Concentrarse en una sola cosa a la vez
- Organizar

Las uvas aprenden mejor cuando:

- Trabajan y comparten con los demás
- Equilibran el trabajo con el juego
- Se comunican
- No son competitivos

Para expandir su estilo, las uvas necesitan:

- Poner más atención en los detalles
- No apurar las cosas
- Ser menos emotivos al tomar algunas decisiones

NARANJAS

Sus capacidades naturales incluyen:

- Experimentar
- Ser independientes
- Ser curiosos
- Crear distintos enfoques
- Crear cambios

Las naranjas pueden tener problemas:

- Para cumplir con plazos de tiempo
- Seguir una conferencia
- Cuando tienen pocas opciones

Las naranjas aprenden mejor cuando:

- Usan el proceso de ensayo y error
- Producen productos reales
- Pueden competir
- Se dirigen a sí mismos

Para exandir su estilo, las naranjas necesitan:

- Delegar responsabilidad
- Aceptar más las ideas de los demás
- Aprender a fijar prioridades

PLÁTANOS

Sus capacidades naturales incluyen:

- Planificar
- Hallar datos
- Organizar
- Seguir instrucciones

Los plátanos aprenden mejor cuando:

- Están en un entorno ordenado
- Tienen resultados específicos
- Pueden confiar en los demás para que cumplan con lo suyo
- Tienen situaciones predecibles

Los plátanos tienen problemas:

- Para comprender sentimientos
- Lidiar con la oposición
- Responder a preguntas "¿si...?"

Para expandir su estilo, los plátanos necesitan:

- Expresar más sus sentimientos
- Obtener explicaciones de los puntos de vista de los demás
- Ser menos rígidos

MELONES

Sus capacidades naturales incluyen:

- Discutir puntos de vista
- Hallar soluciones
- Analizar ideas
- Determinar valor o importancia

Los melones aprenden mejor cuando:

- Tienen acceso a recursos
- Pueden trabajar independientemente
- Son respetados por su capacidad intelectual
- Siguen métodos tradicionales

Los melones tienen problemas:

- Para trabajar en grupo
- Al ser criticados
- Para convencer a los demás diplomáticamente

Para expandir su estilo, los melones necesitan:

- Aceptar la imperfección
- Considerar todas las alternativas
- Considerar los sentimientos de los demás

CELEBRA TU PROPIA DIVERSIDAD

Nuestra tendencia es a preguntar: *¿Cuál es la mejor fruta?* La respuesta es: *Esa es una pregunta tonta.*

Yo tengo tres hermanos. Aunque tenemos mucho en común, como el tamaño de la nariz y nuestros padres, somos muy distintos. Cuando yo era más pequeño, siempre trataba de demostrarme a mí mismo que mis talentos eran mejores que los suyos: "Claro que puedes ser más amiga-ble que yo. Pero ¿a quién le importa? Soy mejor en el colegio que tú, y eso es más importante". Ya he comprobado lo estúpido que es esa forma de pensar, y estoy aprendiendo a apreciar el hecho de que ellos tienen sus cualidades, y yo tengo las mías. Nadie es mejor o peor, solo distinto.

Por eso, no te sientas mal si alguien del sexo opuesto (por quien te mueres por salir) no te elige. Puedes ser la manzana más deliciosa del mundo, pero él o ella quizá prefieran a una naranja. Y sin importar cuán-to quieras cambiar de fruta, tú eres manzana, y ellos buscan una naran-ja (pero no te preocupes, seguramente aparecerá alguien que busca una manzana). En vez de mezclarte y ser como los demás, enorgullécete y celebra tus diferencias y cualidades, que son únicas en su tipo. Una ma-cedonia de frutas es deliciosa precisamente porque cada fruta conserva su propio aroma y sabor.

OBSTÁCULOS EN EL CAMINO QUE IMPIDEN CELEBRAR LAS DIFERENCIAS

Aunque existen muchos, tres de los principales obstáculos para la siner-gia son la ignorancia, los estereotipos y los prejuicios.

Ignorancia. La ignorancia significa que no tienes ninguna pista. No sabes qué piensan los demás, qué sienten, o qué es lo que han vivido. La ignorancia abunda cuando se trata de comprender a personas minus-válidas, como lo explica Crystal Lee Helms en un artículo enviado a *Mirror*, un periódico de la zona de Seattle, en EE.UU.:

Me llamo Crystal. Mido 1,63, mi cabello es rubio y mis ojos son marrón claro. "¿Y eso qué importa?", estarás pensando. ¿Y si te dijera que soy sorda?

En un mundo perfecto, no debería, no podría importar. Pero no vivimos en un mundo perfecto, y sí importa. En el momento en que alguien sabe que soy sorda, cambia toda su actitud. De pronto me con-sideran distinta. Te sorprendería saber cómo actúan los demás. La pre-gunta más común que me hacen es: "¿Cómo te quedaste sorda?". Cuan-do respondo, su reacción es tan común como la pregunta misma: "Lo siento mucho. Qué pena". Cada vez que eso sucede, simplemente les miro a los ojos y les informo tranquilamente: "No, en verdad. No es pe-noso en absoluto. No te disculpes". Sin importar lo buena que sea la intención, la lástima siempre me agarrota el estómago.

No todas las actitudes me ponen a la defensiva. Algunas son sim-plemente cómicas. Estaba firmando unos documentos con mis amigos, y un tío que yo no conocía se me acercó y comenzó a hablar:

—¿Cómo es ser sorda?

—No lo sé. ¿Cómo es oír? Quiero decir que no es como ninguna cosa. Simplemente es así.

Como puedes ver la cuestión es la siguiente: Si te encuentras con alguien que sea sordo, no lo descartes como minusválido. En vez de ello, piensa en cómo conocerlo mejor y descubrir qué es ser sordo. Al actuar así, te abres a la comprensión no solo de los demás, sino, lo que es más importante, de ti mismo.

Estereotipos. No tiene nada de malo querer estar con quienes te sientes mejor; se convierte en un problema únicamente cuando tu grupo de amigos se hace tan exclusivo que comienzan a rechazar a todo aquel que no sea como ellos. Es difícil valorar diferencias en un grupo cerrado. Quienes quedan fuera se sienten como ciudadanos de segunda, y quienes están dentro con frecuencia sufren de complejos de superioridad. Pero entrar a un grupo no es difícil. Lo único que necesitas hacer es perder tu identidad, asimilarte y hacerte parte del colectivo Borgia.

Prejuicios. ¿Alguna vez te has sentido estereotipado, etiquetado o prejuzgado por alguien, porque el color de tu piel no es el "correcto", tu acento es demasiado notorio o vives en el barrio equivocado? ¿Acaso no nos ha pasado a todos, y es un pésimo sentimiento?

Aunque todos fuimos creados iguales, desafortunadamente no se nos trata igual a todos. Es triste que las minorías de todo tipo con frecuencia tengan obstáculos adicionales que salvar en la vida, debido a los prejuicios que tienen tantas personas. El racismo es uno de los problemas más antiguos del mundo. La siguiente es la experiencia de Natarsha:

El racismo hace que tener éxito sea más difícil. Si eres estudiante negro con las mejores notas de tu clase y mantienes una buena media, algunas personas tenderán a sentirse amenazadas. Solo desearía que la gente entendiera que todos, sin importar de dónde provienen o qué color tienen, merecen las mismas oportunidades. En lo que se refiere a mis amigos y a mí, el prejuicio será una batalla.

No nacemos con prejuicios. Los aprendemos. Los niños, por ejemplo, no se fijan en los colores. Pero al madurar comienzan a adoptar los prejuicios de los demás, que forman muros, como lo explica la letra de una música de la comedia musical *South Pacific*, escrita por Rogers y Hammerstein:

Se les tiene que enseñar a ser huraños
a quienes tienen ojos extraños,
y a quienes tienen piel de otro tono,
se les tiene que enseñar con encono.

Tendrán que aprender antes de que sea muy tarde,
desde la más tierna edad,
a odiar a quienes sus parientes odian con alarde,
y se les tiene que enseñar a perpetuidad

El siguiente poema anónimo nos cuenta la triste historia de lo que sucede cuando se acumulan prejuicios contra los demás.

EL FRÍO INTERNO

Seis humanos atrapados por casualidad en el frío inclemente,
cada uno con su cayado de madera, deja que te cuente.

Su fogata moribunda perdía ramas, y el primer hombre se negaba,
pues notó que, entre los demás, había un negro, a quienes detestaba.

El otro hombre notó a otro que no era de su fe religiosa,
y no fue capaz de dar al fuego su cayado de madera ruinosa.

El tercero vestía harapos, se arropó con su abrigo,
¿para qué dar su cayado para un rico que no es su amigo?

El rico retrocedió y pensó en su tesoro,
y cómo cuidarlo de los pobres, haraganes sin decoro.

El hombre negro pensó en vengarse cuando el fuego se extinguía,
y que su cayado solo serviría para castigar al blanco y su altanería.

El último hombre de este lastimero grupo nada hacía sin garantía,
dando sólo a quienes le daban a cambio en igual medida.

Sosteniendo sus cayados, ya muertos, demuestran el pecado y el infierno:
no murieron por la helada exterior, sino de frío interno.

● DEFENDER LA DIVERSIDAD

Afortunadamente, en el mundo hay mucha gente que tiene calidez interna y que valora la diversidad. La siguiente anécdota de Bill Sanders es un maravilloso ejemplo de cómo se defiende la diversidad y se muestra valor.

Hace algunos años, fui testigo de un valor que me hizo sentir esca-lofríos.

En una asamblea en el bachillerato, yo acababa de hablar sobre el molestar a los demás, y cómo cada uno de nosotros tiene la habilidad de defender en vez de atacar. Después, dimos tiempo para que cualquiera del público pudiera hablar ante el micrófono. Los estudiantes podrían agradecer a alguien que los hubiera ayudado, y algunos se acercaron e hicieron precisamente esto. Una muchacha agradeció a algunos amigos que la ayudaron cuando en su familia había problemas. Un muchacho habló de algunas personas que lo apoyaron durante un período emocionalmente difícil.

Entonces se puso de pie una joven de segundo. Se acercó al micrófono, señaló hacia la zona donde estaban los de primero y desafió a toda su escuela:

—Dejemos de molestar a ese muchacho. Claro que es distinto de nosotros, pero estamos todos juntos en esto. En su interior, no es distinto de nosotros y necesita nuestra aceptación, amor, compasión y aprobación. Necesita un amigo. ¿Por qué lo maltratamos continuamente? Desafió a toda esta escuela a pensarlo mejor y darle una oportunidad.

> Las diferencias crean los desafíos en la vida que abren la puerta a los descubrimientos.

Seña del lenguaje de sordomudos estadounidenses que significa **"SOMOS DIVERSOS"**

Durante todo el tiempo que ella habló, yo estaba dando la espalda hacia la zona donde estaba el muchacho, y no tenía idea de quién era. Pero obviamente la escuela lo sabía. Me sentí casi temeroso de mirar hacia allá, pensando que el muchacho debía de estar horrorizado, queriendo esconderse bajo su asiento y ocultarse del mundo. Pero cuando finalmente me decidí a volverme, vi que el muchacho sonreía de oreja a oreja. Todo su cuerpo saltaba y alzó un puño al aire. Su lenguaje corporal decía: "Gracias, gracias. Síqueles diciendo. ¡Hoy me salvaste la vida!".

Si alguna vez has sufrido *bullying*, sabes cómo se siente. Es algo terrible por lo que nadie debería pasar. Así que busca esos momentos de valor cuando puedas parar en seco el *bullying* de otra persona, ya sea en vivo o en línea.

Encontrar la "mejor" forma de hacer las cosas Una vez que aceptas la idea de que las diferencias son una fortaleza y no una debilidad, y una vez que te comprometes a cuando menos tratar de celebrar las diferencias, estás listo para encontrar la "mejor" forma de hacer las cosas. La definición budista de la vía media no significa compromiso; significa algo más elevado, como el vértice de un triángulo.

La sinergia es algo más que compromiso o cooperación. Compromiso es 1 + 1 = 1½. La cooperación es 1 + 1 = 2. Sinergia es 1 + 1 = 3 o más. Es cooperación creativa, con énfasis en la palabra *creativa*. El todo es mayor que la suma de sus partes.

Los constructores conocen esto muy bien. Si una viga de 5 x 10 puede soportar 300 kilos, entonces dos vigas de 5 x 10 podrían soportar 600 kilos. ¿Cierto? En realidad, dos vigas de 5 x 10 pueden soportar 900 kilos. Si están unidas con remaches, dos vigas de 5 x 10 pueden soportar 2.400 kilos. Y tres vigas de 5 x 10, remachadas, pueden soportar 8.200 kilos. También los músicos saben cómo funciona esto. Saben que cuando las notas do y sol están perfectamente afinadas, producen una tercera nota, un mi.

Encontrar la "mejor" forma de hacer las cosas siempre produce más, como descubrió Laney:

En el laboratorio de física, el maestro estaba demostrando el principio del momento y nos dejó de deberes construir una catapulta, como en la Edad Media. La llamamos la "lanzacalabazas".

Nuestro grupo era de tres personas, dos varones y yo. Los tres éramos muy distintos, por lo que tuvimos un montón de ideas distintas.

Uno de nosotros quería usar sogas para tensar el brazo lanzador. Otro quería utilizar bandas de goma. Probamos estas dos cosas sin tener mucho éxito, y entonces pensamos en una forma de utilizarlas juntas. Produjeron mucha más tensión de lo que hubiera hecho cada una. Estuvo muy bien, porque duplicó el alcance de nuestro tiro.

La sinergia ocurrió cuando los fundadores de Estados Unidos formaron su estructura gubernamental. William Paterson propuso el Plan de Nueva Jersey, que decía que los estados deberían tener igual cantidad de representantes en el gobierno, sin importar su población. Este plan favoreció a los estados más pequeños. James Madison tenía una idea distinta, conocida como Plan Virginia, que afirmaba que los estados con mayores poblaciones debían tener más representantes. Este plan favorecía a los estados mayores.

 Tras varias semanas de debate, llegaron a una decisión que dejó conformes a todos los partidos. Acordaron tener dos cámaras del Congreso. En una cámara, el Senado, cada estado tendría dos representantes, sin importar la población. En la otra cámara, la Cámara de Representantes, cada estado quedaría representado con base en su población.

Aunque se conoce como el Gran Compromiso, esta famosa decisión debería llamarse la Gran Sinergia, porque demostró ser mejor que las dos propuestas originales.

ALCANZAR LA SINERGIA

Estés discutiendo con tus padres por la hora de acostarse que te imponen, o planeando una actividad escolar con tus compañeros, o simplemente cuando no haya ningún acuerdo, existe una forma de *llegar a la sinergia*. A continuación hay un proceso simple de cinco pasos para ayudarte a llegar.

Plan de acción para alcanzar
LA SINERGIA

DEFINE EL PROBLEMA O LA OPORTUNIDAD

SU MANERA
(Busca primero entender las ideas de los demás.)

MI MANERA
(Busca ser entendido hablando de tus ideas.)

TORMENTA DE IDEAS
(Crear nuevas opciones e ideas.)

LA "MEJOR" FORMA
(Hallar la mejor solución.)

FOTOCOPIA ESTE PLAN DE ACCIÓN Y PONLO EN DONDE PUEDAS CONSULTARLO.

Probemos el plan de acción con un problema y veamos cómo funciona.

Las vacaciones

Padre: *No me importa qué pienses. Vendrás a estas vacaciones te guste o no. Ya lo planeamos desde hace meses, y es importante que estemos juntos como familia.*

Tú: *Pero no quiero ir. Quiero quedarme con mis amigos. Me lo perderé todo.*

Madre: *No quiero que te quedes solo. Estaré preocupada todo el tiempo y me echaría a perder las vacaciones. Queremos que vengas con nosotros.*

DEFINE EL PROBLEMA O LA OPORTUNIDAD

En este caso, tenemos un problema. Es el siguiente:

Mis padres quieren que vaya de vacaciones con la familia, pero preferiría quedarme en casa y salir con mis amigos.

SU MANERA *(Busca primero entender las ideas de los demás.)*

Trata de utilizar las capacidades para escuchar que aprendiste del hábito 5 para que puedas realmente entender a tus padres. Recuerda que si quieres tener poder e influencia, ellos necesitan sentirse entendidos.

Al escuchar, aprenderás lo siguiente:

Estas vacaciones son muy importantes para mi padre. Quiere tener tiempo para dedicar a la familia. Siente que no será lo mismo si yo no estoy. Mamá siente que se preocuparía tanto si me quedo solo en casa, que no disfrutaría las vacaciones.

MI MANERA *(Busca ser entendido hablando de tus ideas.)*

Ahora practica la segunda mitad del hábito 5 y ten el valor de hablar de tus sentimientos. Si los escuchaste a ellos, entonces es más probable que ellos te escuchen a ti. Así, di a tus padres cómo te sientes.

Papá, mamá, quiero quedarme en casa para estar con mis amigos. Son muy importantes para mí. Planeamos un montón de cosas y no quiero perderme la diversión. Además, me vuelve loco tener que viajar en el coche todo el día con mi hermano y hermana menores.

TORMENTA DE IDEAS *(Crear nuevas opciones e ideas.)*

Aquí es donde sucede la magia. Utiliza tu imaginación y cread nuevas ideas juntos en las que nunca habríais pensado solos. Al hacer la tormenta de ideas, ten lo siguiente en mente:

- *SER CREATIVOS:* Habla hasta de tus ideas más alocadas. Déjalas fluir.
- *EVITAR CRITICAR:* Lo que más puede acabar con el flujo de la creatividad es la crítica.
- *LA CADENA:* Sigan formando ideas nuevas. Una gran idea conduce a la otra, la que a su vez produce otra más.

La tormenta de ideas produce los siguientes resultados:

- *Papá dijo que podríamos ir de vacaciones o algún lugar en donde pudiera divertirme más.*
- *Mencioné que podría quedarme con parientes que viven cerca.*
- *Mamá sugirió que podría llevar a un amigo conmigo.*
- *Hablé de usar mis ahorros y comprar un billete de autobús para alcanzarlos, para no tener que viajar en un coche lleno de gente.*

- *Mamá estuvo dispuesta a irse menos tiempo de vacaciones para que fuera más fácil.*
- *Sugerí quedarme en casa parte de las vacaciones y alcanzarlos después.*
- *Papá estuvo dispuesto a dejarme quedar en casa si pintaba la valla mientras ellos estaban de viaje.*

LA "MEJOR" FORMA *(Hallar la mejor solución.)*

Tras la tormenta de ideas, generalmente surgirá el mejor resultado. Ahora es solo cuestión de ponerlo en práctica.

Acordamos que me quedaría en casa durante la primera mitad de la semana, y luego viajaría en autobús con un amigo para estar con la familia en la segunda mitad. Incluso ofrecieron pagar los billetes para mi amigo y para mí si pintaba la valla. No es difícil, así que tendré tiempo para salir con mis amigos. Ellos quedaron contentos, y yo también.

Si sigues los puntos básicos de esta fórmula, te sorprenderá lo que puede suceder. Pero se necesita de mucha madurez para llegar a la sinergia. Debes estar dispuesto a escuchar el otro punto de vista. Entonces necesitarás el valor para expresar tu propio punto de vista. Finalmente, necesitas permitir que fluya tu creatividad. Observa cómo esta alumna de secundaria llegó a la sinergia:

Oye Wilbur, ¡esto de la sinergia es genial! ¡Tú empujas y yo vuelo!

Como editora en jefe del periódico de la escuela, tenía mucha responsabilidad que delegar. Quería agregar una nueva sección este año para cambiar las cosas un poco, así que se me ocurrió esta idea: haríamos un artículo sobre un niño diferente cada semana, y los entrevistaríamos sobre sus talentos e intereses. Mi coeditor quería escoger solo a los niños populares de los últimos años, pero yo dije, ¿por qué no llegamos a un público mayor? ¿Qué tal que hay algunos de nuevo ingreso con talentos asombrosos que son demasiado tímidos para mostrar sus habilidades?

Así que escribí en la página de Twitter del periódico sobre cómo estábamos buscando gente de la escuela con historias y habilidades únicas, y la gente empezó a postear y a tuitearnos de inmediato. Un tipo era un gran bailarín de break dance y nos mandó un vídeo para que lo subiéramos. Otra niña nos mostró cómo es completamente bilin-

güe en español e inglés, y tradujo un poema para que lo publicáramos en el periódico. Un niño tímido de mi clase de arte mandó un vídeo de sí mismo tocando el bajo en su banda, ¡y resulta que es un gran músico!

Mi coeditor realmente quedó convencido con esta llamada abierta, creo que entendió muy rápido lo limitados que habríamos estado si solo hubiéramos buscado a los chicos populares. La semana pasada, él y yo sugerimos al consejo estudiantil empezar un espectáculo de talentos para que todos pudieran hacer lo suyo en persona, ¡no solo online! Entre todos, ha sido una forma increíble de ver al cuerpo estudiantil en una sinergia de los talentos y las personalidades únicas de cada individuo.

Ve a por él

El plan de acción para llegar a la sinergia puede utilizarse en todo tipo de situaciones:

- Fuiste asignado a un grupo para un proyecto de biología y en él hay tres personas que ni siquiera conoces.
- Estás a cargo de las redes sociales en tu trabajo temporal y debes considerar múltiples opciones.
- Quieres ir a la universidad, pero tus padres no están dispuestos a ayudarte a pagarla.
- Como miembro de la sociedad de alumnos, tu grupo y tú debéis planear la mayor fiesta del año.
- Tu madrastra y tú no estáis de acuerdo en la hora de irse a acostar.
- Siempre discutes con tu hermano por usar el ordenador.

El plan de acción para llegar a la sinergia es un criterio, y nada más. Los pasos no siempre deben estar en orden, y no siempre tienes que realizar todos los pasos. Si tu CBR es extremadamente elevada con alguien, puedes saltarte los primeros tres pasos y llegar directamente a la tormenta de ideas. Por otra parte, si tu CBR es reducida, necesitas tomarte más tiempo para escuchar. Se pueden necesitar varias conversaciones para resolver algunos problemas, así que debes ser paciente.

La sinergia no es algo que simplemente sucede. Es un proceso. Puedes llegar a ese punto.

A pesar de tus titánicos esfuerzos para hallar la vía elevada, a veces la otra persona no pondrá nada de su parte. Tal vez debas seguir formando la CBR en estas situaciones.

¿Cómo resuelves normalmente los conflictos? La mayor parte del tiempo es luchando (con palabras o con los puños) o huyendo (te quedas en silencio o te vas). El plan de acción para llegar a la sinergia te ofrece esta alternativa.

Imagina que tu mejor amiga y tú acabáis de presentaros para diferentes puestos en el consejo estudiantil de tu instituto. Tú ganaste. Ella perdió. Desde las elecciones casi no te dirige la palabra. Cada uno siente que la otra persona no está haciendo lo suficiente para seguir en contacto, despejar los celos o mantener la amistad. Está creando tensión. Recientemente has aprendido sobre sinergia, así que decides probar el plan de acción para llegar a la sinergia mientras hablas por teléfono con esta amiga.

Define el problema o la oportunidad

TÚ: *Siento que ha sido muy duro desde la elección, ¿sabes? Supongo que no sé lo que está pasando. (Solo silencio) Es solo que parece que cuando nos vemos hay una energía extraña, ya sabes, o no hablamos para nada o las cosas se convierten en alguna clase de discusión. (Más silencio) ¿Quieres intentar y resolver esto?*

ELLA: *Supongo.*

Su manera *(Busca primero entender las ideas de lo demás)*

TÚ: *Bueno, para empezar, ¿cómo te sientes respecto a todo?*

ELLA: *Eso es fácil. Desde que ganaste piensas que eres mejor que yo. Tienes una junta y el club y el juego...*

TÚ: *Es solo que las cosas se pusieron muy locas muy rápido, ¿sabes?*

ELLA: *No, no lo sé, ojalá lo supiera, pero yo no gané, ¿recuerdas?*

TÚ: *Mira, lamento que no ganaras, en serio, pero...*

ELLA: *Lo que sea. Digo, ¿en serio estás muy ocupado para escribirme?*

TÚ: *¿Sientes que estoy demasiado ocupado para ti?*

ELLA: *Por supuesto. Es como si fueras una persona diferente o algo. Y siempre estás con todos los del consejo estudiantil y yo me siento como una completa perdedora.*

TÚ: *Todo esto te ha lastimado verdaderamente.*

ELLA: *No tienes ni idea. ¿Cómo te sentirías si tú hubieras perdido y yo hubiera ganado y yo dejara de hablarte de pronto?*

TÚ: *También me sentiría mal.*

ELLA: *Sí, claro.*

TÚ: *Entonces, es como que tu mejor amiga de pronto piensa que es mejor que tú y no tiene tiempo para ti y te sientes totalmente excluida de todo. ¿Es eso?*

ELLA: *Ahí lo tienes.*

Mi manera *(Busca ser entendido hablando de tus ideas)*

TÚ: *Lamento que te sientas así. ¿Te importaría si te cuento por lo que yo estoy pasando?*

ELLA: *Creo que ya lo sé, pero adelante.*

TÚ: *Es solo que estoy tan cansado después de la escuela y las juntas y todo, que solo llego a casa y caigo muerto. No eres tú. Simplemente no siento ganas de hablar con nadie.*

ELLA: *Así de ocupado, ¿eh?*

TÚ: *Y luego es como si tú me castigaras por ganar.*

ELLA: *Probablemente tienes razón. No debería desquitarme contigo.*

LLUVIA DE IDEAS *(Crear nuevas opciones e ideas.)*

TÚ: *Bueno, ¿por qué no decidimos cómo vernos más?*

ELLA: *Oye, ¿qué tal si vienes después de la escuela el viernes, podríamos pasar el rato juntos, como antes?*

TÚ: *Lo haría si pudiera, pero tengo una junta con mi comité y luego todos tenemos que ir al partido. Oye, ¿podrías venir al partido?*

ELLA: *Tengo trabajo.*

TÚ: *¿A qué hora entras?*

ELLA: *Una hora más o menos después de que empieza el partido.*

TÚ: *¿Y no puedes escaparte?*

ELLA: *Para nada, acabo de empezar.*

TÚ: *Así que, ¿no soy el único que está ocupado?*

ELLA: *Ja, buena, creo que no.*

(Pausa larga)

TÚ: *Oye...*

ELLA: *¿Qué?*

TÚ: *Bueno, es solo una idea y puede que no quieras pero ¿y si te unieras al comité? Necesitamos a otra persona.*

ELLA: *¿En serio? ¿Puedo hacer eso? ¿No tengo que presentarme ni nada?*

TÚ: *Estoy al mando ahora, recuerdas, puedo hacer lo que quiera.*

(Ambos se ríen)

LA "MEJOR FORMA" *(Hallar la mejor solución.)*

ELLA: *Bueno, eso sería increíble.*

TÚ: *De hecho, ¿qué tal si vas a la junta el viernes y luego al partido un rato, hasta que tengas que trabajar?*

ELLA: *Eso estaría perfecto.*

TÚ: *Así lo creo.*

ELLA: *Oye, gracias, en serio, por tomarte el tiempo de hablar, odiaría que no fuéramos amigos.*

TÚ: *Igual.*

No siempre es fácil. Pero por otra parte, algunas veces lo es.

TRABAJO EN EQUIPO Y SINERGIA

Los grandes equipos generalmente están formados por cinco o más tipos distintos de personas, donde cada miembro juega un rol diferente pero importante.

Esforzados. Son seguros y constantes y hacen el trabajo hasta que queda terminado.

Seguidores. Apoyan mucho a los líderes. Si oyen una buena idea, la siguen.

Innovadores. Son personas creativas y de ideas. Ofrecen las chispas.

Armonizadores. Dan unidad y apoyo, y son grandes sinergizadores al trabajar con los demás y estimulan la cooperación.

Lucidos. Es divertido trabajar con ellos, aunque a veces puede ser difícil. A veces nos dan la sal y la pimienta y el impulso necesario para que el grupo tenga éxito.

El gran trabajo en equipo es como una gran sinfonía. Todas las voces e instrumentos pueden estar sonando a la vez, pero no están compitiendo. Individualmente, los instrumentos y voces producen distintos sonidos, tocan distintas notas y hacen pausas en momentos distintos; sin embargo, se unen para producir todo un sonido nuevo. Esto es sinergia.

Este libro tiene mucha sinergia. Cuando decidí escribirlo, me sentí abrumado. Así, comencé a hacerlo del único modo que conozco. Busqué ayuda. Inmediatamente pedí a un amigo que me ayudara. Finalmente armé un equipo más grande. Identifiqué unas cuantas escuelas de educadoras de todo el país que aceptaron darme retroalimentación sobre las distintas etapas. Comencé a entrevistar jóvenes, uno por uno, y luego en grupos. Contraté a un dibujante. Inicié concursos pidiendo anécdotas relacionadas con jóvenes y los 7 hábitos. Al final, hubo más de 100 personas involucradas en la creación de este libro.

De forma lenta pero segura todo quedó armado. Cada persona aportó sus talentos a la mesa y contribuyó de algún modo. Mientras que yo me concentré en escribir, otros se concentraron en aquello que mejor sabían hacer. Uno era bueno para recabar anécdotas. Otro podía hallar excelentes citas. Otro sabía hacer corrección de estilo. Algunos fueron esforzados, otros innovadores y otros lucidos. Fue trabajo y sinergia hasta el máximo.

El maravilloso producto del trabajo de equipo y la sinergia es que forma relaciones. La jugadora olímpica de baloncesto Deborah Miller Palmore lo describe bien: "Incluso cuando juegas el partido de tu vida, lo que recordarás es la sensación de trabajar en equipo. Olvidarás las jugadas, los tiros y la puntuación, pero nunca olvidarás a tus compañeras".

★ ★ ★

PRÓXIMAMENTE

Si sigues leyendo, descubrirás la verdadera razón
por la que Beyoncé se ve fantásticamente bien.
¡Solo faltan unas páginas más y terminarás!

PASOS DE BEBÉ

1. Cuando te encuentres con algún compañero de clase o vecino con alguna discapacidad, no sientas lástima por él ni lo evites porque no sepas qué decirle. En vez de ello, trata de descubrir la forma de conocerlo mejor.

2. La siguiente vez que tengas un desacuerdo con alguno de tus padres, trata de aplicar el plan de acción para llegar a la sinergia. 1. Define el problema. 2. Escúchalo. 3. Habla de tus puntos de vista. 4. Tormenta de ideas. 5. Busca la mejor solución.

3. Usa tu influencia para crear sinergia en tu escuela esta semana al usar tu presencia en redes sociales para acercar a la gente.

4. Esta semana mira a tu alrededor y nota cuánta sinergia hay en todas partes, como dos manos que trabajan juntas, trabajo en equipo, relaciones simbióticas de la naturaleza y solución creativa de problemas.

5. Piensa en gente que te irrite. ¿Qué es lo distinto de ellos?

   ¿Qué puedes aprender de ellos?_____

   _____

6. Haz una tormenta de ideas con tus amigos y llegad a algo divertido, nuevo y distinto para hacer este fin de semana, en vez de hacer lo mismo una y otra vez.

7. Califica tu apertura a la diversidad en cada una de las siguientes categorías. ¿Evitas, toleras o celebras?

	EVITAS	TOLERAS	CELEBRAS
Raza			
Sexo			
Religión			
Edad			
Forma de vestir			

¿Qué puedes hacer para llegar a ser un *celebrador* en cada categoría?_____

Renovación

Hábito 7: Afilar la sierra
Es "mi tiempo"

¡Mantener viva la esperanza!
¡Moverás montañas!

Afilar la sierra

Es "mi
tiempo"

El momento para reparar el tejado es cuando brilla el sol.

JOHN F. KENNEDY, PRESIDENTE DE EE.UU.

¿Te sientes desequilibrado, tenso o vacío interiormente? Si es así, te encantará el hábito 7, porque fue especialmente diseñado para ayudarte a lidiar con estos problemas. ¿Por qué lo llamamos "afilar la sierra"? Imagina que sales a pasear al bosque, cuando te encuentras con un leñador que está serrando furiosamente un árbol.

—¿Qué estás haciendo? —preguntas.

—Estoy serrando un árbol —es la brusca respuesta.

—¿Desde hace cuánto tiempo?

—Hasta ahora, cuatro horas, pero estoy avanzando mucho —dice, con el sudor resbalando por su barbilla.

—Tu sierra parece muy desgastada —respondes—. ¿Por qué no haces una pausa y la afilas?

—No puedo, tonto. Estoy demasiado ocupado serrando.

Todos sabemos quién es el verdadero tonto en esta situación, ¿verdad? Si el leñador se tomara una pausa de 15 minutos para afilar la sierra, posiblemente terminaría en una tercera parte del tiempo.

¿Alguna vez has estado demasiado ocupado conduciendo para echar gasolina al coche?

¿Alguna vez has estado demasiado ocupado leyendo para hacer una pausa y renovarte?

El hábito 7 es como tener afilada tu personalidad para que puedas lidiar mejor con la vida. Significa renovar y reforzar regularmente las cuatro principales dimensiones de tu vida: cuerpo, mente, corazón y espíritu.

CUERPO
La dimensión física
Ejercitarse, comer saludablemente, dormir bien, descansar.

MENTE
La dimensión mental
Leer, educarse, escribir, aprender nuevas habilidades.

CORAZÓN
La dimensión emocional
Formar relaciones (CBR, CBP), prestar servicios, reír.

ESPÍRITU
La dimensión espiritual
Meditar, tener un diario, rezar, ver medios de comunicación de calidad.

EL EQUILIBRIO ES MEJOR

El famoso dicho de los antiguos griegos, "Nada en exceso", nos recuerda la importancia del equilibrio, y de estar en contacto con las cuatro dimensiones de la vida. Algunas personas pasan muchas horas tratando de tener un cuerpo perfecto, pero descuidan la mente. Otros tienen mentes que pueden alzar 200 kilos de peso, pero desperdician sus cuerpos o nunca tienen vida social. Para desempeñarte al máximo, necesitas aspirar a un equilibrio en estos cuatro aspectos.

¿Por qué el equilibrio es tan importante? Porque lo que hagas en una dimensión de la vida afectará a las otras tres. Piénsalo. Si una de las llantas de tu coche no está balanceada, las cuatro se desgastarán de forma dispareja y no solo la que no está balanceada. Es difícil ser amistoso (corazón) cuando estás exhausto (cuerpo). También funciona al revés. Si te sientes motivado y afinado contigo mismo (alma), es más fácil concentrarte en tus estudios (mente) y ser más amistoso (corazón).

Durante mis años escolares, recuerdo que leí las biografías de grandes pintores, autores y músicos, como Mozart, Van Gogh, Beethoven y Hemingway. Muchos de ellos parecían ser un desastre emocional. ¿Por qué? Ahí sé tanto como tú, pero creo que se debe a que estaban fuera de equilibrio. Parece que se concentraron tanto en una sola cosa, como su música o su arte, que descuidaron las otras dimensiones de la vida y perdieron su balance. Como dice el refrán: *equilibrio y moderación en todas las cosas.*

TÓMATE TU TIEMPO PARA DESCONECTAR

Al igual que un coche, necesitas hacer regularmente reparaciones y cambios de aceite. Necesitas pausas para rejuvenecer lo mejor que tienes para ti: ¡tú mismo! Necesitas tiempo para descansar y aflojarte, tiempo de ofrecerte un poco de cuidados amorosos. En esto consiste Afilar la sierra.

¡Aahhh…! "Afilar la sierra" es mi hábito favorito.

En las siguientes páginas examinaremos cada dimensión: cuerpo, mente, corazón y alma, y hablaremos de formas específicas para que tu sierra quede afilada como una cuchilla de afeitar. ¡Adelante!

Cuidar
tu cuerpo

Prueba otra vez, chaval

Yo detestaba la secundaria. Me sentía torpe. Me sentía inseguro, y no sabía cómo podía adaptarme. Mi cuerpo comenzó a pasar por todo tipo de cambios extraños. El primer día en la clase de gimnasia tenía que ponerme el suspensorio —nunca había usado uno en mi vida—, y no sabía cómo acomodarlo. Todos los varones estábamos abochornados de estar desnudos frente a los demás por primera vez, así que no nos acercábamos a las duchas y solo reíamos.

Durante tu juventud y adolescencia, tu voz cambiará, tus hormonas enloquecerán y comenzarán a surgir curvas y músculos. ¡Bienvenido a tu nuevo cuerpo!

En realidad, este cuerpo tan cambiante es una máquina maravillosa. Puedes manejarla con cuidado, o puedes abusar de ella. Puedes controlarla o permitir que te controle. En pocas palabras, tu cuerpo es una herramienta y si cuidas bien de ella, te funcionará bien.

A continuación ofrezco una lista de las diez formas en que los adolescentes podéis cuidar el cuerpo:

1. Comer saludablemente
2. Tener buena higiene
3. Ir en bicicleta
4. Levantar pesas
5. Dormir lo suficiente
6. Hacer yoga
7. Practicar deportes
8. Salir a caminar
9. Pasear
10. Bailar

Los cuatro principales ingredientes de un cuerpo sano son dormir bien, el descanso físico, buena nutrición y ejercicio adecuado. Me concentraré en la nutrición y el ejercicio.

• DIME QUÉ COMES Y TE DIRÉ QUIÉN ERES

Hay mucha verdad en la expresión "dime qué comes y te diré quién eres". No soy un experto en nutrición, pero descubrí dos reglas sencillas que puedes tener en mente.

Primera regla: escucha a tu cuerpo. Pon mucha atención a cómo te hacen sentir los distintos alimentos, y a partir de ello desarrolla tu *propio* criterio para comer. Cada persona responde de manera distinta a los alimentos. Por ejemplo, cada vez que como mucho antes de acostarme, me siento terriblemente mal a la mañana siguiente. Y cada vez que como *demasiadas* patatas fritas, nachos o pizza, siento una "patada en el hígado". (¿Alguna vez has sentido eso?) Esto es lo que *no debo comer*. Por otra parte, ahora sé que comer mucha fruta y verdura, y beber toneladas de agua me hacen sentir muy bien. Esto es lo que *debo comer*.

Segunda regla: Practica la moderación y evita los extremos. Para muchos de nosotros (incluyéndome a mí), es más fácil ser extremo que moderado, y de este modo nos vemos pasando continuamente de comer comida para conejos a una dieta de comida basura. Pero los hábitos extremos al comer pueden ser nocivos. Un poco de comida basura de vez en cuando no te hará daño. (Es decir, ¿qué sería la vida sin un chocolate ocasional?) Pero no hagas de eso tu dieta diaria.

La obesidad en los adolescentes está aumentando y viene con una tonelada de riesgos para la salud, incluyendo diabetes tipo 2, asma, presión arterial alta y otros problemas que no querrías. Si tienes sobrepeso, no tiene que estorbar para el resto de tu vida. Puedes tomar el control. Es solo cuestión de una dieta saludable y ejercicio moderado. Habla con un doctor o con un experto en salud para que te aconseje. Lee sobre nutrición y ejercicio. Para empezar, solo intenta perder el 10 por ciento de tu peso corporal a un ritmo saludable (medio kilo o un kilo a la semana, no más) y ve lo bien que te sentirás.

El plato del buen comer es un acercamiento balanceado a la nutrición que yo recomiendo. Como puedes ver, nos invita a llenar la mitad de nuestro plato con frutas y verduras. La otra mitad debe llenarse con granos enteros (como avena o trigo integral) y proteínas saludables (como pescado, pollo, nueces o leguminosas). A un lado hay un pequeño círculo para una taza de leche baja en grasa o yogur. También nos dice que debemos comer menos comida rápida y alimentos procesados, los cuales suelen estar cargados con grasa, azúcares, sal y otras porquerías, e intentar beber entre seis y ocho vasos de agua cada día, esenciales para tu cuerpo. Solo asegúrate de estar cerca de un baño siempre.

ÚSALO O PIÉRDELO

Una de mis películas favoritas es *Forrest Gump*. Es la historia de un ingenuo joven de Alabama, de buen corazón, que se sigue tropezando con el
éxito a pesar de sí mismo. En cierto momento de la película, Forrest se
siente frustrado y confundido con su vida. ¿Qué hace? Comienza a correr, y sigue corriendo. Después de correr de una costa a la otra de Estados Unidos dos veces y media, Forrest se siente mejor y finalmente puede arreglar su vida.

Todos nos sentimos en algún momento deprimidos, confundidos o
apáticos. Y es en estos momentos cuando tal vez lo mejor que podemos
hacer es lo que hizo Forrest: más ejercicio. Además de ser bueno para tu
corazón y pulmones, el ejercicio tiene una sorprendente forma de darte
una inyección de energía, acabar con la tensión y despejarte la mente.

No hay una forma de ejercitarse que sea mejor que las demás. A muchos jóvenes les gusta practicar deportes de competición. Otros prefieren
correr, caminar, ir en bicicleta, patinar, bailar, hacer gimnasia, aerobic o
levantar pesas. A otros simplemente les gusta salir y pasear un rato. Para
obtener mejores resultados, ejercítate de 20 a 30 minutos, cuando menos
tres veces a la semana.

No permitas que lo primero que te salte a la mente sea "dolor" cuando oigas la palabra "ejercicio". En vez de eso, haz algo que te guste, para
que te sea fácil continuar su práctica.

GARFIELD © 1982 Paws, Inc. Reimpreso con autorización de Universal Press Syndicate. Todos los derechos reservados.

TODO ES CÓMO TE SIENTES Y NO CÓMO TE VES

Pero sé cuidadoso. Si intentas tener un mejor físico, asegúrate de no ob-
sesionarte demasiado con tu aspecto. Como posiblemente ya lo has notado, nuestra sociedad es adoradora del "aspecto". Para demostrar esto,
basta con que entres en cualquier tienda y veas a las personas perfectas
que adornan las portadas de casi toda revista. Casi te hace sentir demasiado consciente de tus imperfecciones físicas, ¿verdad?

De adolescente era muy consciente de mis mejillas gordas. Mi padre
dice que cuando nací tenía las mejillas tan grandes que los médicos no
sabían en dónde darme la primera nalgada. Recuerdo claramente a una

vecina que se burlaba de mis mejillas. Mi hermano David me defendió
heroicamente diciendo que estaban hechas de músculo. Fue un tiro por
la culata, y "Mejillas de Músculo" fue el apodo que menos me gustó.

En segundo de secundaria mi padre me envió a una larga noche de
supervivencia (una forma bonita de decir que caminamos eternamente y
nos morimos de hambre) para hacerme más fuerte. El producto secundario inesperado fue que perdí mis mejillas. Pero al iniciarse mi adolescencia, me hice muy consciente de otras cosas, como no tener una sonrisa
perfecta como algunos de mis amigos, o el acné que me brotaba como un
mal hábito que se niega a desaparecer.

Antes de que comiences a compararte con los hombres y mujeres hermosos y delgados en las revistas y películas, y comiences a detestar tu cuerpo y aspecto, recuerda que hay miles de jóvenes felices y saludables que no
tienen pómulos altos, abdómenes duros como una roca o glúteos de acero.
Hay muchos cantantes famosos, presentadores de programas, bailarines,
atletas, actores y actrices que tienen todo tipo de imperfecciones físicas. No
necesitas inyectarte esteroides o agrandarte el pecho para ser feliz. Si no
tienes un *look* o tipo de cuerpo que nuestra sociedad considera "ideal",
¿qué importa? Lo que hoy es popular seguramente cambiará mañana.

Lo importante es que te sientas bien físicamente, y no te preocupes
tanto por tu aspecto. La presentadora Oprah Winfrey lo dijo del mejor
modo: "Tienes que cambiar tu percepción. El asunto no es el peso, sino
cuidar de ti mismo diariamente".

¿Vida real o arte?

Además, si no lo sabías ya, lo que ves en las portadas de las revistas no
es real. Están retocadas para hacer parecer que los tipos ya musculosos se vean aún más musculosos, y que las mujeres delgadas se
vean más delgadas. La cosa es que esas celebridades son como nosotros, les sale el ocasional grano, su cabello se encrespa y sus estóma-
gos sobresalen de sus pantalones algunas veces. La única diferencia
es que ellos tienen a todo un equipo de retocadores cubriendo estas
imperfecciones. Beyoncé es reconocida por criticar a las revistas y a
las marcas de ropa que intentan cortar sus curvas y hacerla ver como
un palo, sabiendo perfectamente lo mucho que distorsiona las expectativas de belleza de sus fans.

Como señala el artículo de Steve Lohr en el *New York Times*:

*Las fotografías de celebridades y modelos en los anuncios de moda y
en las revistas son mejoradas rutinariamente con la ayuda de un arreglo
digital. El retoque puede ser menor, colores brillantes, un cabello rebelde
que vuelve a su lugar, un grano curado. O puede ser drástico, perder cinco
o diez kilos, añadir algunos centímetros de altura y borrar todas las arru-*

gas y manchas usando el software de Adobe Photoshop, la varita mágica del retocador de fotos.

Están poniendo unas expectativas bastante irreales, ¿no? Algunos dicen que cualquier foto retocada debería estar marcada para que el público supiera que lo que están viendo es tan real como una imagen hecha por ordenador.

Recuerda que nuestra locura por los cuerpos esculturales no ha sido siempre la tendencia. ¿No sería bueno vivir en la Europa del siglo XVIII, cuando ser robusto era lo que estaba de moda, o durante la Edad Media, cuando todos vestían túnicas holgadas y nadie sabía cómo se veía nuestro cuerpo? Amigo, ¡qué tiempos!

Desde luego, debemos hacer lo posible por vernos bien y presentables, pero si no tenemos cuidado, obsesionarse con el *look* puede llevarnos a severos problemas de alimentación, como serían comer compulsivamente, bulimia, anorexia, o adicción a drogas —como los esteroides—. Tratar a tu cuerpo como si fuera prisionero de guerra para ser aceptado por los demás es algo que no vale la pena.

Si estás enfrentándote a un desorden en tu alimentación, no te sientas solo. Es un problema muy común entre adolescentes. Admite que tienes un problema, y pide ayuda. (En la sección central de información hay una lista de organizaciones en España que pueden dártela.)

PUEDO DEJARLO CADA VEZ QUE QUIERA

Del mismo modo en que hay formas de cuidar tu cuerpo, también hay formas de destruirlo. Usar sustancias adictivas como alcohol, drogas y tabaco es una excelente manera de hacerlo. El alcohol, por ejemplo, con frecuencia está asociado con las tres principales causas de muerte entre adolescentes: accidentes automovilísticos, suicidio y homicidio. Y se demostró que fumar enturbia la vista, envejece prematuramente la piel, hace más amarillos los dientes, produce mal aliento, triplica las caries, causa contracción de las encías, decolora la piel y las yemas de los dedos, produce cansancio y provoca cáncer. (Es sorprendente que alguien se atreva a fumar.) Además, no es popular. Una vez encontré un anuncio del Departamento de Salud Pública de Massachusetts que daba en el clavo:

Fumar no es tan atractivo como tú crees. En un estudio, 8 de 10 hombres y 7 de 10 mujeres dijeron que no saldrían con nadie que fumara. Así, si fumas, será mejor que vayas dejando el tabaco.

Recuerda que las empresas tabacaleras gastan 400.000 euros cada hora de cada día para publicitar el tabaco. Quieren tu dinero. Una cajetilla de tabaco al día significa 1.400 euros al año. Piensa en los CD que podrías comprar con 1.400 euros. ¡No te dejes engañar!

Desde luego, nadie quiere ser adicto. Todo comienza de forma inocente. Pero, muchas veces, jugar con "drogas blandas" como el alcohol o el tabaco finalmente conducen a la marihuana, y luego a drogas mortales como cocaína, LSD, PCP, opiáceos y heroína. Muchos comienzan a beber, fumar o usar drogas para demostrar su *libertad* solo para descubrir que, al cabo del tiempo, desarrollan una adicción que *destruye* su libertad. Créeme que hay mejores formas de demostrar tu individualidad.

Tal vez lo peor de tener una adicción es lo siguiente: tú ya no controlas tu vida, sino tu adicción. Cuando dice *salta*, tú *saltas*. Reaccionas. Despídete de la idea de ser proactivo. Siempre siento pena por las personas en mi trabajo que deben salir a fumar, porque está prohibido en el edificio. Es triste verlos fuera, al calor del verano o en el viento de invierno, soplando humo, incapaces de controlar sus ansias.

Siempre pensamos que la adicción es algo que sucede a los demás, y que podemos terminarla cuando queramos. ¿Cierto? En realidad, es muy difícil. Como ejemplo, solo el 25 por ciento de los jóvenes fumadores lo consiguen. Me gusta lo que Mark Twain declaró acerca de lo fácil que fue dejar de fumar: "Ya lo hice cientos de veces".

Esta es la historia de la lucha por la que debió pasar un chaval para vencer su adicción:

La primera vez que usé un tipo de droga o alcohol fue cuando tenía 14 años. No sabía lo que significaban. Y realmente no me importaba. Todo el mundo me decía lo nocivas que eran, pero mi amigo decía: "Tómate esto. Es genial". Y yo lo probaba. Cuando empecé, quería sentirme bien, distinto. Después, ya no hubo presión de nadie. Me envolví solo.

Empecé a tomar drogas y a beber más y más, y empecé a fallar en el colegio. Mis relaciones disminuyeron. Estaba perdiendo el contacto con mi familia, y odiaba eso. Mi actitud hacia el mundo se volcó. Ya sabes: solo un montón de cosas negativas. También empecé a ver cada vez menos a mi novia.

Inmediatamente después de empezar a beber y a drogarme, también noté algunos problemas físicos. Me sentía muy cansado todo el tiempo. También perdí mucho peso: unos 15 kilos en dos meses.

El otro punto es que iba a casa, y si se me acababa la pasta de dientes o algo así, me ponía a llorar. Exageraba mis reacciones. Tenía muy mal genio.

Más o menos un mes después de cumplir 17 años, me pillaron en el colegio con drogas. Me suspendieron una semana, y sabía que ese era el punto que necesitaba para sobreponerme. Así, intenté parar, pero no pude. Es como cuando fumas tabaco. Puedes apagar uno y decir que ya no lo volverás a hacer, y que realmente cumplirás, pero es muy difícil dejarlo.

Así, me aparté de mis amigos y comencé a asistir a las reuniones de Alcohólicos Anónimos (AA), y tuve un padrino. AA es para toda la vida. Bebes una sola copa y echas a perder todo lo que hiciste hasta ese punto. Muchos de mis amigos que fueron a AA recayeron. Pero mi padrino me ayudó mucho. Sin su programa, sé que no hubiera podido dejarlo.

Desde que estoy en este programa, mi vida es mucho mejor: No bebo. No me drogo. Estoy mejorando en el colegio. Mi familia está más cerca de mí. Antes, trabajaba en casi cualquier lugar de comida rápida que había en mi pueblo, porque no duraba más de dos semanas en el trabajo. Ahora, tengo un solo empleo desde hace dos meses. Volví al colegio y empecé a preocuparme por las cosas. Fui agradable con los demás, aun cuando ellos no eran agradables conmigo. Cambié totalmente mi vida. Estoy empezando a pensar en la universidad y a hacer todas estas cosas en las que nunca antes pensé. Realmente me avergüenza que alguien pase todos sus años del colegio bebiendo. Es una vida atemorizante.

● LA CAPACIDAD DE REHUSAR™

Alejarse de las drogas de todo tipo es algo que es más fácil de decir que de hacer. A continuación ofrezco los pasos de la Capacidad de Rehusar™* que podrías considerar la próxima vez que te sientas presionado a beber, fumar o usar drogas, cuando en realidad no quieres hacerlo.

1. *Pregunta.* Hazte preguntas difíciles que realmente te hagan pensar lo que estás haciendo.

"¿Para qué querría fumar?"

"¿Qué sucederá si me coloco esta noche?"

2. *Nombra el problema*. Trata de ponerle una imagen a lo que estás haciendo.

"Fumar marihuana es ilegal."

"Fumar me dará mal aliento."

3. *Piensa en las consecuencias*. Piensa en las consecuencias de tus actos. "Me podrían detener si me cogen con drogas." "Si me coloco, alguien podría aprovecharse de mí".

4. *Sugiere una alternativa*. Prepara tu propia lista de opciones para divertirte cada vez que alguien intente atraerte.

"¿Por qué no vamos al cine?"

"Prefiero jugar al baloncesto."

5. *Aléjate*. Si te ves en una situación que no te parezca buena, no te preocupes por lo que puedan pensar de ti. Solo vete… y rápido.

"Lo siento. Me voy."

Si eres lo suficientemente creativo, podrás desarrollar tu propia actitud para evitar toda esta escena, como hizo Jaime:

A mis amigos y a mí no nos gustaban todos los problemas que provenían de beber y drogarnos, por lo que formamos un grupo. Éramos unas diez personas comprometidas con ayudar a nuestros amigos para que no se metieran en problemas. Nos llamábamos mucho, y una vez por semana íbamos a cenar y pensar cómo nos apoyaríamos los unos a los otros. El apoyo provino principalmente de hablar con los demás cuando veíamos que sentían la tentación o que sucumbían, y asegurándoles que realmente no necesitaban hacer esas cosas para ser "guays", y luego invitándolos a que se divirtieran con nosotros. Esto funcionó, y realmente fue muy poderoso.

Créeme que no te pierdes de nada si te alejas de estas cosas. "La vida misma", afirma la chef Julia Child, de la televisión, "es el recipiente apropiado". Ni siquiera necesitas experimentar. La diversión a corto plazo nunca vale la pena la devastación a largo plazo que con frecuencia ocurre después. Si no fumas, bebes, ni te drogas, ¿para qué empezar? Si lo haces, ¿por qué no buscas ayuda y lo dejas? Hay formas naturales y mejores para "colocarse". ¿Por qué no las pruebas? (Consulta la central de información en la última parte de este libro para mayor información en España.)

Cuidar tu mente

 Una vez oí de una leyenda de un joven que llegó ante Sócrates, el gran sabio, y le dijo:

—Quiero saber todo lo que tú sabes.

—Si tal es tu deseo —repuso Sócrates—, entonces sígueme al río.

Lleno de curiosidad, siguió a Sócrates hasta el río. Al sentarse junto a la orilla, el maestro dijo:

—Observa bien el río, y dime lo que ves.

—No veo nada.

—Acércate más —replicó Sócrates.

Cuando el joven se acercó cada vez más al agua, Sócrates tomó su cabeza y lo sumergió. El muchacho sacudió los brazos intentando escapar, pero la fuerza de Sócrates lo mantuvo sumergido. Casi cuando el joven estaba a punto de ahogarse, Sócrates lo sacó del río y lo puso en la orilla.

Tosiendo, el joven jadeó:

—¿Estás loco, anciano? ¿Qué intentabas hacer? ¿Matarme?

—Cuando te tuve sumergido, ¿qué es lo que más querías saber? —preguntó Sócrates.

—Quería respirar. ¡Quería aire! —repuso.

—Nunca cometas el error de pensar que la sabiduría llega tan fácilmente, joven amigo —dijo Sócrates—. Cuando quieras aprender tanto como querías aire, entonces vuelve a mí.

¡Ese Sócrates tiene su propio estilo con los chavales!

Aquí la cuestión es clara. En la vida no hay nada fácil. ¡Debes pagar el precio! Todos deben pagar el precio. Escríbelo. Memorízalo. Subráyalo. No me importa lo que digan los demás: nada viene gratis. Qué ingenuo fue este joven al pensar que podía obtener toda una vida de conocimientos sin tener que pagar el precio. Pero ¿somos menos ingenuos cuando pensamos que podemos asegurar un buen empleo y un prometedor futuro si no pagamos el precio de desarrollar una mente fuerte?

De hecho, obtener una buena educación tal vez sea el precio más importante que debamos pagar, porque, más que ninguna otra cosa, lo que haces con esa masa de materia gris que tienes entre las orejas determinará tu futuro. De hecho, a menos que quieras envolver hamburguesas y vivir con tus padres cuando tengas 30 años de edad, será mejor que comiences a pagar el precio desde ahora.

La dimensión mental del hábito 7, Afilar la sierra, significa desarrollar un poder cerebral mediante la escuela, actividades extracurriculares, pasatiempos, empleos y otras experiencias que realcen tu mente.

La clave para abrir tu futuro

Una vez pregunté a un grupo de jóvenes en una encuesta: "¿Cuál es tu temor?". Me sorprendió cuántos hablaron de la tensión de desempeñarse bien en la escuela, ir a la universidad y obtener un buen empleo en el futuro. Uno de ellos dijo: "¿Qué podemos hacer para tener la certeza de que obtendremos un empleo y podremos mantenernos?". La respuesta, en realidad, es más bien simple. Podrías tratar de ganar la lotería. Las posibilidades de que lo consigas son de aproximadamente 1 en un millón. O podrías desarrollar una mente mejor formada. Esto te ofrece, y con mucho, tu mejor oportunidad de asegurarte un buen empleo y ganarte la vida por ti mismo.

¿Qué es una mente educada? Es mucho más que un diploma enmarcado, aun cuando esto es una parte importante. Es más que buscar datos en Wikipedia y pensar que eres un experto. Una mejor definición es: una mente educada es como una bailarina bien entrenada. Una bailarina ejerce un control perfecto sobre sus músculos. Su cuerpo puede plegarse, torcerse, saltar y girar perfectamente, según como ella lo desee. Similarmente, una mente educada puede concentrarse, sintetizar, escribir, hablar, crear, analizar, explorar, imaginar y muchas cosas más. Sin embargo, para hacer esto, debe estar entrenada. No es algo que simplemente sucede.

> Invertí mis ahorros para la universidad comprando todos estos billetes de lotería
>
> ¡Menudo idiota!

Te sugiero que obtengas toda la educación que te sea posible. Cualquier otra educación después del bachillerato, sea un título universitario, capacitación vocacional o técnica, ser aprendiz o entrenarse en el ejército bien valdrá tu tiempo y tu dinero. Considéralo como una inversión para tu futuro. Las estadísticas demuestran que un licenciado universitario gana el doble que un titulado en bachillerato.

La diferencia parece estar aumentando. No permitas que la falta de dinero sea la razón por la que no obtengas más educación. "Si piensas que la educación es cara, entonces prueba con la ignorancia", afirmó Derek Bok, ex presidente de la Universidad de Harvard. Aun si debes sacrificarte y trabajar mucho para pagar por tu educación, vale la pena. Te sorprenderá la cantidad de becas, préstamos y opciones de ayuda para los estudiantes que puedes encontrar si las buscas. De hecho, millones de euros en becas y préstamos quedan sin asignar cada año, porque nadie se tomó la molestia de solicitarlos. (Consulta la página 257 para mayor información sobre becas y préstamos en España.)

AFILA TU MENTE

Existen novedosas formas para expandir tu mente. Sin embargo, el mejor enfoque puede ser simplemente leer. Como dice el dicho, la lectura es para la mente lo que el ejercicio es para el cuerpo. Leer es fundamental para cualquier otra cosa y no cuesta mucho, a diferencia de otros métodos, como viajar. Los siguientes son 20 modos posibles de afilar tu mente. Estoy seguro de que se te ocurrirán otros 50 si lo piensas.

- Ten una fuente de noticias fiable en tu página de inicio de internet
- Suscríbete a blogs
- Viaja
- Planta un jardín
- Observa la naturaleza
- Asiste a una conferencia sobre un tema interesante
- Mira documentales
- Escucha las noticias
- Investiga sobre tus antepasados
- Escribe un cuento, poema o canción
- Practica juegos de mesa interesantes
- Participa en debates
- Juega ajedrez
- Visita un museo
- Comenta en clase
- Asiste al ballet, ópera o teatro
- Aprende a tocar un instrumento musical
- Sostén conversaciones estimulantes con tus amigos
- Empieza un blog tú mismo o con amigos sobre tus intereses

ENCUENTRA TU NICHO

Aunque tal vez necesites aguantar en el colegio algunas materias que no te gustan, busca las que sí te gustan y céntrate en ellas. Toma clases adicionales, revisa libros y ve películas acerca del tema. No permitas que el colegio sea tu única forma de educación. Haz que el mundo sea tu aula.

Es de esperar que tengas problemas en algunas clases. A menos que seas un Einstein, no toda materia te será fácil. A decir verdad, retiro lo dicho. El famoso Albert Einstein en realidad suspendió matemáticas y se pensó durante años que era tonto.

Si alguna vez te desalientas en el colegio, no desertes. (Lo lamentarás.) Sigue luchando. Finalmente hallarás algo que te guste o algo en lo que puedas resaltar.

Una vez entrevisté a Luis, con severos problemas de aprendizaje, quien me habló de lo mucho que le costó adaptarse al colegio y hallar su nicho:

Yo era feliz hasta que entré en el colegio. Entonces los demás descubrieron que me era difícil aprender, y que podían señalarme y decirme cosas. Era muy lento en aritmética, literatura y gramática. Una ocasión, estando en clase, a la que dividieron en secciones, una niña de mi sección dijo: "Yo no quiero trabajar con ese retrasado", señalándome. Me hizo sentir terriblemente mal.

Durante la primaria y la secundaria apenas podía leer. Un día llegó un terapeuta a mi casa, y después de hacerme algunas pruebas, dijo a mi mamá que nunca podría leer. Mi mamá estaba tan cabreada que le dijo que se fuera de casa.

Años más tarde, como estudiante de primaria, un día tomé un libro de ciencia ficción, y, para mi sorpresa, me fue fácil leerlo. Los cuentos del libro estimularon mi imaginación y entonces las palabras no fueron solo palabras, sino que se convirtieron en imágenes mentales. Leí todos los libros subsiguientes y luego comencé a leer otros libros, y realmente me gustó leer más y más. Llegué a tener un amplio vocabulario. Comencé a hablar mejor y a usar palabras más largas.

Fue por ese entonces cuando empecé a sobresalir en arte. Supe que tenía un muy buen ojo para formas y colores. Tenía especial talento con acuarela, óleo, dibujo y diseño. También puedo escribir bien. Escribo sobre mis experiencias. Escribo poesía. Hacia el final de mis estudios, tuve muchas exposiciones en galerías y gané mucha confianza en mí mismo.

NO PERMITAS QUE EL COLEGIO PERTURBE TU EDUCACIÓN

Las notas son importantes, especialmente porque pueden asegurarte un empleo en el futuro y opciones para educarte. Pero en la educación hay mucho más que solo notas.

Mi familia está integrada por un montón de incompetentes técnicos. Yo achaco ese mal gen a mi padre. Varias veces lo he visto en situaciones "técnicamente desafiantes", cuando levanta el capó del coche (como si pudiera arreglar algo) o cuando intenta cambiar un foco. Yo mismo he visto cómo, en estas situaciones difíciles, su cerebro literalmente se apaga y deja de funcionar. ¡Es todo un fenómeno! Siendo la persona proactiva que soy, decidí que quería superar mis debilidades hereditarias y me inscribí en una clase de mecánica automotriz durante el último año de instituto.

Aprendería a cambiar el aceite aun si muriera en el intento.

Aunque no lo creas, saqué 10 en esa clase. Pero me apena admitir que apenas si aprendí algo. En vez de realmente pagar el precio para aprender, vi mucho pero hice poco. Nunca hacía los deberes. Para los exámenes estudiaba mucho la noche antes y luego olvidaba lo aprendido dos horas después de hacer el examen. Obtuve la calificación, pero no obtuve educación.

Aunque las calificaciones sean importantes, recibir una verdadera educación es más importante, así que asegúrate de no olvidar por qué vas a la escuela.

Con el correr de los años, he visto a mucha gente que sacrificó su educación por muchas razones tontas, como pensar que no necesitan educación u obsesionarse con un empleo de media jornada, una novia, un coche, o un grupo de rock.

También he visto a muchos atletas que sacrificaron su educación en el altar de los deportes. Con frecuencia he sentido la tentación de escribir cartas a jóvenes atletas que se centraron tanto en los deportes que fracasaron totalmente en la escuela. En realidad, le escribí a uno, un atleta imaginario. Aunque está escrito para un atleta, podría aplicarse a cualquiera a quien no le gusta desarrollar su mente.

CARTA A UN

ATLETA

DESCONOCIDO

Querido _____:

Yo creo mucho en los beneficios del deporte. Sin embargo, después de visitarte, quedé asustado al saber de tus actitudes hacia la escuela.

Dices que quieres iniciar una carrera profesional y que no sientes la necesidad de una educación. Yo digo que tus posibilidades de llegar a ser profesional son tantas como la posibilidad que tiene mi padre de que le vuelva a crecer pelo. "Un joven que apuesta su futuro por un contrato profesional es como un obrero que compra un solo boleto de la lotería, y luego renuncia a su trabajo anticipando sus ganancias", dijo el senador Bill Bradley, ex estrella de la NBA. Los estudios demuestran que solo uno de cada mil atletas de bachillerato llegarán a primera división en deportes universitarios, y que la probabilidad de que un deportista de bachillerato llegue a la liga profesional es de una entre diez mil.

De los cientos de atletas universitarios con los que jugué y que querían llegar a ser profesionales, solo puedo recordar unos cuantos que lo lograron. Por otra parte, puedo pensar en muchos que desperdiciaron sus mentes en aras del deporte, y que luego fueron arrojados a la fuerza de trabajo sin tener ninguna oportunidad.

Nunca olvidaré la vez en que uno de mis compañeros de equipo pronunció todo un discurso de arenga una noche antes de jugar contra una universidad rival. Dado que siempre descuidó su educación y nunca aprendió a expresarse, lo único que pudo hacer fue soltar un montón de vulgaridades que pudieron talar todo un bosque. En cuestión de tres minutos parecía que se las ingenió para usar groserías como pronombres, verbos, adjetivos, nombres, conjunciones y participios. Me dejó pensando: ¡consíguete un cerebro!

¡Abre los ojos! Tu educación es la clave para abrir tu futuro.

Dices que no te gusta la escuela. Y yo respondo: ¿cuál es la relación? ¿Hay algo bueno en la vida que sea fácil? ¿Te gusta entrenar todos los días? ¿A un estudiante de medicina le gusta estar en la universidad durante cuatro años? ¿Desde cuándo el que te guste algo determina si debes hacerlo o no? A veces necesitas disciplinarte para hacer cosas que no te gusta hacer, por lo que esperas obtener de ello.

Dices que tratas de estudiar, pero no puedes porque te distraes. Yo digo que a menos que aprendas a controlar tu mente, nunca valdrás gran cosa. La disciplina de la mente es una forma de disciplina mucho más elevada que la del cuerpo. Una cosa es entrenar tu cuerpo para desempeñarse al máximo; otra muy distinta es controlar tus pensamientos, concentrarte durante períodos prolongados, sintetizar y pensar de modo creativo y analítico. Hay veces en que decir "lo intenté" es un mal pretexto. Imagina lo absurdo que sería si te preguntara: "¿Hoy comerás o harás el intento de comer?". Solo disciplínate para hacer las cosas.

Dices que puedes arreglártelas sin estudiar, que puedes hacer trampas para sacar buenas calificaciones. Yo digo que cosecharás lo que sembraste. ¿Puede el granjero hacer trampas? ¿Puede olvidar plantar su cosecha en la primavera, no hacer nada durante todo el verano y luego trabajar mucho en el otoño para producir sus cosechas? ¿Puedes mejorar tu levantamiento de pesas haciéndolo solo de vez en cuando? Tu cerebro no es muy distinto de tus bíceps. Para mejorar la fuerza, velocidad y resistencia de tu mente, debes ejercitarla. No hay atajos. No esperes llegar un día ante el mago de Oz para que te dé un cerebro.

Imagínate cinco pares de manos. Un par pertenece a un pianista de concierto que puede fascinar a su público con hermosas interpretaciones de los clásicos. Otro par es de un cirujano oftalmólogo que puede restaurar la visión perdida mediante cirugía microscópica. Otro es de un golfista profesional que siempre logra tirar bien bajo presión. Otro es de un ciego que puede leer minúsculas marcas en una página a increíble velocidad. Otro es de un artista que puede esculpir hermosas estatuas que inspiran el alma. A primera vista, las manos pueden parecerte iguales, pero tras cada una de ellas hay años y años de sacrificio, disciplina y perseverancia. ¡Estas personas pagaron su precio! ¿Crees que hicieron trampas? ¿Engañaron al sistema?

Lo que más lamento en la vida es que en vez de leer cien novelas durante la secundaria, leí un montón de resúmenes. En contraste, tengo un amigo que durante su juventud leyó cientos de libros. Su mente puede alzar pesas de más de 200 kilos. Yo me cortaría un dedo… no, dos dedos para tener tal cerebro.

Si no pagas el precio, obtendrás un título pero no tendrás una verdadera educación. Y hay una enorme diferencia entre ambos. Algunos de nuestros mejores pensadores fueron hombres y mujeres sin título y autodidactas. ¿Cómo lo lograron? Leyeron. Es el más grande hábito que puedes desarrollar. Pero pocos lo hacen regularmente. Muchos dejan de leer y aprender cuando terminan la escuela. Eso quiere decir atrofia mental. La educación debe ser una tarea de toda la vida. La persona que no lee no es mejor que la persona que no puede hacerlo.

Dices que vives para el presente y no piensas en el futuro. Yo digo que la principal diferencia entre tu perro y tú es que tú puedes pensar en el mañana, y él no puede. No tomes decisiones a largo plazo con base a tus emociones a corto plazo, como el estudiante que elige su carrera con base al trámite más breve. Desarrolla una orientación a futuro; toma decisiones con el fin en mente. Para tener un buen empleo mañana, debes hacer tus deberes esta noche.

Este proverbio resume toda esta cuestión: "Apodérate en cuanto puedas de la instrucción; no la dejes ir: consérvala, porque ella es tu vida".

Pareces decir que no necesitas un cerebro. Yo digo: ¡consigue uno!

Espero no haberte ofendido. Te deseo lo mejor. Es solo que dentro de diez años no quiero verte cantando, como nuestro amigo el espantapájaros de la película **El mago de Oz**:

> No sería una nada
> de cabeza rellenada…
> si tan solo tuviera un cerebro.

Piénsalo,

SEAN

OPCIONES EDUCATIVAS POSTSECUNDARIA

No te preocupes demasiado por tu carrera al estar en la escuela. Si simplemente puedes aprender a pensar bien, tendrás suficientes opciones de carreras de las que puedas elegir. Las oficinas de admisiones y las empresas que contratan empleados no toman demasiado en cuenta el área de estudio. Quieren ver demostraciones de que tienes una mente sólida. Tratarán de ver varios aspectos distintos:

1. *Deseo.* ¿Cuánto deseas ingresar en esta escuela o programa? ¿Cuánto deseas este empleo?

2. *Puntuación de tests convencionales.* ¿Cuál fue tu puntuación en los tests psicológicos?

3. *Extracurricular.* ¿En qué otras actividades (deportes, trabajo externo, clubes, sociedad de alumnos, comunidad, etc.) te has desempeñado?

4. *Cartas de recomendación.* ¿Qué piensan otras personas de ti?

5. *Nota media.* ¿Cómo te fue en la escuela?

6. *Habilidades de comunicación.* ¿Cómo pudiste comunicarte por escrito (con base en tus ensayos de solicitud) y verbalmente (con base en una entrevista)?

Si simplemente aprendes a pensar bien, podrás elegir entre suficientes carreras y opciones.

Lo que es más importante, solo quieren ver evidencias de que tendrás éxito en el siguiente nivel. Si los resultados de tus exámenes y tests psicológicos son menores de lo que tú querrías, no sientas que debes conformarte con lo que tengas. Puedes ser admitido en excelentes programas, u obtener un excelente empleo si tienes capacidades en otros aspectos.

Además, no te dejes asustar por los rumores de lo difícil que es entrar en la universidad y a otras escuelas. Generalmente no es tan difícil como piensas si estás dispuesto a esforzarte en tu solicitud. Sin embargo, será más difícil de lo que te haría pensar el siguiente examen de ingreso a la universidad (puesto que yo mismo fui jugador de fútbol, tengo derecho a divertirme a mi propia costa).

EXAMEN DE INGRESO A LA UNIVERSIDAD

(Adaptado para jugadores de fútbol)

TIEMPO LÍMITE: **3** SEMANAS

1. ¿Qué idioma se habla en Francia?

   _____

2. ¿Qué le pedirías hacer a William Shakespeare?
   - [ ] Construir un puente
   - [ ] Navegar por el océano
   - [ ] Dirigir un ejército
   - [x] ESCRIBIR UNA OBRA DE TEATRO

3. ¿Qué religión tiene el papa?
   - [ ] Judío
   - [ ] Católico
   - [ ] Hindú
   - [ ] Polaco
   - [ ] Agnóstico

4. ¿Cómo se le llama a las personas que viven en el norte?
   - [ ] Occidentales
   - [ ] Sureños
   - [ ] Norteños

5. Seis reyes de Inglaterra se llamaban Jorge y el último fue Jorge VI. Nombra a los cinco anteriores.

   _____
   _____
   _____
   _____
   _____

6. ¿Aproximadamente cuántos mandamientos dio Moisés?

   _____

7. ¿Puedes explicar la teoría de la relatividad de Einstein?
   - [ ] Sí
   - [ ] No

8. ¿Para qué se utilizan las perchas para colgar ropa?

   _____

9. Explica el principio de equilibrio dinámico de Le Chatelier, o escribe tu nombre con LETRAS MAYÚSCULAS.

   _____

10. Matemáticas avanzadas: Si tienes tres manzanas, ¿cuántas manzanas tienes?

Deberás responder tres o más preguntas para poder ingresar:

BARRERAS MENTALES

Al formar tu cerebro, necesitarás superar algunas barreras. He aquí algunas que debes considerar:

Tiempo de pantalla. Es aquel que pasas frente a cualquier tipo de pantalla, que puede ser la de un televisor, ordenador, el *smartphone*, la *tablet*, videojuegos o cine. *Un poco* puede ser saludable, pero *demasiado tiempo* mensajeando, en Facebook o Twitter, jugando a videojuegos o ver televisión puede aturdir tu mente. ¿Sabías que el adolescente medio ve más de 20 horas de televisión a la semana? Eso es igual a 43 días cada año y un total de ocho años durante toda una vida. ¡Qué bueno que no estés en la media! Solo piensa lo que podrías hacer con esos 43 días anuales si hicieras algo productivo como estudiar francés, aprender a bailar o programar ordenadores.

Fíjate tus propios criterios en lo que se refiere a tiempo de pantalla, y no permitas que se salga de tu control. O trata de extraviar el mando a distancia. Eso también funciona.

El síndrome del estudioso. Es interesante que algunos jóvenes no quieren funcionar bien en el colegio porque otros podrían pensar que son demasiado empollones, y ser empollones no es ser guay. También oí de chicas que no quieren ser consideradas "cerebritos" porque ello intimida a los chavales. ¿En qué vamos a pensar luego? Si tener una buena mente intimida a alguien, eso probablemente te dirá algo de la falta de neuronas de la otra persona. Enorgullécete de tus capacidades mentales y del hecho de que valoras la educación. Yo mismo conozco muchas personas ricas y con éxito que antes eran consideradas "demasiado empollonas".

Presión. A veces nos asusta funcionar bien en el colegio por las altas expectativas que esto crea. Si traemos a casa una buena cartilla de notas y somos elogiados, de pronto establecemos la expectativa de que lo haremos una y otra vez. Y la presión se acumula. Si no nos va bien, no hay expectativas, y por ello tampoco presión.

Solo recuerda esto: la tensión que resulta del éxito es mucho más tolerable que lamentar los resultados por no dar el máximo de ti. No te preocupes por la presión. Puedes manejarla.

DEBES QUERER

Al final, la clave para afilar tu mente será tu deseo de aprender. Realmente debes quererlo. Debe gustarte aprender. Debes pagar el precio. La siguiente anécdota es un ejemplo de alguien que tenía un irresistible impulso de aprender, y que pagó un enorme precio por el simple goce de leer. Para esta persona, leer era "aire".

La puerta de la cocina se abrió, y fui sorprendido in fraganti*. Era demasiado tarde para ocultar la evidencia; las pruebas estaban a simple vista, sobre mis nalgas. Mi padre, borracho, con el rostro sonrojado, se acercó a mí, amenazante. Las piernas comenzaron a temblarme. Yo tenía nueve años. Sabía que me golpearía. No había escapatoria; mi padre me sorprendió leyendo...*

Alcohólico, al igual que sus padres, mi padre ya me había pegado antes, muchas veces y muy duro, y en los años siguientes me volvería a pegar; muchas veces y muy duro, hasta que finalmente me fui del colegio a los 16 años y me fui de casa. Su furia persistente por el hecho de que leyera me frustró más que cualquier otro maltrato; me hacía sentir como si estuviera haciendo algo horrible cuando no podía dejar de leer. Los libros me atraían por la curiosidad y la necesidad irresistible de fingir que estaba en otra parte... Así, desafié a mi padre y, tal y como lo recuerdo, a veces pagué un precio por ese desafío. Valió la pena.

Este testimonio fue escrito por Walter Anderson en su libro *Read with Me* [Lee conmigo]. Actualmente, Walter es un editor de mucho éxito, es miembro del consejo de muchas organizaciones literarias y autor de cuatro libros. Walter sigue narrando:

De niño viví en un hogar duro y en un barrio violento. Pero había un lugar al que podía ir, la biblioteca; y los bibliotecarios me alentaban a leer. Abría un libro y podía ir a cualquier parte. Podía hacer cualquier cosa. Podía imaginarme fuera de ese lugar. Leía para salir de la pobreza mucho antes de que trabajara para salir de ella.

En la parte final del libro he compilado una lista de grandes libros para jóvenes. Podrías darle una ojeada.

Si aún no has pagado el precio para educarte, nunca será demasiado tarde para empezar. Si puedes aprender a pensar bien, el futuro será una puerta abierta a las oportunidades. Se trata de ondas cerebrales. Consigue algunas.

EJERCITA TU MENTE...

LEE · LEE · LEE · LEE · LEE · LEE · L

Cuidar
tu corazón

Una tarde, alguien tocó a la puerta.

—¿Quién es?

Abrí la puerta y ahí estaba mi hermana menor, de 19 años, sollozando.

—¿Qué pasa? —pregunté, haciéndola pasar, aunque sabía exactamente cuál era el problema. Era el tercer episodio de llanto de ese mes.

—Él es tan grosero —sollozó, secándose los ojos enrojecidos e hinchados—. No puedo creer lo que me ha hecho. Fue terrible.

—¿Y qué te ha hecho ahora? —pregunté. Ya había oído algunas buenas historias, y ahora quería saber si esta era mejor.

—Ya sabes... Me pidió que fuera a su casa para estudiar —tartamudeó—. Y mientras estábamos estudiando, otras muchachas fueron a visitarlo. Y actuó como si ni siquiera me conociera.

—No me preocuparía mucho por eso —dije, prudente—. Yo hacía ese tipo de cosas todo el tiempo.

—Pero somos novios desde hace dos años —replicó—. Y cuando ellas le preguntaron quién era yo, dijo que era su hermana.

¡Ay!

Quedó devastada. Pero sabía que en cuestión de horas o días volvería a pensar que era el príncipe de sus sueños. Claro, unos cuantos días después, ella volvía a estar loca por él.

¿Alguna vez has sentido que, como mi hermana, estás en una montaña rusa emocional, un día arriba y abajo al siguiente? ¿Alguna vez has sentido que eres la persona más voluble del mundo, y que no puedes controlar tus emociones? Si es así, entonces bienvenido al club, porque esos sentimientos son completamente normales en los adolescentes. Como puedes ver, tu corazón es un objeto muy temperamental. Y necesita ser cuidado y nutrido constantemente, igual que tu cuerpo.

> No permitas que nadie pase por tu vida sin dejarte mejor y más feliz. Sé la expresión viviente de la generosidad de Dios: generosidad en tu rostro, generosidad en tus ojos, generosidad en tu sonrisa.
>
> MADRE TERESA

La mejor forma de afilar la sierra y nutrir tu corazón es concentrarte en formar relaciones, o en otras palabras, hacer depósitos frecuentes en tu cuenta de banco de relaciones y en tu cuenta de banco personal. Revisemos cuáles son estos depósitos.

Depósitos CBR (cuenta bancaria relacional)

- Cumplir promesas
- Hacer pequeños actos de generosidad
- Ser leal
- Escuchar
- Disculparte
- Fijar expectativas claras

Depósitos CBP (cuenta bancaria personal)

- Cumple las promesas que te hagas a ti mismo
- Haz pequeños actos de generosidad
- Sé amable contigo mismo
- Sé honesto
- Renuévate
- Aprovecha tus talentos

Como habrás notado, los depósitos CBP y CBR son muy similares. Esto se debe a que los depósitos que haces en las cuentas de otras personas generalmente terminan también en la tuya.

Al iniciar cada día, busca oportunidades para hacer depósitos y formar amistades duraderas. Escucha a conciencia a los amigos, padres, hermanos o hermanas sin esperar nada a cambio. Da diez elogios hoy. Defiende a alguien. Vuelve a casa a la hora en que prometiste a tus padres.

La Madre Teresa fue muy elocuente: "No permitas que nadie pase por tu vida sin dejarte mejor y más feliz. Sé la expresión viviente de la generosidad de Dios: generosidad en tu rostro, generosidad en tus ojos, generosidad en tu sonrisa".

Si encaras la vida de este modo, buscando siempre formas de construir en vez de destruir, te sorprenderá la felicidad que puedes dar a los demás y a ti mismo.

Al pensar en cuidar de tu corazón, hay otros puntos que debes considerar.

SEXO Y RELACIONES

Una joven dijo: "No importa en qué relación estés o qué tan devota seas… El sexo siempre está en el aire. No importa si estás sola en el coche con esa persona, o en casa viendo la televisión. El asunto está en el aire".

El sexo es mucho más que solo tu cuerpo. También es tu corazón. De hecho, lo que hagas respecto al sexo podría afectar tu imagen y tus relaciones con los demás mucho más que cualquier otra decisión que tomes. Antes de decidirte a tener sexo o a seguir teniéndolo, busca en tu corazón y piénsalo... cuidadosamente. La siguiente cita de un folleto publicado por la editorial Journeyworks puede serte de ayuda.

¿Piensas que estás dispuesto a todo? ¿Estás seguro? Las infecciones de transmisión sexual, el embarazo no planificado y las dudas emocionales son buenas razones para esperar. Antes de que vayas demasiado lejos, examina esta lista. O piensa en tus propias formas de terminar la frase:

No estás preparado para tener relaciones sexuales si...

1. Piensas que el sexo es igual al amor.
2. Te sientes presionado.
3. Temes decir no.
4. Es más fácil decir sí.
5. Piensas que los demás lo hacen. (¡No es así!)
6. Tus instintos te dicen que no lo hagas.
7. No tienes datos sobre el embarazo.
8. No comprendes cómo funcionan los métodos anticonceptivos.
9. No piensas que una mujer puede quedarse embarazada en la primera vez. (Sí puede.)
10. Va en contra de tus creencias morales.
11. Va en contra de tus creencias religiosas.
12. Lo lamentarás a la mañana siguiente.
13. Te sentirás avergonzado o abochornado.
14. Lo haces para demostrar algo.
15. No puedes mantener a un hijo.
16. No puedes mantenerte tú mismo.
17. Piensas que un compromiso es una suscripción *online*.
18. Crees que el sexo premarital es un error.
19. No sabes cómo protegerte del VIH, el virus que causa el sida.
20. No conoces los síntomas de las infecciones de transmisión sexual.
21. Piensas que hará que tu pareja te quiera.
22. Piensas que te hará amar a tu pareja.
23. Piensas que eso os mantendrá juntos.
24. Piensas que cambiará tu vida.
25. No quieres que cambie tu vida.

26. No estás listo para que cambie la relación.

27. Estás ebrio.

28. Desearías estar ebrio.

29. Tu pareja está ebria.

30. Esperas que sea perfecto.

31. Te morirías si no fuera perfecto.

32. No pueden reírse juntos sobre los codos en posturas extrañas y ropas difíciles de quitarse.

33. No estás listo para quitarte tus ropas.

34. Piensas que el VIH y el sida sucede solo a otras personas.

35. Piensas que puedes saber quién tiene VIH con solo verlo.

36. Piensas que los adolescentes no contraen el VIH. (Sí lo contraen.)

37. No sabes que la abstinencia es la única protección totalmente segura contra las infecciones de transmisión sexual y el embarazo.

38. No hablasteis del futuro.

39. Ni siquiera puedes pensar en el futuro.

40. Te horrorizaría si tus padres te descubrieran.

41. Lo haces para que tus padres te descubran.

42. Estás demasiado asustado para pensar claramente.

43. Piensas que te hará más popular.

44. Piensas que "debes hacerlo" por tu pareja.

45. Piensas que no está bien ser virgen.

46. Solo piensas en ti mismo.

47. No estás pensando en ti mismo.

48. No puedes esperar a decírselo a todo el mundo.

49. Esperas que nadie sepa de ello.

50. Realmente desearías que nunca hubiera surgido el tema.

Está bien esperar

Lo lograrás   Es totalmente normal sentirse deprimido de vez en cuando. Pero hay una gran diferencia entre un rato de melancolía y la depresión sostenida. Si la vida se ha convertido en un verdadero sufrimiento durante mucho tiempo, y no puedes quitarte ese sentimiento de desesperanza, la cosa es grave. Afortunadamente, la depresión puede tratarse. No dudes en buscar ayuda ya sea mediante medicamentos o hablando con alguien que esté capacitado para tratar con estas cuestiones.

Si estás pensando en el suicidio, escucha cuidadosamente lo que te digo. Aférrate a la querida vida. Lo lograrás. La vida mejorará…, te lo aseguro. Vales mucho y se te necesita. La mala época pasará…, siempre es así. Algún día verás en retrospectiva tu situación y te alegrará que continuaste, como fue el caso de esta chica:

Soy una de tantos jóvenes que vienen de un hogar maravilloso, y no tienen ninguna razón para haberse metido en problemas. Pero me pasó. Los amigos se hicieron muy importantes para mí en la secundaria y en el instituto, y mi vida en casa parecía muy aburrida. No podía esperar a salir de ahí todos los días para estar con mis amigos. En el espacio de dos años posiblemente probé cualquier vicio posible, y no me hizo sentir mejor. Al contrario.

Comencé a tener problemas incluso al volver a casa. Era casi doloroso pasar por ese hogar pacífico con el olor de la buena cocina. Parecían tan buenos y perfectos que yo sentía que nunca cumpliría con sus expectativas. De algún modo no podía adaptarme. No estaba viviendo la vida que los enorgullecería, y más bien los hacía sentirse infelices. Comencé a desear estar muerta. Y esto resultó en intentos de suicidio reales.

Yo escribía un diario y hoy me asusta ver lo cerca que llegué a terminar todo. Hoy, unos cuantos años después, estoy en la universidad y con una media alta, tengo una vida social feliz, un novio que me quiere y una excelente relación con mi familia. Tengo muchos planes, muchas cosas que haré. Amo la vida, tengo mucho por vivir y no puedo creer que alguna vez me sentí distinta, pero así fue. Necesité de varias llamadas serias para darme cuenta de que podía ser distinta. Gracias al cielo que sigo aquí.

Recuerda que las luchas que enfrentas ahora a fin de cuentas serán una gran fuente de fortaleza para ti. Como escribió el filósofo Jalil Gibrán: "Ese mismo pozo del que surge tu risa, muchas veces estuvo lleno de lágrimas. Mientras más cala el sufrimiento en nuestro ser, más felicidad puede contener". (Consulta las listas de teléfonos y páginas de internet de España en la Central de información si necesitas ayuda.)

RÍE, O LLORARÁS

Una vez dicho todo, esta es una última clave para mantener tu corazón sano y fuerte. Ríete. Así es… Ríete. *Hakuna matata!* ¡No te preocupes, sé feliz! Hay veces que la vida apesta, y no puedes hacer gran cosa, así que da lo mismo si te ríes.

Es una lástima que al crecer tendemos a olvidar lo que hizo tan mágica nuestra infancia. Un estudio ha demostrado que cuando estamos en la escuela infantil nos reímos unas 300 veces al día. En contraste, el adulto típico ríe apenas 17 veces al día. ¡No es sorpresa que los niños sean mucho más felices! ¿Por qué somos tan serios? Tal vez se debe a que se nos enseñó que reírnos demasiado es infantil. Para citar al gran maestro Yoda, "debes desaprender lo aprendido". Debemos volver a aprender a reírnos.

Leí un artículo fascinante de Peter Doskoch sobre el poder del humor en la revista *Psychology Today*. Esta es una lista de sus principales descubrimientos:

La risa:

- Afloja el engranaje mental y nos ayuda a pensar con mayor creatividad.
- Nos ayuda a lidiar con las dificultades de la vida.
- Reduce los niveles de tensión.
- Nos relaja al reducir el ritmo cardíaco y la presión sanguínea.
- Nos relaciona con los demás y contrarresta sentimientos de alienación, un importante factor en la depresión y el suicidio.
- Libera endorfinas, los analgésicos cerebrales naturales.

También se demostró que la risa promueve la buena salud y acelera la curación. Conozco varios testimonios de personas que sanaron de enfermedades graves mediante altas dosis de terapias de risa. La risa también puede ayudar a curar relaciones rotas. Como dice el cómico Victor Borge: "La risa es la distancia más corta entre dos personas".

Si no te ríes mucho, ¿qué puedes hacer para volver a hacerlo? Te sugiero desarrollar tu propia "colección de humor", una colección de libros, dibujos, vídeos de YouTube, ideas, cualquier cosa que te haga gracia. Cada vez que te sientas desfallecer, o que te estés tomando a ti mismo demasiado en serio, visita tu colección. Por ejemplo, a mí me gustan las películas tontas. Hay algunos actores que me hacen reír de solo acordarme de ellos. He comprado muchas de sus películas y las veo cada vez que necesito "alivianar". Del mismo modo, mi hermano Stephen tiene una de las colecciones de tebeos más grandes del mundo. Él afirma que estos tebeos le impidieron volverse loco durante períodos tensos.

Aprende a reírte de ti mismo cuando ocurran cosas extrañas o tontas, porque si no las cosas se reirán de ti. Como dijo alguien una vez: "Una de las mejores cosas que puede tener la gente en su manga es un hueso del buen humor".

Cuidar
tu espíritu

¿Qué hace que tu espíritu se mueva? ¿Una buena película? ¿Un buen libro? ¿Alguna vez has visto una película que te hizo llorar? ¿Qué fue lo que te conmovió?

¿Qué te inspira profundamente? ¿Es la música? ¿El arte? ¿Estar en la naturaleza?

Por *espíritu* me refiero a la personalidad interna que está muy por debajo de la superficie de tu carácter cotidiano. Tu espíritu es tu centro, donde están tus convicciones y valores más profundos. Es el origen del propósito, significado y paz interna. Afilar la sierra en el aspecto espiritual de la vida significa tomarte tiempo para renovar y despertar ese yo interno. Como escribió la famosa escritora Pearl S. Buck: "En mi interior hay un lugar en donde vivo sola, y es ahí donde se renuevan los manantiales que nunca se secan".

Cómo alimentar tu espíritu

Siendo joven, obtuve fuerzas al escribir en mi diario, escuchar buena música y salir de excursión solo a las montañas. Esta era mi forma de renovar mi espíritu, aunque no lo consideraba así entonces. También obtuve fuerzas de citas inspiradoras, como la siguiente, del ex secretario de agricultura de EU.UU., Ezra Taft Benson:

"Los hombres y mujeres que vuelcan sus vidas en Dios descubrirán que Él puede hacer mucho más con sus vidas que ellos. Él hará sus goces más profundos, expandirá su misión, agilizará sus mentes, reforzará sus músculos, animará sus espíritus, multiplicará sus bendiciones, aumentará sus oportunidades y verterá paz".

Tu espíritu es un aspecto muy privado de tu vida. Naturalmente, hay muchas formas de alimentarla. He aquí algunas ideas que gustan a los jóvenes:

- Meditar
- Dar servicio a otros
- Escribir en un diario
- Salir a pasear
- Leer libros que inspiran
- Dibujar
- Rezar
- Escribir poemas o letras de canciones
- Reflexionar profundamente

- Escuchar música marchosa
- Tocar algún instrumento
- Unirse a un club
- Hablar con amigos con quienes se pueda ser uno mismo
- Prestar atención a los logros

He aquí un par de técnicas para nutrir el espíritu, a fin de que las consideres especialmente.

VOLVER A LA NATURALEZA

Hay algo mágico en ir a la naturaleza y que no tiene comparación. Aun si vives en una zona urbana muy alejada de ríos, montañas o playas, casi siempre habrá un parque cercano que puedas visitar. Una vez entrevisté a un muchacho llamando Ryan, que conoció los poderes curativos de la Madre Naturaleza cuando estaba en medio de una vida hogareña muy confusa.

En determinado momento, durante la preparatoria, pasé por un período muy oscuro en que parecía que todo estaba encerrado. Es cuando descubrí la zanja del río. Era una orilla junto a unos árboles, a espaldas de una granja, y no parecía gran cosa. Pero se convirtió en mi lugar de escape. No había nadie ahí, no se oía ningún ruido. Era hermoso. Nadar me hacía sentir en paz con la naturaleza. Cada vez que me sentía tenso iba al lugar. Era como si mi vida pudiera volver a la normalidad.

Algunas personas acuden a las religiones organizadas en busca de dirección, pero a mí me es difícil incorporarme a las religiones. Tengo una religión y soy creyente. Pero a veces me cuesta trabajo ir a la iglesia, porque todos dicen: "Debes ser feliz. Todo saldrá bien. Solo ten fe. Las cosas funcionarán con tu familia". Pienso que son tonterías. ¡Vamos! Las familias no siempre funcionan bien. Mi familia es un desastre.

Pero al ir al río, el lugar no me juzgaba. El lugar no me decía qué debía hacer. Simplemente estaba ahí. Y al seguir su ejemplo, la paz y serenidad que existían ahí era lo único que necesitaba para calmar las cosas. Me hacían sentir que todo funcionaría.

EL MEJOR AMIGO DEL ADOLESCENTE

Al igual que acudir a la naturaleza, tener un diario a veces puede hacer maravillas para tu espíritu. Puede convertirse en tu descanso, en tu mejor amigo, el único lugar en donde puedes expresarte plenamente sin importar lo enfadado, feliz, asustado, enamorado, inseguro o confundido que te sientas. Puedes desahogar tu corazón en un diario, y él simplemente te escuchará. No te responde. Tampoco hablará a tus espaldas.

Un blog no es tan privado como un diario, ya que está en internet, pero también puede convertirse en una gran forma de expresarte. Escribir tus pensamientos, tal como son, puede aclararte la mente, aumentar tu confianza y ayudarte a hallar tu lugar.

¡Qué tonto era entonces!

Tener un diario también reforzará tu herramienta de conciencia. Es divertido leer lo que escribiste antes, y darte cuenta lo mucho que has crecido, lo tonto e inmaduro que antes parecías, o lo enamorado que estabas de alguien. Una chica me dijo que al leer sus antiguos diarios, entendió cómo no volver con un novio que la maltrataba.

No hay un modo formal de tener un diario. Puedes tener la libertad de pegar recuerdos, tíquets, notas de amor y cualquier otra cosa que conserve un recuerdo. Mis diarios están llenos de malos dibujos, mala poesía y olores extraños.

Un diario es tan solo un nombre formal para escribir tus pensamientos. Hay otros nombres y formas. Alison se escribe notas a sí misma que guarda en una caja especial a la que llama "caja sagrada". Kaire se renueva en su "libro de gratitud":

Tengo un libro que me ayuda a ser más positiva en la vida. Lo llamo libro de gratitud. Ahí escribo algo que agradezco o algo positivo que me sucedió durante el día. Este libro ha cambiado mi vida y pone las cosas en perspectiva, porque intento tomar las cosas buenas, y no las malas. Este no es un diario en donde escribo todo lo que sucede, lo bueno y lo malo. También tengo un diario, pero es distinto. Tengo una página de mis canciones favoritas, caricias favoritas (abrazos de mi hermano), sonidos favoritos (la risa de mamá), sensaciones favoritas (brisa fresca), y así sucesivamente. También escribo cosas pequeñas, "Brian se ofreció a lavar los platos", o "John se acercó a mí para saludarme". Estas cosas te hacen sentir bien. Veo este libro y recuerdo las cosas buenas y las malas quedan olvidadas, borradas para siempre. Ya no pueden afectarme.

He mostrado el libro a otros, y dicen que realmente les ha ayudado. Es mi forma de decir: "Tú eres el único que puede hacerte feliz. Nadie más puede".

TU DIETA ESPIRITUAL

Con frecuencia me pregunto qué sucedería si alguien tomara solo refrescos y comiera solo chocolate durante varios años. ¿Cómo se vería y sentiría tras un tiempo? Es muy probable que terriblemente mal. ¿Por qué pensamos que el resultado sería distinto si alimentamos con basura nuestras almas durante varios años? No solo eres lo que comes, sino también eres lo que escuchas, lees y ves. Más importante de lo que entra en tu cuerpo, es lo que entra en tu espíritu.

¿Cuál es tu dieta espiritual? ¿Estás dando cosas nutritivas a tu espíritu, o lo estás llenando de desechos nucleares? ¿Qué clase de medios informativos captas? ¿Alguna vez pensaste en esto?

Como ves, nadamos en un mundo de medios de información, y ni siquiera lo sabemos. Trata de "librarte de los medios" por un solo día y verás a qué me refiero: un día sin escuchar música, ver la televisión o vídeos, leer libros o revistas, entrar en internet o leer un cartel (ese también es un medio de información). Descubrirás que es virtualmente imposible, e incluso podrías sufrir de severos dolores de síndrome de abstinencia.

Por ejemplo, toma la música. Los estudios demuestran que el adolescente medio escucha cuatro horas de música al día. ¡Son muchas canciones! Cuando te despiertas por la mañana, ¿qué haces? Enciendes tu radio o aparato de música. Luego, entras en tu coche. ¿Qué haces? Si te cabreas con tus padres, vas a tu habitación, y ¿qué haces? ¿Puedes imaginarte ver un anuncio, programa de televisión o película que no esté acompañado de música?

Ahora, si piensas que los medios no te afectan, solo piensa en tu canción favorita y lo que hace con tus emociones. O piensa en la última vez que viste a miembros semidesnudos del sexo opuesto, pasando por la pantalla o en una fotografía. O piensa en el último champú que compraste. ¿Por qué lo compraste? Posiblemente por influencia de un anuncio de 30 segundos en la televisión, o una imagen en una página de revista. Y si un anuncio de una página puede vender un frasco de champú, ¿no crees que una película, revista o disco compacto puede vender todo un estilo de vida?

Como la mayoría de las cosas, los medios informativos tienen un lado luminoso y otro oscuro. Y necesitas elegir qué es lo que aceptarás. Mi única recomendación es seguir tu conciencia y tratar a tu espíritu con el mismo respeto con que un atleta olímpico trataría a su cuerpo. Por ejemplo, si la música que oyes o las películas que ves te hacen sentir deprimido, cabreado, sombrío, violento, o como si estuvieras en celo, ¿sabes qué? Posiblemente es señal de que son basura, y tú no necesitas basura. Por otra parte, si te hacen sentir tranquilo, feliz, inspirado, con esperanzas o pacífico, entonces sigue asimilándolo. Finalmente te convertirás en lo que ves, oyes y lees, así que pregúntate continuamente: "¿Quiero que esto sea parte de mí?".

• NO ME DEJAS DORMIR

Me topé con una carta en la página de internet *Yo!* (Youth Outlook) escrita por una joven llamada Ladie Terry, que estaba harta de toda la basura de los videoclips. Dirigió la carta a las "tías que les gusta contaminar por la pantalla de televisión". Con autorización, incluyo partes de la carta:

Creo que es emocionante estar en un videoclip. Pero ¿sabéis cómo están afectando las mentes y vidas de otras chicas? Habéis pensado en las chicas jóvenes que aprenden rápido y las imitan? ¿Habéis visto a las niñas de 12 y 13 años que se visten y parecen tener 20 años? ¿O los tiempos son tan difíciles que no os importa a quién hacéis daño?

Yo antes discutía con mi ex novio al ver MTV, porque la mayoría de los vídeos consistían en muchachas casi desnudas que se movían como gelatina… Me molestaba ver a mi ex novio, deslumbrado, moviéndose para arriba y para abajo…

¡Basta! Cambiamos a mi serie preferida

Mi vecina me decía que cuando veía los videoclips con su novio, él le decía:

—Así es como debería ser tu cuerpo.

Otra amiga, de 16 años, dice que los muchachos le preguntan:

—¿Por qué no puedes bailar así?

¿Por qué aparecen en la televisión con poca ropa, moviendo los cuerpos como si estuvieran locas…? Chicas, vosotras sois muy hermosas. No necesitáis desnudaros para lograr el éxito o para llamar la atención. ¿Queréis que los chicos os respeten? Demostradles por qué, mediante ropas elegantes y conservadoras, y luego llegad a su razonamiento con palabras. Su forma de vestir dice a los demás qué tenéis en mente… Cuando actualicéis vuestro aspecto y vuestro marco de referencia, muchos chicos actualizarán la forma en que os tratan. Así que dejad de competir para ver quién es más extravagante, y por favor, sacad vuestras mentes de la cama, porque no me dejan dormir.

• RANAS FRITAS

Las adicciones de toda clase, ya sean drogas, chismes, hacer compras, sobreactuar o jugar, tienen características comunes:

Adicción:
- Da placer a corto plazo.
- Se convierte en lo principal de tu vida.
- Elimina el dolor temporalmente.
- Da una sensación artificial de valor, poder, control, seguridad e intimidad.
- Empeora los problemas y los sentimientos de los que intentas escapar.

Una de las adicciones más sutiles y peligrosas es la pornografía, y está en todas partes.

Puedes discutir todo lo que quieras de lo que la pornografía es y no es, pero pienso que en tu corazón lo sabes bien. La pornografía puede ser dulce durante un instante, pero gradualmente entorpecerá tu sensibilidad, como la voz interna a la que llamas conciencia, hasta que quede ahogada.

Tal vez podrías pensar: "Cálmate, Sean. Un poco de piel no me hará ningún daño". El problema es que la pornografía, al igual que cualquier otra adicción, se infiltra en ti. Me recuerda una historia que leí sobre las ranas. Si pones una rana en agua hirviendo, saltará de inmediato. Pero si la pones en agua tibia y la calientas lentamente, la rana quedará cocinada antes de que pueda sentir que debe saltar. Lo mismo sucede con la pornografía. Lo que ves hoy tal vez te hubiera molestado hace un año. Pero como el corazón se calienta lentamente, ni siquiera notas que tu conciencia queda frita.

Ten el valor de alejarte, de apagarlo, de tirarlo. Tú te mereces algo mejor. Un joven cuenta lo siguiente:

En el verano, entre mi segundo y tercer año en el instituto, trabajé en una empresa constructora. Un día el jefe me pidió que revisara algo con el supervisor, que tenía su oficina en la construcción.

Cuando entré en la oficina, lo primero que vi fueron imágenes pornográficas en las paredes. Durante un minuto olvidé a qué había ido, porque mi atención estaba puesta en las imágenes. Me interesé en ellas. Cuando salí de la oficina, comencé a pensar: ¿dónde puedo comprar esto para poder ver más? Poco después hallé un lugar que las vendía.

Al principio, cuando las veía me sentía nervioso e inquieto como cuando se hace algo malo, pero en poco tiempo me hice adicto. Comencé a consumir pornografía hasta el punto de que no pensaba en nada más: la familia, el trabajo o dormir. Comencé a sentirme indigno.

Durante los descansos en el trabajo, íbamos al vehículo de alguien, sacábamos una revista y todos nos reíamos de ello. Quienes estaban muy involucrados no estaban satisfechos con solo ver. Hablaban de las muchachas con las que se habían acostado, y no parecía interesarles nada más en la vida. Solo de eso eran sus conversaciones: revistas, películas y sexo.

Una tarde, cuando estaba trabajando, oí que uno de mis colegas comenzó a silbar y a hacer comentarios sexuales groseros. Me volví para ver cuál era la conmoción y ahí estaba mi hermana pequeña, saliendo de su coche, buscándome. Oí que alguien dijo: "¡Me gustaría un pedacito de eso!". Me volví, enojado, y dije:

—¡Cállate! ¡Es mi hermana pequeña!

Me sentí asqueado. Salí del trabajo antes de la hora, y conduje un rato. Solo pensé en lo lastimada que parecía mi hermana, de ser tratada tan horriblemente cuando sus intenciones eran inocentes. Al día siguiente, al volver al trabajo y cuando los demás pasaron las revistas, me alejé de ellos. Al principio necesité mucha fuerza, pero al hacerlo una y otra vez, fue más fácil. Cuando se iniciaban conversaciones de mal gusto, me alejaba e iba a otra parte. Ya no me parecía divertido. Me di cuenta de que hablaban de la hermana de alguien.

SÉ REALISTA

Al terminar este capítulo, te hablaré de algunas reflexiones finales. Una vez hablaba de afilar la sierra con una chica llamada Larissa, y ella me respondió:

"Sé realista, Sean. ¿Quién tiene tiempo para eso? Estoy todavía en la escuela, tengo actividades después de clases y estudio toda la noche. Necesito buenas calificaciones para ingresar en la universidad. ¿Qué debo hacer? ¿Acostarme temprano y luego suspender el examen de matemáticas?".

Solo te diré esto: hay tiempo para todo. Un tiempo para estar equilibrado, y tiempo para estar desequilibrado. Hay momentos en que debes arreglártelas sin dormir mucho, y hacer que tu cuerpo llegue al límite, durante un día, una semana, o toda una temporada. Habrá momentos en que comer comida basura sea tu única alternativa a morir de hambre. Esta es la vida real. Pero también hay momentos para renovarte.

Si haces demasiados esfuerzos durante mucho tiempo, no pensarás con la misma claridad, te pondrás malhumorado y comenzarás a perder la perspectiva. Podrías pensar que no tienes tiempo para hacer ejercicio, hacer amistades o inspirarte. En realidad, no tienes tiempo para no hacerlo. El tiempo que inviertas en afilar la sierra te resituará inmediatamente, porque cuando reanudes tu rutina normal, aserrarás mucho más rápido.

Puedes hacerlo

Posiblemente ya estás afilando la sierra sin que lo sepas. Si trabajas duro en la escuela, estás afilando tu mente. Si practicas deportes, cuidas de tu cuerpo. Si desarrollas amistades, nutres tu corazón. Con frecuencia puedes afilar la sierra en más de un aspecto al mismo tiempo. Melanie una vez me contó lo que la equitación hizo por ella. La naturaleza física de la equitación ejercitó su cuerpo. Pensar mientras montaba ejercitó su mente. Y estar en la naturaleza nutrió su espíritu. Luego le pregunté: "¿Y las relaciones? ¿Cómo desarrolla tu corazón la equitación?". Respondió: "Me siento más cercana a mi caballo". Supongo que los caballos también pueden ser personas.

Afilar la sierra no es algo que simplemente sucede. Puesto que es una actividad del cuadrante 2 (importante pero no urgente), debes ser proactivo y hacer que suceda. Lo mejor que puedes hacer es dedicar un tiempo a afilar la sierra, ya sean solo 15 o 30 minutos. Algunos jóvenes apartan un momento específico cada día, temprano por la mañana, después de las clases, o por la noche, para estar solos, pensar o hacer ejercicio. A otros les gusta hacerlo el fin de semana. No hay una sola forma correcta: busca la que te guste.

Una vez se le preguntó a Abraham Lincoln: "¿Qué haría si tuviera solo ocho horas para talar un árbol?". Respondió: "Pasaría las primeras cuatro horas afilando mi sierra".

Debí afilar la sierra.

★ ★ ★

PRÓXIMAMENTE

Te gustará el próximo capítulo porque es muy corto.
¡Con eso acaba el libro!

Cuerpo

1. Desayuna.

2. Inicia hoy un programa de ejercicios y practica sin falta durante tres días. Camina, corre, nada, ve en bicicleta, patina, alza pesas, etcétera. Elige algo que realmente te guste.

3. Deja un mal hábito durante una semana. Deja el alcohol, los refrescos, alimentos fritos, dónuts, chocolate o cualquier otra cosa que haga daño a tu cuerpo. Una semana después, ve cómo te sientes.

Mente

4. Lee blogs que tengan algún valor educativo.

5. Lee prensa *online* todos los días. Pon especial atención a los titulares y a la página de opinión.

6. La próxima vez que salgas con alguien, visita un museo o come en un restaurante étnico en el que nunca antes hayas estado. Expande tus horizontes.

Corazón

7. Sal con alguien de tu familia, con tu mamá o tu hermano. Ved un partido, una película, id de compras o a tomar un helado.

8. Comienza hoy a formar tu colección de humor. Recorta tus tebeos favoritos, compra películas de risa o inicia tu propia colección de buenos chistes. En poco tiempo, tendrás adónde acudir cuando te sientas tenso.

Espíritu

9. Contempla la puesta de sol hoy, o levántate temprano para ver el amanecer.

10. Si aún no lo has hecho, comienza un diario.

11. Reserva tiempo cada día para meditar, reflexionar sobre tu vida o rezar. Haz lo que mejor te funcione.

¡Mantener viva la esperanza!

MOVERÁS MONTAÑAS

Hace varios años, el reverendo Jesse Jackson habló ante la Convención Demócrata Nacional. Transmitió un poderoso mensaje que puso en ascuas a la convención. Utilizó solo cuatro palabras: "Mantener viva la esperanza. Mantener viva la esperanza. ¡MANTENER VIVA LA ESPERANZA!".

Repitió estas mismas palabras una y otra vez por lo que pareció una eternidad. El público estalló en aplausos. Podías sentir la sinceridad en su voz. Inspiró a todos. Creó esperanza.

Por eso escribí este libro: *¡Para darte esperanza!* Esperanza de que podrás cambiar, te liberarás de una adicción, mejorarás una relación importante. Esperanza de que podrás hallar respuestas a tus problemas y desarrollar todo tu potencial. No importa que tu vida familiar ande mal, que catees en el colegio, y la única buena relación que tengas sea con tu gato (y últimamente no te hace mucho caso). *¡Mantén viva la esperanza!*

Si después de leer este libro te sientes abrumado y no sabes por dónde empezar, te sugiero que hagas lo siguiente: hojea cada capítulo, buscando las ideas principales, o pregúntate: "¿Cuál es el hábito que más problemas me da?". Entonces elige

> Asegúrate de que cuando pises, lo hagas con cuidado y mucho tacto, y recuerda que la vida es un gran y equilibrado acto.
> ¿Lo harás con éxito?
> ¡Sí! ¡Ciertamente!
> (Garantizado en un 98,75%)
> Muchacho,
> moverás montañas.
>
> DOCTOR SEUSS DE OH,
> *THE PLACES YOU'LL GO*
> (LOS LUGARES A LOS QUE IRÁS)

Mantener viva
la esperanza

dos o tres cosas en las que debas trabajar (no exageres y elijas 20). Escríbelo y ponlo en algún lugar que puedas consultar con frecuencia. Entonces permite que te inspire cada día, y que no te produzca culpabilidad. Te sorprenderán los resultados que unos cuantos cambios pueden producir. De modo gradual aumentará tu confianza, te sentirás más feliz, te pondrás "en onda" naturalmente, tus metas se convertirán en realidad, tus relaciones mejorarán y te sentirás en paz. Todo comienza con un solo paso.

Si hay un hábito o idea que realmente lograste, como Ser proactivo o La cuenta bancaria relacional, la mejor forma de internalizarlo es enseñarlo a otra persona mientras lo tengas fresco en la mente. Repásalo utilizando tus propios ejemplos y palabras. Tal vez estimules a los demás y quieran trabajar contigo.

Si alguna vez sientes que te quedas corto, *no te desanimes*. Recuerda el vuelo de un avión. Cuando un avión despega tiene un plan de vuelo. Sin embargo, durante el transcurso del vuelo, el viento, lluvia, turbulencia, tráfico aéreo, error humano y otros factores sacan al avión de curso. De hecho, un avión está fuera de curso el 90% del tiempo. La clave es que los pilotos hacen pequeñas correcciones con ayuda de sus instrumentos y hablan con la torre de control. Como resultado, un avión llega a su destino.

Si te desvías de tu plan de vuelo y sientes que estás fuera de curso el 90% del tiempo… ¿qué importa? Si sigues volviendo a tu plan, haciendo pequeños ajustes y manteniendo viva la esperanza, finalmente llegarás a tu destino.

Y bien, este es el final del libro. Gracias por viajar conmigo, y felicidades por terminar. Quiero que sepas que realmente creo en tu futuro. Estás destinado a hacer grandes cosas. Recuerda siempre que has nacido con todo lo que necesitas para tener éxito. No necesitas buscar en ninguna otra parte. ¡El poder y la luz están en ti!

Antes de terminar, me gustaría dejarte con una de mis citas favoritas, de Bob Moawad, que resume todo. Te deseo lo mejor. *Sayonara!*

No puedes dejar huellas en las arenas del tiempo si estás sentado en tu trasero.
¿Y quién quiere dejar huellas de su trasero en las arenas del tiempo?

Espero que hayas disfrutado al leer *Los 7 hábitos de los adolescentes altamente efectivos*. Si estás listo para pensar más a fondo sobre los temas que tocamos, aquí hay algunas preguntas que puedes considerar por tu cuenta o en una sesión grupal.

PRIMERA PARTE: LOS PREPARATIVOS

Adquirir el hábito

1. ¿Cómo es que tus hábitos te hacen o te deshacen?
2. ¿Por qué es importante conquistar primero la victoria privada antes que la victoria pública?

Paradigmas y principios

1. ¿Qué es un cambio de paradigma?
2. ¿Qué hace a los amigos un centro inestable?
3. ¿Por qué no centrar tu vida en un novio o una novia fortalece la relación?
4. ¿Qué vuelve estable a una vida centrada en los principios?

SEGUNDA PARTE: LA VICTORIA PRIVADA

La cuenta bancaria personal

1. ¿Qué significa cambiar de dentro hacia fuera?
2. ¿Cuál sería un ejemplo de un depósito en tu cuenta bancaria personal?
3. ¿Por qué enfocarse hacia fuera en lugar de hacia dentro ayuda a una persona a ser más positiva?

Hábito 1: Ser proactivo

1. ¿Cómo puede afectar el lenguaje que utilizas tus acciones y estados de ánimo?
2. ¿Cómo limita la *victimitis* a una persona?
3. Si fueras un agente de cambio en tu familia, ¿qué empezarías a hacer? ¿Qué dejarías de hacer?
4. ¿Cuál de los cuatro dones humanos (autoconciencia, conciencia, imaginación, fuerza de voluntad) es tu área más fuerte? ¿Cuál es tu área más débil?

Hábito 2: Comenzar con un fin en mente

1. ¿Qué similitudes hay entre un enunciado de misión personal y las raíces de un árbol?

2. ¿Cuáles son las tres primeras palabras que vienen a tu mente cuando piensas en tu enunciado de misión personal?
3. ¿Por qué una meta escrita es más poderosa?

Hábito 3: Poner primero lo primero

1. Si pasas más tiempo en el cuadrante 2, ¿qué más podrás lograr?
2. ¿Cómo puede darte libertad la planificación?
3. ¿Qué significa que "no es una montaña la que conquistamos, sino a nosotros mismos"?
4. ¿Por qué pertenecer a algo es tan importante?

TERCERA PARTE: LA VICTORIA PÚBLICA

La cuenta bancaria relacional

1. ¿Por qué la interdependencia es un nivel más maduro de independencia?
2. ¿Por qué el éxito con uno mismo es tan importante para lograrlo con otros?
3. ¿Por qué las cosas pequeñas se consideran grandes cosas en las relaciones?
4. Considera tres de tus relaciones más cercanas. ¿Cómo de bien escuchas a cada una?

Hábito 4: Pensar ganar-ganar

1. ¿Cómo describirías al hábito 4 (yo gano/tú ganas) en tus propias palabras?
2. ¿Por qué la victoria privada es un prerrequisito de pensar yo gano/tú ganas?
3. ¿Cómo es que la competencia y la comparación afectan la habilidad de pensar yo gano/tú ganas? ¿Cuándo *no hay trato* es a veces la mejor solución?

Hábito 5: Busca primero entender, luego ser entendido

1. ¿Por qué crees que la necesidad más profunda del corazón humano es ser entendido?
2. ¿Con cuál de las malas habilidades para escuchar tienes más problemas, y qué puedes hacer para mejorar?
3. ¿Qué crees que podría ser un depósito en la cuenta bancaria relacional que tienes con un padre o tutor?
4. ¿Por qué los mensajes desde *yo* se reciben más positivamente que los mensajes desde *tú*?

Hábito 6: Sinergizar

1. ¿En qué se diferencia la sinergia de ceder o cooperar?

2. ¿En qué formas celebrar la diversidad difiere de tolerar la diversidad?

3. ¿Con cuál de las tres trabas para la sinergia (ignorancia, estereotipos o prejuicios) luchas más?

4. ¿Eres el esforzado, el seguidor, el innovador, el armonizador o el lúcido?

CUARTA PARTE: RENOVACIÓN

Hábito 7: Afilar la sierra

1. ¿En cuál de las cuatro dimensiones necesitas pasar más tiempo?

2. ¿Por qué el equilibrio es importante?

3. Si dejas una adicción actual, ¿qué harías con el dinero extra?

4. ¿Dónde encuentras inspiración?

¡Mantén viva la esperanza!

1. ¿Por qué la esperanza es tan importante para seguir con tu vida?

2. ¿Cuáles son tus fortalezas y talentos únicos?

3. ¿Qué harás para hacer de tu vida algo extraordinario?

AGRADECIMIENTOS

Dicen que escribir un libro es como comerse un elefante. Por algún motivo, sentí que los dos años que pasé escribiendo este libro fue como comerse *todo un rebaño* de elefantes. Afortunadamente, no tuve que comérmelos solo. Muchas otras personas contribuyeron de varias maneras para hacer posible el presente libro. Me gustaría agradecer a cada uno de ellos:

Gracias, Annie Oswald, por ser la mejor líder de proyecto y por tu tenacidad, liderazgo e iniciativa. Sin duda alguna, fuiste la clave para hacer de este libro lo que es.

Gracias, Trevor Walker, por tu actitud "puedo hacerlo" y por ayudarme a que, al principio, este libro arrancara.

Gracias, Jeanette Sommer, por tu insólito nivel de dedicación a este proyecto, y por ingeniártelas siempre para hallar alguna anécdota increíble.

Gracias, Pia Jensen, por contribuir como principal participante del equipo durante más de dos años, y por tus excelentes historias.

Gracias, Greg Link, por ser un brillante negociador y buen amigo, y por dirigir las actividades de relaciones públicas y de marketing.

Gracias, Catherine Sagers, mi hermana, por tu gran trabajo en los "pasos de bebé" y contribuir de muchas otras maneras.

Gracias, Cynthia Haller, mi hermana mayor y "mamá gallina", por tu excelentes historias, ideas y asistencia editorial.

Gracias, Mark Pett, por ser la mente creativa que estuvo tras la mayoría de las ilustraciones del libro y por aportar varias viñetas.

Gracias, Eric Olson (principal ilustrador del libro) y Ray Kuik (director de arte del texto) de Raeber Graphics, Inc., por su genio creativo y por satisfacer mi visión de hacer de esta obra una fiesta visual. Lo único que puedo decir de vosotros es: "¡Fantástico!".

Gracias, Debra Lund y su equipo, por sus proactivos esfuerzos para recabar esas hermosas reseñas.

Gracias, Tony Contos y equipo del colegio Joliet Township de Illinois, EE.UU., por funcionar como nuestro lugar principal de pruebas. (Tony: tu constante estímulo me mantuvo a flote.) En particular, agradezco a Sandy Contos, Flora Betts, Barbara Pasteris, Gloria Martínez, Linda Brisbin, Susan Graham, John Randica, Lybb Vaughn, Jennifer Adams, Marie Blunk, Cathe Disera, Marvin Reed, Bonnie Badurski, Judy Bruno, Richard Dobbs, Pat Sullivan, Shawna Kocielko, Reasie McCullough, Nichole Nelson, Michael Stubler, Nichol Douglas, Joseph Facchina, Kaatrina Voxx, Joy Denewellis, Jordan McLaughlin, Allison Yanchick, Stephen Davis, Chris Adams, Neal Brockett y Marisha Pasteris.

Gracias, Rita Elliot y los demás integrantes y estudiantes de la Escuela de Legisladores de Carolina del Norte, por sus reflexiones y entrevistas. Específicamente, gracias a Kia Hardy, Natarsha Sanders,

Crystal Hall, Tarrick Cox, Adam Sosne, Heather Sheehan, Tara McCormick y Terrence Dove.

Gracias, Kay Jensen y el Grupo Sanpete de Prevención de Maltrato contra Niños, por narrarme valientemente sus anécdotas.

Gracias a la administración, los maestros y los estudiantes de la escuela Heritage.

Gracias, Cindi Hanson y los alumnos de la clase de tecnología ejecutiva del colegio Timpview, por permitir enseñarles los 7 Hábitos. En particular, agradezco a Kristi Borland, Spencer Clegg, Kelli Klein, Jennie Feitz, Brittney Howard, Tiffany Smith, Becky Tanner, Kaylyn Ellis, Rachel Litster, Melissa Gourley, T. J. Riskas, Willie Morrell, Brandon Kraus, Stephan Heilner, Monica Moore y Amanda Valgardson.

Gracias, estudiantes del colegio Utah Valley, por su importante participación en numerosos grupos de enfoque. En particular, agradezco a Ariel Amata, Brett Atkinson, Amy Baird, David Beck, Sandy Blumenstock, Megan Bury, Brittany Cameron, Laura Casper, Estee Christensen, Ryan Clark, Carla Domínguez, Ryan Edwards, Jeff Gamette, Katie Hall, Liz Jacob, Jeff Jacobs, Jeremy Johnson, Joshua Kautz, Arian Lewis, Lee Lewis, Marco López, Aaron Lund, Harlin Mitchell, Kristi Myrick, Chris Nibley, Whitney Noziska, Dianne Orcutt, Leisy Oswald, Laney Oswald, Jordan Peterson, Geoff Reynolds, Jasmine Schwerdt, Josie Smith, Heather Sommer, Jeremy Sommer, Steve Strong, Mark Sullivan, Larissa Taylor, Callie Trane, Kelli Maureen Wells, Kristi Woodworth y Lacey Yates.

Gracias a los muchos líderes, autores y líderes juveniles que ayudaron de uno u otro modo, sobre todo Brettne Shootman, Mona Gayle Timko, James E. H. Collins, Brenton G. Yorgason, James J. Lynch, Matt Clyde, Dan Johnson, Deborah Magnum, Pat O'Brien, Jason Dorsey, Matt Townsend, John Bytheway y el equipo de Premier School Agenda.

Agradezco especialmente a todos aquellos que contribuyeron con entrevistas y anécdotas, incluyendo Jackie Gago, Sara Duquette, Andy Fries, Arthur Williams, Christopher Williams, Tiffany Tuck, Dave Boyer, Julie Anderson, Liz Sharp, Renon Hulet, Dawn Meeves, Chris Lenderman, Jacob Sommer, Kara Sommer, Sarah Clements, Jeff Clements, Katie Sharp, Brian Ellis, Donald Childs, Heidi Childs, Patricia Myrick, Naurice Moffett, Sydney Hulse, Mari Nishibu, Andrew Wright, Jen Call, Lena Ringheim Jensen, Bryan Hinschberger, Spencer Brooks, Shannon Lynch, Allison Moses, Erin White, Bryce Thatcher, Daniel Redd, Elizabeth Jacob, Tawni Olson, Ryan Edwards, Ryan Casper, Hilda López, Taron Milne, Scott Wilcox, Mark C. Mcpherson, Igor Skender, Heather Hoehne, Stacy Greer, Daniel Ross, Melissa Hannig, Colleen Petersen, Joe Jeagany, Tiffany Stoker Madsen y Lorilee Richardson.

Finalmente, gracias a los cientos de otras personas que contribuyeron de tantas formas distintas.

CENTRAL DE INFORMACIÓN

Tal vez tú o algún ser querido estáis en una situación en la que os sentís desesperanzados o confundidos respecto a lo que podría hacerse. Hay muchas personas que desean ayudar. No necesitas hacerlo solo. Llama a los teléfonos o consulta las páginas de internet que aparecen a continuación. Muchos de los números son sin cargo: puedes llamar desde tu casa o teléfono público, sin ningún coste. Si en la primera llamada telefónica o visita a la página de internet no obtienes la ayuda que deseas o necesitas, por favor vuelve a hacer el intento. Recuerda: ¡Mantén viva la esperanza! *Nota:* Todas las sedes de las siguientes instituciones se encuentran en territorio español.

Drogadicción

Si sospechas que estás bebiendo demasiado y no sabes qué hacer, puedes llamar al:
Servicio de Información y Orientación sobre Drogas **900 16 15 15**
Delegación del Gobierno para el Plan Nacional sobre Drogas **91 822 61 83**
Para mayor información, contáctese con:

Andalucía: Comisionado para la Droga (+34) 900 200 514
E-mail: drogodependencias.cas@juntadeandalucia.es

Aragón: Coordinador de Drogodependencias.
Consejería de Sanidad (+34) 976 44 20 22. Ext. 262, 267 y 208

Asturias: Consejería de Sanidad y Servicios Sociales (+34) 98 510 65 07-10

Baleares: Dirección General de Acción Social. Consejería de Sanidad (+34) 971 72 64 46
Comunidad Valenciana: Dirección General de Atención a la Dependencia.
Conselleria de Sanitat 96 3866700

Canarias: Dirección General de Atención a las Drogodependencias.
Consejería de Sanidad (+34) 928 45 22 87. E-mail: dgdrogas@gobiernodecanarias.org

Cantabria: Coordinador Regional de Drogas. Consejería de Sanidad (+34) 942 36 40 30

Castilla y León: Comisionado Regional para la Droga.
Dirección General de Salud. Pública Consejería de Sanidad (+34) 983 41 37 03

Castilla-La Mancha: Dirección del Plan Regional de Drogas.
Consejería de Sanidad (+34) 925 26 72 67 Ext. 267 y 146

Cataluña: Órgan Técnic de Drogodependències.
Departament de Sanitat i Seguretat Social (+34) 93 227 29 00

Extremadura: Secretaría Técnica de Drogodependencias.
Consejería de Bienestar Social (+34) 924 38 53 46

Galicia: Plan Autónomico sobre Drogodependencias.
Consellería de Sanidade e Servicios Sociais (+34) 981 541 859

También puedes visitar las siguientes páginas de internet
para obtener más información:
Marihuana Anónimos: *http://www.madistrict7.org/literature/pamphlets/P08TrabajarLaPrograma.pdf*
Narcóticos Anónimos: .... *http://narcoticosanonimos.es/*

Desórdenes alimenticios

Si sospechas que tú o alguna de tus amistades padece
de anorexia, bulimia o algún otro desorden alimenticio
y deseas buscar ayuda, llama al **902 11 69 86**

Para mayor información, puedes visitar las siguientes páginas de internet:
Asociación en Defensa de la Atención
a la Anorexia Nerviosa (ADANER): ....*http://www.adaner.org/*
Asociación contra la Anorexia y la Bulimia: ....*http://www.acab.org/home.php*

Salud física y mental

Si tú o alguna de tus amistades piensa en el suicidio, POR FAVOR llama al........................... **112**
Para mayor información, puedes visitar las siguientespáginas de internet: Instituto Nacional de
la Salud Mental ....*http://www.nimh.nih.gov/health/publications/espanol/depresion/index.shtml*

Si tú o alguna de tus amistades cree tener alguna enfermedad venérea o contraer sida, llama a:

EUSKADI - PAÍS VASCO

Subdirección de Salud Pública de Alava. C/ Santiago 7 01004 Vitoria - Gasteiz. Teléfono: 945
25 33 33. Horario: L y Ma de 15:00 a 16:30h (sin cita previa)
Servicio de ETS. Plaza de Bomberos Etxaniz 1, 1° 48010 Bilbo - Bilbao. Teléfono: 94 600 69 69.
Horario: L-V de 8:30 a 13:30 (cita previa)
Subdirecicón de Salud Pública de Gipuzkoa - Plan de Prevención y Control del Sida. Avda.
de Navarra 4, bajos izda. 20013 Donostia - San Sebastián. Teléfono: 943 00 64 64. Horario: L-V de
8:00 a 6:45 h (sin cita previa)

COMUNIDAD DE MADRID

Centro Sanitario Sandoval. Teléfono: 91 445 25 62
Programa de Prevención del SIDA/ITS del Ayuntamiento de Madrid. Teléfono: 91 588 51 42 -
91 588 51 41
Centro Municipal de Salud del Distrito Centro del Ayuntamiento de Madrid. Teléfono: 91 532
23 64 - 91 588 96 60 - 91 588 96 61
Empireo - Diagnóstico molecular. Teléfono: 91 591 63 13

CATALUNYA

Unidad de Infecciones de Transmisión Sexual. CAP Drassanes. Teléfono: 93 441 46 12
Centre per a la prevenció i el control de les MTS - CAP Güell. Teléfono: 972 21 07 08
Delegació de Sanitat - Unitat d'Epidemiologia. Teléfono: 973 70 16 00
CAP II Tarragonès. Teléfono: 977 29 58 95

COMUNIDAD VALENCIANA

CIPS Alicante - Centro de información y prevención del Sida. Teléfono: 965 24 05 63 - 900 70
20 20 - 966 47 85 50
CIPS Castellón - Centro de información y prevención del Sida. Teléfono: 964 23 99 22
CIPS Valencia - Centro de información y prevención del Sida. Teléfono: 963 17 04 40

ANDALUCÍA

Consulta de ETS de Algeciras. Teléfono: 95 600 49 04
Centro de ETS de Granada Hospital San Juan de Dios. Teléfono: 95 829 47 37
Centro de Diagnóstico y Prevención de ETS. Teléfono: 954 71 29 82 Horario: 10-14h. De L-V.
(Hay que pedir cita previa)

ARAGÓN

Unidad de Apoyo Psicosocial. Teléfono: 976 29 32 15
Unidad de Apoyo Psicosocial. Teléfono: 976 71 52 66 / 976 43 99 88

ASTURIAS

Unidad de ETS del Ambulatorio de Pumarín. Teléfono: 985 38 92 88
Unidad de ETS del Hospital Monte Naranco. Teléfono: 985 10 69 00 / 985 10 45 28

CANARIAS

Cruz Roja Española. Teléfono: 928 24 01 44
Centro Dermatológico del gobierno de Canarias. Teléfono: 922 23 75 90 / 922 27 93 27

CANTABRIA

Centro de Planificación Familiar "La Cagiga". Teléfono: 942 34 70 02
Dirección Regional de Sanidad del Gobierno de Cantabria. Teléfono: 942 20 77 45 / 942 20 77 32

CASTILLA - LA MANCHA

Instituto de Ciencias de la salud (Servicio de Epidemiología). Teléfono: 925 83 92 72

CEUTA

INGESA (Instituto de Gestión Sanitaria), Hospital Civil de Ceuta. Teléfono: 956 52 84 00

MURCIA

Unidad de Prevención y Educación Sanitaria sobre Sida de la Dirección General de Salud.
Teléfono: 968 23 51 41

LA RIOJA

Servicio de Enfermedades de Transmisión Sexual. Hospital de La Rioja. Teléfono: 941 29 11 94

Si estás embarazada, o te preocupa quedarte embarazada, y necesitas
más información acerca de la situación y las posibles soluciones,
llama a la Línea de Atención a la Mujer.. **900 500 505**

Violencia

Si tú o alguna de tus amistades está implicado en la industria pornográfica
o prostitución, y necesitas ayuda para salir de la situación, llama a Teléfono
de Atención a la **Mujer Prostituta** (AMUNOD)... **900 70 77 07**
Si tú o alguna de tus amistades o familiar es víctima de violencia doméstica,
llama al Teléfono contra los malos tratos...**016**

Educación

Si estás pensando en ingresar en la universidad o escuela técnica y tienes dudas
sobre cómo financiar tu educación, llama a los números:
....**060**
.... **902 111 225**
O entra a la página web del Ministerio de Educación .... *http://www.educacion.gob.es/*

Servicios generales para la juventud

Si te enfrentas a una crisis o problema de CUALQUIER clase y no encuentras en esta lista lo que
buscas, llama a la Asociación Internacional Teléfono de la Esperanza:

Albacete: 967 52 34 34
Alicante: 965 13 11 22
Almería: 950 26 99 99
Aragón: 976 23 28 28
Asturias: 985 22 55 40
Badajoz: 924 22 29 40
Cáceres: 927 627 000
Callosa de Ensarriá: 965131122
Canarias: 928 33 40 50
Cartagena: 968 506786
Castellón: 964 22 70 93
Cieza: 968 45 37 00
Elche: 965131122
Granada: 958 26 15 16
Huelva: 959 28 15 15
Islas Baleares: 971 46 11 12
Jaén: 953 260 931
La Rioja: 941 49 06 06
León: 987 87 60 06
Lorca: 968 47 18 29
Madrid: 91 459 00 50

Voluntarios

YMCA .... *http://www.ymca.org.es/*
Si te interesa ofrecerte como voluntario para desarrollar
formaciones de liderazgo, llama a la YMCA más cercana a tu casa.

Amnistía Internacional...*http://www.es.amnesty.org/index.php*
Para obtener información o participar en algún movimiento internacional
para la protección de los derechos humanos,
visita esta página de internet.

GRANDES LIBROS PARA ADOLESCENTES

Clásicos

Ana de las tejas verdes
Lucy Maud Montgomery

Un árbol crece en Brooklyn
Betty Smith

Las aventuras de Huckleberry Finn
Las aventuras de Tom Sawyer
Mark Twain

Bendíceme, Última
Rudolfo Anaya

La ladrona de libros
Markus Zusak

Las crónicas de Narnia
C.S. Lewis

Llanto por la tierra amada
Alan Paton

El juego de Ender
Orson Scott Card

Fahrenheit 451
Ray Bradbury

Bajo la misma estrella
John Green

El dador
Lois Lowry

The Goose Girl
Shannon Hale

El hacha
Gary Paulsen

La serie de Harry Potter
J.K. Rowling

Hoyos
Louis Sachar

Oí que pronunciaba mi nombre
Margaret Craven

El señor de las moscas
William Golding

El señor de los anillos y *El hobbit*
J.R.R. Tolkien

Matar a un ruiseñor
Harper Lee

La noche
Elie Wiesel

De ratones y hombres
John Steinbeck

El viejo y el mar
Ernest Hemingway

Camelot
T.H. White

Pioneros
Willa Cather

The Other Wes Moore
Wes Moore

Rebeldes
S.E. Hinton

El loro en el horno: mi vida
Víctor Martínez

La princesa prometida
William Goldman

La chica del pañuelo rojo: testimonio de la revolución cultural
Ji-Li Jang

Habla
Laurie Halse Anderson

The Watsons Go to Brimingham, 1963
Christopher Paul Curtis

Donde el camino se corta
Shel Silverstein

Autoayuda

Las 6 decisiones más importantes de tu vida
Sean Covey

El libro de las virtudes
William J. Bennett

Chew On This: Everything You Don't Want to Know About Fast Food
Eric Schlosser y Charles Wilson

Sopa de pollo para el alma del adolescente
Jack Canfield, Mark Victor Hansen y Kimberly Kirkberger

The Fiske Guide to Getting Into the Right College
Edward Fiske y Bruce Hammond

The Grieving Teen: A Guide for Teenagers and Their Friends
Helen Fitzgerald

¡¿Cómo pudiste hacer eso…!?
Dr. Laura Schlessinger

Making College Count: A Real World Look at How to Succeed in and After College
Patrick S. O'Brien

The Meassure of Our Success: A Letter to my Children and Yours
Marian Wright Edelman

My Orange Duffel Bag: A Journey to Radical Change
Sam Bracken

Padre rico, padre pobre para jóvenes
Robert Kiyosaki

El secreto para jóvenes
Paul Harrington

The Shyness and Social Anxiety Workbook for Teens: CBT and ACT

Skills to Help Build Social Confidence
Jennifer Shannon y Doug Shannon

Beneath the Mask: Understanding Adopted Teens
Debbie Riley y John E. Meeks

Destroza este diario
Keri Smith

YOU: The Owner's Manual for Teens: A Guide to a Healthy Body and Happy Life
Michael Roizen y Mehmet Oz

Your Pregnancy & Newborn Journey: A Guide for Pregnant Teens
Jeanne Warren Lindsay y Jean Brunelli PHN

BIBLIOGRAFÍA

PARADIGMAS Y PRINCIPIOS

Greyling, Dan P., "The Way the Cookie Crumbles", reproducido del *Reader's Digest* de julio de 1980 con autorización. Registro de derechos de autor © 1980 de The Reader's Digest Association, Inc..

MacPeek, Walter. *Resourceful Scouts in Action*. Nashville, Ed. Abingdon.

LA CUENTA BANCARIA PERSONAL

Barton, Bruce, *el Hombre que Nadie Conoce*, Nueva York, Ed. Collier Books, 1925.

"Man in the Mirror". Letra y música por Glen Ballard y Siedah Garrett. © Derechos reservados 1987 Music Corporation of America, Aerostation Corporation y Yellowbrick Road Music. Todos los derechos para Aerostation Corporation están controlados y administrados por MCA Music Publishing, una división de Universal Studios, Inc. Derechos internacionales asegurados. Todos los derechos reservados.

HÁBITO 1

Lemley, Brad, "El Hombre que no será Derrotado", Nueva York, revista *Parade*. Reproducido con autorización de *Parade*. Registro de derechos de autor © 1989.

Nelson, Portia, "Autobiografía en 5 Capítulos Cortos", de *Hay un Agujero en mi Acera*, Registro de derechos de autor © 1993 de Portia Nelson. Hillsboro, Oregon, Ed. Beyond Words Publishing, Inc., 1-800-284-9673.

HÁBITO 3

Nelson, Portia, *Hay un Agujero en mi Acera*. Registro de derechos de autor © 1993 de Portia Nelson. Hillsboro, Oregon, Ed. Beyond Words Publishing, Inc., 1-800-284-9673.

HÁBITO 4

Lusseyran, Jacques, *Y se Hizo la Luz*, Edinburgh, Ed. Parabola Books, 1985. Reproducido con autorización.

HÁBITO 6

Armstrong, Thomas, *7 Tipos de Inteligente*, Nueva York, Ed. Plume, 1993.

Rodgers, Richard y Oscar Hammerstein II, "Debes ser Educado Cuidadosamente". Registro de derechos de autor © 1949 por Richard Rodgers y Oscar Hammerstein II. Registro de derechos de autor renovados. WILLIAMSON MUSIC es el propietario de la publicación y derechos asociados para todo el mundo. Con registro internacional de derechos de autor. Reproducido con autorización. Todos los derechos reservados.

Sanders, Bill, *Goalposts: Devotions for Girls*, Grand Rapids, Michigan, EE.UU., Ed.Fleming Revell, una división de Ed. Baker Book House, 1995.

HÁBITO 7

Litchfield, Allen, colaborador. De la conferencia grabada especialmente para jóvenes. *Sharing the Light in the Wilderness*, Salt Lake City, Ed. Deseret Book, 1993.

Anderson, Walter, *Lee Conmigo*, Boston, Houghton Mifflin Co., 1990.

ÍNDICE ANALÍTICO

Acerca de Franklin Covey Co.

Sean Covey es vicepresidente de operaciones (COO) de Franklin Covey Co., una empresa internacional con 4 000 miembros dedicada a ayudar a personas, organizaciones y familias a hacerse más efectivos. Franklin Covey Co. es el principal proveedor global de servicios y productos para soluciones integrados, sostenibles y fundamentados en principios demostrados. La cartera de clientes de la empresa incluye a 82 de las compañías que figuran en la lista *Fortune 100*, más dos terceras partes de las empresas que figuran en la lista *Fortune 500*, así como miles de pequeñas y medianas empresas, entidades gubernamentales, instituciones educativas, comunidades, familias y millones de consumidores. Franklin Covey Co. también creó sociedades piloto con ciudades que aspiran a convertirse en comunidades centradas en principios, y actualmente imparte los 7 Hábitos a profesores y administradores en más de 4.500 escuelas y universidades de Estados Unidos y mediante iniciativas estatales con líderes educativos de 27 estados.

La visión de Franklin Covey Co. es enseñar a los demás a enseñarse a sí mismos y hacerse independientes de la empresa. Al antiquísimo adagio de Lao-Tzu, "Dad un pescado a un hombre, y lo alimentaréis por un día; enseñadle a pescar y lo alimentaréis por toda una vida", ellos añaden: "Desarrollen profesores de pescadores, y ellos elevarán a toda la sociedad". Este proceso de facultamiento es realizado mediante programas impartidos en instalaciones en las Montañas Rocallosas en Utah, servicios de consultoría de quien los solicita, asesoría personal, formación a la medida y capacitación facilitada por el cliente, así como mediante talleres abiertos que se ofrecen en más de 500 ciudades en América del Norte y 145 países del mundo.

Franklin Covey Co. cuenta con más de 35.000 facilitadores titulados que imparten sus programas dentro de sus organizaciones, y capacita a más de 750.000 participantes al año. Herramientas de implementación, entre las que se incluye el Planificador Franklin, y una amplia oferta de casetes de audio y video, libros y programas de computadora, permiten a sus clientes asimilar y utilizar efectivamente los conceptos y capacidades. Estos y otros productos cuidadosamente seleccionados y avalados por Franklin Covey Co. se ofrecen en más de 128 tiendas de Franklin Covey Co. en toda América del Norte y en muchos otros países. Los productos y servicios de Franklin Covey Co. se ofrecen ahora en 36 idiomas, y sus productos para planificación son utilizados por más de 15 millones de personas en todo el mundo. La empresa tiene más de 15 millones de libros impresos, de los que se venden más de 1.5 millones de ejemplares al año.

Para mayor información sobre la oficina internacional Franklin Covey más cercana a usted, o para obtener un catálogo gratuito de los productos y programas Franklin Covey, llame o escriba a:

Tea-Cegos FranklinCovey
C/ Fray Bernardino de Sahagún, 24
28036 Madrid

España
Teléfono: +34-912 705 000
Fax: +34-912 705 001
Internet: www.tea-cegos-franklincovey.com

Los productos y programas Franklin Covey proporcionan un amplio rango de recursos para personas, familias, empresas, gobiernos y organizaciones civiles y educativas, incluyendo:

Programas

Los 7 Hábitos de las Personas Altamente Efectivas

Presentation Advantage

Liderazgo. Grandes Líderes, Grandes Equipos, Grandes Resultados

Escritura Advantage

Liderando a la Velocidad de la Confianza

Focus: Logrando Sus Prioridades Clave

Productos

Libro de trabajo *Los 7 hábitos de los adolescentes altamente efectivos*

Planificador Franklin

Planificador para estudiantes de universidades

Agendas escolares Premier

Software Franklin Planner for Windows Microsoft Outlook

PalmPilot con Franklin Planner

CD 7 Habits Coach (solo en inglés)

Software para la administración de proyectos "On Target"

Casetes de audio de "Los 7 Hábitos"

Casetes de audio "Living the 7 Habits" (solo en inglés)

Casetes de audio "Liderazgo centrado en principios"

Casetes de audio "Primero lo primero"

Casetes de audio "Los 7 Hábitos de las familias altamente efectivas"

Casetes de audio "Cómo escribir un enunciado de misión familiar" (solo en inglés)

Casetes de audio *El principio del poder* (solo en inglés)

Perfil de 360° de efectividad de Los 7 Hábitos

Talleres en vídeo de Liderazgo de Franklin Covey